# 一带一路建设中
# 中西部地区对外开放战略

张玉杰 著

中国财经出版传媒集团

经济科学出版社
Economic Science Press

图书在版编目（CIP）数据

一带一路建设中中西部地区对外开放战略/张玉杰著.
—北京：经济科学出版社，2017. 12
ISBN 978 - 7 - 5141 - 8880 - 6

Ⅰ. ①—⋯ Ⅱ. ①张⋯ Ⅲ. ①中西部经济 - 对外开放 -
开放战略 - 研究 Ⅳ. ①F127

中国版本图书馆 CIP 数据核字（2017）第 322030 号

责任编辑：于海汛 李一心
责任校对：刘 昕
责任印制：李 鹏

一带一路建设中中西部地区对外开放战略
张玉杰 著
经济科学出版社出版、发行 新华书店经销
社址：北京市海淀区阜成路甲 28 号 邮编：100142
总编部电话：010 - 88191217 发行部电话：010 - 88191522
网址：www. esp. com. cn
电子邮件：esp@ esp. com. cn
天猫网店：经济科学出版社旗舰店
网址：http://jjkxcbs. tmall. com
北京季蜂印刷有限公司印装
710 × 1000 16 开 15. 75 印张 260000 字
2017 年 12 月第 1 版 2017 年 12 月第 1 次印刷
ISBN 978 - 7 - 5141 - 8880 - 6 定价：48. 00 元
（图书出现印装问题，本社负责调换。电话：010 - 88191510）
（版权所有 侵权必究 举报电话：010 - 88191586
电子邮箱：dbts@ esp. com. cn）

# 前　言

　　本书是建立在国家社会科学基金支持项目"中西部地区对外开放战略研究"（项目批准文号：10BJY001，结项证书文号：20161816）基础上的重要研究成果，是针对中国中西部地区发展情况提出的研究性解决方案。

　　中西部地区地处内陆，没有东部沿海地区的出海通道，山高路险，气候生态环境独特，地域文化和民族多样性鲜明，资源丰富，人口分布不均，历史上长时间经济发展困难，解决贫穷和落后成为当地发展的历史性难题，也是国家实现协调发展的大区域性难题，中西部地区是国家全面建成小康社会目标的关键攻坚地区。以对外开放的制度安排，促进内陆地区将自然资源优势，融入国际经济体系运行中来，演变成为经济资源优势，促进经济发展和社会进步，将内陆地区全面融入"一带一路"建设中，实施开放战略十分重要。

　　现代区域经济发展建立在现代交通系统和现代通信系统之上，随着内陆地区基础设施条件改善，随着国家大量支持政策不断惠及，地区经济发展出现前所未有的契机。以中心城市为节点，以交通干线为通道而形成的网络布局时代来临。

　　促进区域经济协调发展，包括中国与周边国家（地区）协调发展；内陆地区各省区之间的区际协调发展；东中西部地区之间协调发展；城乡之间协调发展（四个协调）。国家已经明确总体战略要求，西部大开发战略、中部崛起战略、东北振兴战略、支持东部地区率先发展战略、支持老少边贫地区发展战略（五大部署）。各级政府纷纷推出更加开放的策略和行动内容，用开放获得人才、资金、技术等流动性资源，解决中西部地区"要素贫困"问题，用开放将资源优势转变为经济优势，用开放将产品转变为商品，用开放促进改革，用开放促进经济发展和社会进步。开放是中西部地区发展的根本动力。

　　中国共产党第十八次全国代表大会后，中国进入国际化新时代，包括自由贸易区建设、"一带一路"建设、开放性金融建设（人民币国际化）、国际合作平台建设（G20、金砖国家、APEC、亚投行、丝路基金等）、跨国公司建设（五位一体），全面融入国际社会，参与全球治理。用"国际化"战略包容"国内化"战略，突出经济区建设、生态区建设、流域区建设和功能区建设，包容并弱化行政区。在信息空间实现全面开放，用信息开放标度并代码其他领域的开放，培养新动能，实现陆海空天的立体开放。

新时代对外开放姿态将迅速转换到信息空间开放姿态，用通信现代化和交通现代化带动开放；用创建内陆都市增长极和沿边跨国特区增长极带动开放；建设沿边开放经济带和沿路开放经济带带动开放；壮大具有地方产业特色的企业群带动开放；培养国际企业带动开放；建设区际合作平台带动开放；建设稳定祥和边疆保障开放。地方政府着力于制定规划搞好基础设施建设，凝聚合力创建发展商机，突出展示原产地自然生态特点，塑造区域经济品牌；培育人才培养本土企业家。

自"十一届三中全会"国家实施"改革开放"以来，已经奠定了发展基础。中国共产党第十九次全国代表大会以后的未来时期，中国将加速"国际化"进程，开启"内陆地区外向化、西部地区国际化"的时代，一个开放、繁荣、祥和美丽的内陆地区将同全国其他地区一道步入全面小康社会。

# 目　　录

第 1 章　导论 ……………………………………………………………… 1

　　1.1　对外开放战略问题提出 ………………………………………… 2

　　1.2　前人研究成果述评 ……………………………………………… 5

　　1.3　本书研究技术路线 ……………………………………………… 10

　　1.4　主要观点与创新 ………………………………………………… 12

第 2 章　中西部地区对外开放条件分析 ………………………………… 15

　　2.1　中西部地区自然地理条件分析 ………………………………… 16

　　2.2　中西部地区社会经济条件分析 ………………………………… 25

　　2.3　新时期对外开放总体格局分析 ………………………………… 49

第 3 章　对外开放战略主轴 ……………………………………………… 61

　　3.1　指导思想 ………………………………………………………… 61

　　3.2　战略目标 ………………………………………………………… 67

　　3.3　战略重点 ………………………………………………………… 78

　　3.4　开放路线优化 …………………………………………………… 85

　　3.5　开放动力生成机制分析 ………………………………………… 95

第 4 章　对外开放战略题材 ……………………………………………… 105

　　4.1　迅速转入信息空间开放姿态 …………………………………… 106

　　4.2　创建内陆都市经济增长极带动开放 …………………………… 122

　　4.3　创建跨国特区带动开放 ………………………………………… 133

　　4.4　创建区际合作平台带动开放 …………………………………… 142

　　4.5　培养国际企业带动开放 ………………………………………… 173

4.6  建设稳定祥和边疆保障开放 …………………………………… 187

**第 5 章  对外开放政策创新** …………………………………… 195

5.1  政策一般性分析 …………………………………………… 196
5.2  过去两个开放阶段政策效果评价 …………………………… 209
5.3  第三阶段政策内容覆盖领域 ………………………………… 217
5.4  第三阶段政策实施与政策调整 ……………………………… 228

**第 6 章  总结论与未来展望** …………………………………… 233


参考文献 …………………………………………………………… 241
后记 ………………………………………………………………… 244

# 第 1 章

# 导　论

开放兴邦，开放强国。

一个国家兴旺发达的重要标志是开放程度，凡是开放程度高的国家或地区都是经济发达的地区，凡是开放程度低的国家或地区都是经济不发达或欠发达的地区，开放促进经济发展，开放促进社会进步，开放促进文明程度提高。

开放是中国特色社会主义伟大实践，"改革"、"开放"确立了中国特色社会主义内涵，明确了国家建设的目标，形成了改革开放理论体系。开放是国家空间开发格局的体现，改革与开放并举，创建国家开放型经济，构建产业分工网络，开放与开发并重。开放增强国家综合实力，优化经济结构，提高国际贸易水平，增强国家经济实力，提高国家国际地位，提高人民生活水平。开放是中国中西部实现跨越发展道路选择，共享现代通信系统，共享现代交通系统，共享改革开放政策，共建全面小康社会。

自 1978 年国家实施改革开放政策以来，近 40 年的历程，使中国从计划经济体制转变为市场经济体制，从封闭式社会经济形态转变为开放式社会经济形态。国内生产总值从 1978 年的 3 645 亿元人民币（人均 381 元）增长到 2015 年的 676 708 亿元人民币（人均 49 351 元），成为世界第二大经济体。社会进步、经济发展、人民生活水平不断提高，国家在世界舞台上的地位不断上升，开始步入全球治理权利的中央圈。

然而，国内发展总体非均衡，内陆边远地区仍然是"短板"，自然条件恶劣，基础条件欠缺，生活条件艰苦，贫困落后仍然制约当地的民众，成为国家建设的"硬骨头"、"老大难"。解决发展"瓶颈"的根本措施是改革开放，化解疑难问题的办法仍然是改革开放，探索发展思路的动力还是改革开放。

## 1.1　对外开放战略问题提出

习近平主席指出："中国将在更大范围、更宽领域、更深层次上提高开放型经济水平。"① 秉承创新、协调、绿色、开放、共享的发展理念，加快构建开放型经济新体制。"以对外开放的主动赢得经济发展的主动、赢得国际竞争的主动"。

东部沿海地区在改革开放的进程中受益了，有些地方人均国内生产总值（GDP）已经达到 1 万美元以上，当地老百姓生活水平和社会文明程度大大提高，已经进入小康社会。相比之下，中西部地区（包括东北地区）仍然落后，边远地区更落后，已经成为全国建成小康社会的"短板"地区。面对发展压力，中西部地区（包括东北地区）如何认识时局，发挥优势，创造新的增长点，适应全面开放的要求，需要构思新的对外开放发展战略。明确方向、采取积极措施，奋力前行。

**1. 新机遇需要新战略**

"战略是指导战争全局的计划和策略。有关战争全局的全局部署。"② "战略（Strategy）就是设计用来开发核心竞争力、获取竞争优势的一系列综合的协调的约定和行动。"③

中国已经开始进入国际化发展时代，自由贸易区建设、"一带一路"建设、开放性金融建设（人民币国际化）、国际合作平台建设、跨国公司建设，形成了"五位一体"的发展新态势。在新的发展机会面前，中西部地区（包括东北地区），需要整理历史发展中的经验与教训，需要研究新的对外开放行动和措施，需要分析新时局对中西部地区发展的深刻影响，知己知彼，查找不足，攻克难点，创造题材，创造新动力。

**2. 本书研究的区域范围涵盖所有非沿海地区**

本书重点研究中国内陆地区对外开放战略。从空间领域而言，中国地理版图东部地区临海沿海，中部地区和西部地区为内陆，中西部地区的概念实际上是泛指内陆地区，包括除了沿海地区之外的所有国土面积，是一

---

① 《习近平谈治国理政》，外文出版社 2014 年版，第 114 页。
② 中国社会科学院语言研究所词典编辑室编：《现代汉语词典》，商务印书馆 1998 年版，第 1583 页。
③ 迈克尔·A·希特（Michael. A. Hitt）著：《战略管理　竞争与全球化》，机械工业出版社 2010 年版，第 4 页。

个"大区域"范畴，本书研究的空间区域是除了东部沿海地区之外的内陆地区，涵盖了行政区划 20 个省、自治区和直辖市。

按照国土版图的地理特点，全国共有 34 个省市行政区（本书所使用的数据和资料未包括香港特别行政区、澳门特别行政区、台湾地区的情况）。

东部地区涵盖 13 个省市区，分别是（自北至南）：北京市（直辖市）、天津市（直辖市）、上海市（直辖市）、辽宁省、河北省、山东省、江苏省、浙江省、福建省、广东省、香港特别行政区、澳门特别行政区、台湾地区。这个地区本书不列为研究领域。

中部地区涵盖 6 个省，分别是（自北至南）：山西省、江西省、安徽省、河南省、湖北省、湖南省。

西部地区涵盖 12 个省市区，分别是（自北至南）：重庆市（直辖市）、新疆维吾尔自治区、内蒙古自治区、宁夏回族自治区、西藏自治区、青海省、甘肃省、山西省、四川省、云南省、贵州省、广西壮族自治区①（说明：广西地处中国南部沿海地区，其地理位置本应该归类于东部沿海地区，但是由于经济发展的实际情况，中央经济政策将广西归类于西部开发行列之中，因此本书也将其归类为西部地区的范畴）。中西部共 18 个省（区市）被列为研究领域。

东北地区涵盖 3 个省，分别是（自北至南）：黑龙江省②、吉林省③、辽宁省（说明：东北地区有辽宁、吉林、黑龙江三个省区，是新中国的重要工业基地，在计划经济时代创建了大量国有企业、特别是大中型国有企业，为共和国经济发展做出了巨大历史贡献，然而，国家实施改革开放以来，国有企业转型发展困难重重，本地区经济社会发展一度滞后于东部其他地区，国家提出"振兴东北老工业基地"的战略部署，涵盖了辽、吉、黑三省。辽宁地处沿海，具有沿海地区特征，但是也仅仅限于辽宁省的南部沿海地区，辽东、辽西、辽北地区仍然明显表现出内陆经济特点，吉林省和黑龙江省地处内地，从地缘特点来看属于内陆地区，具有相似于中部地区的特点，本书也将其归类为"非沿海地区"或"非东部地区"的范畴，吉林省和黑龙江省列为研究领域）。

**3. 站在信息空间研究对外开放**

生产要素流动状况是区域开放与不开放的标志，包括人的流动、资本

①　本书将其归类为西部地区范畴。
②③　本书将其归类为内陆地区范畴。

的流动、物资的流动、信息的流动、技术的流动等。对于国家之间"绝对开放"与"绝对不开放"这是两种极端状态，通常情况是以开放的程度来衡量，以大小或强弱来区分。区域之间传统意义的开放是以物流为标志，以国家之间的贸易数量和贸易结构来度量，属于物理空间开放规律范畴。现代意义的开放是以信息流来承载要素流动实现开放的，属于信息空间开放规律范畴。

信息空间开放作用影响的主要领域体现在：平台经济（信息聚合效应、大平台搭建多变市场交易、大领域市场体系）；"粉丝"经济（用户黏度、口碑营销、以信任为基础、以情绪资本为核心）；创客经济（产销互动发展、推动创新创业发展、以用户创新为核心理念、设计即制造）；微客经济（以知识、智慧、经验、技能为基础、智力创造价值）；知识经济（以知识为基础的经济形态、促进知识共享、推动创新与共享）；数字经济（马太效应、赢家通吃、促进多元化智能化、行业垄断竞争加剧）；大数据经济（海量数据、社会智能化、生产智能化、管理智能化）；APP 经济（智能手机终端、移动电脑、移动互联网平台、信息点移动）；共享经济（各种社会资源分享、资源高效利用、提升社会福利）。

**4. 揭示内陆地区对外开放的基本规律**

自古以来人与大自然抗争，生存与发展都受制于自然条件，社会经济活动受制于江河湖海、山林土木，自然生态限制。近代以来，区域开放属于沿海地区的专利，属于交通方便之地，开放的概念与内容基本上与内陆边远地区无缘。因为，大自然的天然屏障制约了人类移动空间范围，仅仅局限于某些区域范围内。人类通过建设现代交通系统和现代通信系统，跨越了大自然的天然屏障，单位时间内的活动范围大大延伸，经济要素流动更加便利，长距离、大容量、快速度移动得以实现，促成自然资源向经济资源转化，实物资源向虚拟资源转化，物理资源向信息资源转化，内陆地区联通世界成为可能，也成为现实，社会经济活动融入更大的范围，开放型经济开始出现。开放型经济正在逐步形成新规律，认识开放型经济新规律，揭示开放型经济新规律，运用开放型经济新规律，指导中西部地区深化开放改革事业。

## 1.2　前人研究成果述评

新中国对外开放研究的"里程碑"是党的十一届三中全会[①]，国家确立了改革开放方略，确立了"一个中心、两个基本点"作为国策，即：以经济建设为中心，坚持四项基本原则，坚持改革开放。此后，对外开放研究逐步升温，不但学术界研究，各级政府、企业界都参与研究。各级政府研究开放主要集中于制定政策，制定区域发展战略；企业界研究主要集中于制定企业发展战略，制订投资计划；学术界研究主要从理论上研究开放的规律，分析机理，抽象出基本理论，用于指导实践。

**1. 主要学术观点**

截至 2016 年 5 月，本书研究中已经检索到的国内论文有约有 1 320 篇（经百度学术搜索罗列的有关中西部地区对外开放的学术论文），图书有几十部。分析概括起来其学术观点大致有以下几种表述：

一是，梯度转移学说。时任国家领导人的邓小平同志 1988 年提出了"两个大局"的战略思想："沿海地区要对外开放，使这个拥有两亿人口的广大地带较快地先发展起来，从而带动内地更好地发展，这是一个事关大局的问题。内地要顾全这个大局。反过来，发展到一定的时候，又要求沿海拿出更多力量来帮助内地发展，这也是个大局。那时沿海地区也要服从这个大局"[②]。这应该是梯度转移学说中最为权威的论断。

肖红叶、陈国志、周国富等学者通过对第一次全国人口普查数据研究后认为："西部地区自然资源实力的绝对优势与其较低的物质财富实力形成巨大反差。西部在自然资源上的明显优势尚未有效转化为现实财富基础和生产能力"[③]。"东部地区得益于率先对外开放政策，吸引了国内外大量资金和技术，迅速集聚起庞大的各类经济资源"[④]。"生产率、资产利用

① 《中国共产党第十一届中央委员会第三次全体会议公报》（1978 年 12 月 22 日通过），会议于 1978 年 12 月 18 日至 22 日在北京举行，出席会议的中央委员 169 人，候补中央委员 112 人，会议决定全党工作的着重点应该从 1979 年转移到社会主义现代化建设上来。
② 曾培炎等编著：《西部 12 省部长纵论开发战略》，中国大百科全书出版社 2000 年版，第 2 页。
③④ 肖红叶、陈国志、周国富等著：《中国地区经济实力比较与分析》，中国统计出版社 2007 年版，第 6 页。

率、管理水平全面落后是西部地区经济实力落后的根本原因之一"①。

凌宁、孔陆泉、储东涛等学者认为："对内开放与对外开放相结合，中西部地区应加大对外开放力度，主动与东部沿海地区开展经济联合与协作，形成相互开放、平等交换、互惠互利、相互促进的良性系统"②。

安树伟、魏后凯等学者认为③："在市场经济条件下，效率或者增长目标应主要依靠市场机制来取得，中央区域政策主要是解决公平或者空间均衡问题。从多方面帮助落后地区发展经济"。力求缩小两个差距，"缩小国际差距更多依赖沿海地区，缩小国内差距关键在西部"。"体现区别对待、分类指导原则"。

二是，西部大开发学说。时任国家领导人江泽民同志曾经多次强调："西部大开发是全国发展的一个大战略：大思路"④。时任国家发展计划委员会主任曾培炎同志认为："实施西部大开发战略是增进民族团结，保持社会稳定和边疆安全的根本保证，是适应国际范围结构调整提高我国国际竞争力的迫切要求"⑤。时任国家经济贸易委员会主任盛华仁同志认为："把调整工业结构作为西部开开发的重要任务。促进东部部分生产力西移，淘汰西部地区落后的生产能力。合理利用国内国外两个市场，对有条件的企业实施走出去的战略"⑥。董辅礽、傅桃生、白永秀、徐逢贤、王一鸣等学者认为："西部开发的难度比东部地区开发要大得多，费的时间要长得多，必须做出艰苦而又长期的努力"⑦。"破除开放只是境外开放的观念，破除开放仅是引进来的片面观念，破除开放只是政府协作的旧观念，破除开放只是减税让利的观念"⑧。

三是，国际贸易学说。金鑫等学者分析研究了中西部地区对外开放中所拥有比较优势和问题，认为解决问题的对策和解决办法就是"要积极实施大经贸战略，优化外贸经营主体结构；继续实施市场多元化战略，优化

① 肖红叶、陈国志、周国富等著：《中国地区经济实力比较与分析》，中国统计出版社2007年版，第8页。
② 储东涛主编：《区域经济学通论》，人民出版社2003年版，第441页。
③ 魏后凯主编：《现代区域经济学》，经济管理出版社2005年版，第574页。
④ 曾培炎等编著：《西部12省部长纵论开发战略》，中国大百科全书出版社2000年版，第2页。
⑤ 曾培炎等编著：《西部12省部长纵论开发战略》，中国大百科全书出版社2000年版，第6页。
⑥ 曾培炎等编著：《西部12省部长纵论开发战略》，中国大百科全书出版社2000年版，第34页。
⑦ 傅桃生编著：《实施西部大开发的战略思考》，中国水利水电出版社2000年版，第6页。
⑧ 傅桃生编著：《实施西部大开发的战略思考》，中国水利水电出版社2000年版，第273页。

市场结构；坚持以质取胜和科技兴贸，不断优化出口商品结构；继续实施贸易方式多元化战略；努力扩大进口"①。甘子玉等学者认为："中西部地区有自己的优势，譬如有丰富的自然资源，是重要的能源和原材料的生产基地；土地价格和劳动力成本比沿海地区更为低廉；有广阔的农牧林业区，具有丰富的粮食、棉花、甜菜、甘蔗等农产品和淡水养殖业等，有利于发挥比较优势，开展对外贸易"②。涂玉春、刘卉、黄毅、胡文君等学者认为："中西部地区对外开放战略，以改革促开放，以开放促开发，实现由资源导向型战略向市场导向型战略转变；构建西部全方位、多层次对外开放格局，实施边境开放"③。

四是，基础设施建设学说。黄作平、胡长顺、李铁军等学者认为："加大中西部地区基础设施建设投资力度，改善交通条件，尽快完善便捷的立体交通网络，加快信息高速公路建设。加快城市基础设施建设。这是推动西部地区发展实施西部大开发的根本举措"④。"中央政府应切实加大对中西部地区基础设施建设力度，实行产业倾斜政策，大力发展西部优势产业和特色经济"⑤。徐平华、贾华强、杨秋宝等学者认为："西部建设、西部开发、西部开放、西部扶贫、西部反贫困，这几项事业是相互关联的，基础设施建设是基础，加快基础设施建设是西部地区开发和开放的重要内容，只有做好基础设施才能为后续事业创造条件"⑥。

五是，区域分工学说。李鹏等学者认为："我国整体赶超型的国家发展战略决定了，各个省区以区位优势和禀赋优势为发展前提，在国家不同发展阶段，承担起差异化的发展战略分工责任，由此形成我国东中西部的区域生产力布局"⑦。"在国家区域协调发展战略及主体功能区战略的指导下，以促进经济发展方式转变为机遇，构建区域经济合理分工布局的战略框架"⑧。刘欣英、戴江伟、姜军、安树伟等学者认为：国家发布《全国主体功能区规划》（2010年12月），"西部地区主要分为三类类型，城市化地区、农业功能区和生态功能区，需要坚持走新型城市化道路，优化产

① 金鑫：《全球贸易自由化与我国中西部地区的对外开放》，载于《中国西部科技》2006年第1~2期。
② 甘子玉：《加快中西部地区的发展和对外开放》，载于《中国外资》1996年第4期。
③ 涂裕春、刘卉、黄毅、胡文君著：《中国西部的对外开放》，民族出版社2000年版，第109页。
④ 傅桃生编著：《实施西部大开发的战略思考》，中国水利水电出版社2000年版，第278页。
⑤ 傅桃生编著：《实施西部大开发的战略思考》，中国水利水电出版社2000年版，第81页。
⑥ 杨秋宝主编：《西部地区反贫困研究》，江西高校出版社2005年版，第79页。
⑦⑧ 李鹏著：《从分散布局到现代分工 新疆区域集聚经济发展道路研究》，民族出版社2011年版，第3页。

业结构；发展壮大城市群，形成多级增长格局；建立和完善市场化的城市发展长效机制；创新生态补偿机制的实现形式，实现生态补偿资金来源多元化"。① 以此促进西部地区发展。陈栋生等学者认为："从西部地区具体的区位地缘、资源禀赋等出发，重点培育特色优势产业。就可能在国内外大市场打出一片天下"。② 王小广等学者认为："加快中部地区发展，将能更有效地释放国内的消费潜能，从而有效地扭转我国消费需求不足的矛盾；中部地区具有承东启西的战略区位；现阶段促进区域间协同发展，关键是加快中部地区的经济振兴，这是最有效地缓解及最终解决我国经济发展的二元结构矛盾的一种战略选择"③。

六是，反贫困学说。杨秋宝、徐平华、贾华强等学者对西部地区反贫困问题深入研究后，认为："西部地区贫困的根本原因是生态短缺、资本短缺、制度短缺，解决贫困问题应坚持和推进开发性、重点性与制度性扶贫"。④ 朱殊、陈厚义、李彦西等学者对欠发达地区发展战略研究、对贫困户研究后，认为："贫困、封闭、愚昧是连带的，制度缺失是贫困的重要因素之一，政府成为反贫困行动单一主体，对扶贫资源的垄断，必然造成扶贫效率低下"。⑤ 黄海燕、陈厚义、李彦西等学者对农村剩余劳动力转移进行研究后，认为：农村的封闭性、季节性生产特点造成劳动力相对过剩，"消化过剩劳动力的办法是促进农村剩余劳动力向小城镇转移，调整农业内部结构，发展第二、三产业，有组织开展劳务输出"⑥。

**2. 研究特点分析**

上述各类学者的研究观点，以及中央领导同志讲话，均从不同视角解释了改革开放的机理，逐步形成了有时代特点的学说体系，对制定国家政策、修改法律法规、改革和完善治理体系、指导地方制定发展规划、指导企业等方面都发挥了积极作用。从正反两个方面分析概括起来有以下特点：

---

① 姚慧琴、徐璋勇主编：《中国西部发展报告》（2013），社会科学文献出版社2013年版，第126页。
② 戚本超、景体华主编：《中国区域经济发展报告》（2009~2010），社会科学文献出版社2010年版，第297页。
③ 王小广：《实施中部崛起战略　加快全面建设小康步伐》，载于《经济研究参考》2004年第30期，第15~26页。
④ 杨秋宝主编：《西部地区反贫困研究》，江西高校出版社2005年版，第11~22页。
⑤ 陈厚义、李彦西等著：《欠发达地区经济发展战略研究》，中国经济出版社2007年版，第98~99页。
⑥ 陈厚义、李彦西等著：《欠发达地区经济发展战略研究》，中国经济出版社2007年版，第219~220页。

　　一是，理论滞后于政策，政策滞后于行动。中国的开放理论研究，是伴随开放行动和国家政策跟进相伴而生的、相进而长的，理论、政策、行动"三位一体"，并相前进。虽然在理论上不断丰富，但三者之间还是有差异的，改革开放事业一开始，就是理论滞后于实践、政策滞后于实践，时至今日仍然是这样。并没有一个完整的系统设计，这是由于中国改革开放事业是全新事物，人们不知道应该怎样做，也没有现成可供借鉴的经验。虽然开放早期有一批学者和政要出国考察，看到了日本、欧洲、美国的情况，但是由于体制机制不同，社会制度不同，无法复制。因此，完全正统的西方经济学"不灵"。以深圳为代表的特区建设就是例证，没有图纸、没有规划，是硬干出来的，"干干看看"、"看看干干"，一步一步前进，一点一点探索，"摸石头过河"是真实写照，"时间就是金钱，效率就是生命"是真实场景。理论研究基于现实，理论研究基于历史。因此理论研究的脉络有两条：一条是纵向研究（历史性比较研究）；另一条是横向研究（国际性比较研究），形成了不同视角的许多研究观点。

　　二是，基于传统国际贸易理论，致力于建设开放物理平台。开放事业是要与国际社会打交道，融入世界经济与贸易的大环境中来，第二次世界大战结束以后，整个世界的游戏规则是以美国为代表的西方人制定的，美国走上治理全球的权力舞台，建立了"五个台柱子"，规范了世界格局，这"五个台柱子"分别是：联合国（UN）、世界银行（WB）、国际货币基金组织（IMF）、世界贸易组织（WTO）（前身为关税与贸易总协定）、北大西洋公约组织（NATO）（北约）。这就决定了整个世界的游戏规则浸透着西方味道，由西方舆论引导，由西方理论解释。就经济学理论和管理学理论而言，西方版本已经成为通行版本、通用版本，甚至是标准版本（考试用书）。如何融入世界秩序中来是中国面临的行动抉择，如何接轨国际贸易规则是中国面临的理论思考。因此，国内学术界的改革开放理论研究几乎都基于这样的背景，研究成果所形成的各种学术观点也几乎集中于建设"物理形态"的开放平台，即以发展国际贸易型经济而建设一系列"软件条件"（制度改革）和"硬件条件"（基础设施建设）。

　　三是，自然资源决定论，转变为经济资源决定论。"无农不稳、无工不富、无商不活"这一思想长时间影响政策制定。集中发展传统意义上的农业、工业、商业（服务业），必然依赖于资源，传统思想所认定的生产方式依赖于自然资源，自然资源丰富就提供了大生产的基础，降低成本，追求"规模经济"是指导思想。中西部地区都是自然资源富集的地方，中国历史上京都建设都设立在内陆地区。例如，西安、洛阳、开封等历史都城，古丝绸之路上呈现商帮驼队都是历史。现代发展的进程中，社会进步与经济发展更多依赖流通，各种资源汇聚整合，庞大的市场作用沟通生产与消费，联动供给与需求，资源整合力量大于了资源拥有力量，集聚经济出现，获得控制力，追求"势力经济"① 成为指导思想。中国东部沿海地区自然资源并不富集，但是并没有制约地区经济发展和社会文明进步，反而比资源富集的内陆地区发展得更快、更好、更有活力。例如，上海、深圳、北京作为代表所具有的活力，证明了经济资源决定论。因此，中国国内学术界理论研究多半都接受这样的观点，以此来解释东、中、西部地区发展差异，设计东、中、西部地区发展战略，提出发展政策建议。

四是，对策性成果多，理论性成果少。绝大部分研究成果（著作、论文、研究报告、对策方案）集中于解决具体问题，是问题导向，纯理论研究成果较少；针对性研究成果较多，系统性研究成果较少；成果形式中文章较多（期刊、杂志、报纸、网络文章、杂记），著作较少，专著更少；论述方法文字叙述性表述最多，数学模型（物理模型）很少。出现这种情况，是由于中国改革开放事业本身就是不断变化的，时局不断变化，行为不断变化，政策不断变化，思想观念也在不断变化，有时这种变化一夜发生，使理论研究的规律性提炼、系统性归纳很困难。有些理论工作者限于权威信息不足，所在的社会工作角色所限，很难"居高临下"来研究问题，也必然造成研究成果的局限性。

## 1.3  本书研究技术路线

本书研究的基本逻辑框架是：问题提出—战略条件研究—战略主轴研究—战略动力题材研究—政策创新研究—结论。

### 1. 对外开放战略构架的基础平台研究

新时代中西部地区对外开放（含东北地区），是基于中国国际化的时代大背景，基于东部地区改革开放近 40 年经验示范大背景，基于技术支持体系现代化大背景，基于中国共产党第十八次全国代表大会（简称"十八大"）后推进更高水平开放、构建开放型经济新体制大背景，基于习近平

---

① 张玉杰：《势力经济研究》，载于《中国工业经济》2005 年第 2 期。"势力经济"含义是生产要素增加产生的对市场权利放大的现象。

新时代中国特色社会主义思想和"十九大"会议精神。集中于现代信息平台建设研究、现代交通平台建设研究、国家外交关系平台建设研究、国际合作平台建设研究、宏观政策平台建设研究。

**2. 对外开放条件研究**

对外开放的自然地理条件研究。包括地缘区位条件、生态环境条件、资源禀赋条件。

对外开放的社会经济条件研究。包括基础设施、产出能力、极化能力、体制机制。

国家对外开放总布局研究。国家未来时期发展总目标（两个百年目标：中华人民共和国成立 100 周年时建成富强民主文明和谐的社会主义现代化国家；中国共产党成立 100 周年时全面建成小康社会），对外开放总布局（经济建设、政治建设、文化建设、社会建设、生态文明建设"五位一体"），自由贸易区建设、"一带一路"建设、开放性金融建设、国际合作平台建设、跨国公司建设、开放型新体制建设。

**3. 对外开放战略主轴研究**

战略思想研究。确立什么样的指导思想，树立什么样的发展理念，分析历史经验，进行理念创新，确立战略指导思想（全面开放的思想、重点题材带动的思想、差异化发展的思想）。

战略目标研究。向哪里开放、在哪个领域开放、开放到什么程度，研究开放方向，明确方向（经济领域目标、社会领域目标、生态领域目标）。

战略重点研究。行动难点在哪里，难点亦是重点，化解难点就是集中解决重点问题，分析难点的领域，分析形成难点的原因，因题施策（消除自然障碍，消除制度障碍，增添新动能）。

战略路线研究。选取分析变量，对比分析东部地区与中部地区、西部地区和东北地区的实际情况，从历史经验到现实条件，从宏观要求到微观意愿，去粗取精、去伪存真、由表及里，筛分出来适用于中西部地区可用的路径方案，并优化基本路线（采用综合手段、长时间大力度注入资源和投资，走"内开放"与"外开放"结合的发展道路；"硬启动"、"软完善"、"向西开放"、"立体开放"、深度参与全球产业链分工、按照主体功能区建设要求综合布局、城镇化建设包容经济区建设、城乡一体化发展、保护环境优先于资源开发）。

**4. 对外开放动力题材研究**

如何创造新动力，如何增加新动能，如何创造新题材，激励各种力量，鼓足干劲，促进要素流动。创造可以选择的方案集，汇聚资源，增加"硬实力"和"软实力"。运用杠杆原理，"补短板"、"撬支点"。以信息化建设带动开放；创建内陆都市经济增长极带动开放；创建跨国特区带动开放；创建区域合作平台带动开放；培养国际企业带动开放；建设稳定祥和边疆保障开放。

**5. 对外开放政策创新研究**

政策是政府施政的手段，政策种类繁多，分析研究不同政策运用的特点，选取可以使用并且有效的政策范围。从正反两个方面分析过去时期政策使用的特点和效果，研究评估第一个开放阶段政策效果，研究评估第二个开放阶段政策效果。筛分新阶段政策有效领域，集中于劳动政策、资本流动政策、项目政策和特殊政策，提出政策调整与转换建议。

## 1.4　主要观点与创新

本书紧紧抓住中西部地区对外开放战略研究主线，体现研究性，剖析现象，提炼规律，上升到理论，落地到行动。具有建设意义的创新观点较多，大致有以下方面：

**1. 提出并论证基于信息空间开放为基础的开放型经济理论**

基于"信息场"规律研究开放，将信息的生产、传播、消费置于社会经济活动的顶层，标度为所有其他要素流动的代码，标度开放运动基本痕迹，提炼规律。在信息空间研究开放行为，将信息的编码度、扩散度、抽象度三个变量放在时间场中，构成四维时空结构场，从四维结构研究变量之间的关系，研究人类社会经济活动的流动性特点。这种研究思路和研究模型的创建，完全不同于传统意义的区域开放概念与模型。传统区域开放的概念与模型是国际贸易模型，是以物流为主要研究对象。本书研究是以信息流为主要研究对象，建立了信息空间开放型经济模型。模型创建是创新，模型运用也是创新。

**2. 提出并论证基于中国国际化为基础的对外开放体系**

中国全面开放，深度融入国际社会，正在走上全球治理舞台的权利中央，唱响国际化主旋律。用"国际化"来包容"国内化"，用国家之间的密切往来力量来化解国内各个行政区之间的交往障碍（主要指政策障碍、文化障碍），建设经济区、生态区、流域区、功能区，以此来包容和弱化行政区，以创建内陆地区局部"增长极"来汇聚现代生产力，形成集聚效应和扩散效应，增强"势力经济"能力，创建开放型经济新体系，社会进步、经济发展、生态和谐。不是原有东部地区"改革开放"模式向西部地区平移，不是贸易额的增长和贸易结构的改善，也不是 GDP 数量的攀比及企业数量的增多。

**3. 提出并论证三个开放时段基本经验与政策效果**

本书将开放时间轴划分为三个时段，一是改革开放时段，二是开放改革时段，三是国际化时段。分析研究前两个时段的情况发现，西部地区存在自然障碍、制度障碍和动力障碍。

第一个时段主旋律是"改革开放"，中国共产党第十一届中央委员会第三次全体会议为里程碑，标志性事件为 4 个经济特区、14 个沿海开放城市的建设，东部地区率先发展。第二个时段主旋律是"开放改革"，中国共产党第十六次全国代表大会为里程碑，标志性事件为西部开发战略、中部崛起战略、东北振兴战略"三大战略"出台。

前两个时段开放经验丰富，问题仍然存在，有些问题长时间被惯性遗留，至今影响地区社会进步与经济发展，特别是西部边远地区和东北地区，长时间政策惠及并没有使这些地方与东部地区的发展节奏趋同，对外开放存在自然障碍、制度障碍和动力障碍，消除这些障碍的办法应该是系统性变革。

现在进入了第三个时段，主旋律是"中国国际化"，中国共产党第十八次全国代表大会为里程碑，标志性事件为自由贸易区建设、"一带一路"建设、开放性金融建设、国际合作平台建设、中国跨国公司建设（本书提出"五位一体"），开放领域更宽，开放层次更深，开放质量更高。

**4. 提出并论证开放型经济新动力题材**

新时代开放主轴是中国国际化，内陆地区将被全面卷入对外开放的大潮，包容性开放力量夹裹着中西部地区（含东北地区）与中国开放发展大势同步。新动力题材创建应当突出在以下方面：以内陆中心城市为核心形成极化点，带动辐射周边，形成沿路开放、沿边开放、沿江开放、沿海开放。用信息大面积使用带动开放，以区际开放带动开放，以国际化带动开放，以参与全球产业链分工带动开放。

**5. 提出并运用物理学理论来论证社会经济开放问题的方法体系**

实证研究与理论研究相结合，偏重实证研究；经验研究与教训研究相结合，偏重教训研究；模型研究与对策研究相结合，偏重对策研究；规划研究与建议研究相结合，偏重建议研究。采用实际调查分析、面板数据分析、横向对比分析和纵向对比分析，将东部地区与中西部地区（包含东北地区）作为一双相对应的区域范畴；将 10 年左右时间划分一个阶段，作为纵向对比分析的一双范畴；将中心城市与其他地区作为一双对应的范畴；将陆路边疆地区与东部海疆地区作为一双对应的范畴。

关键情报使用一手资料，既总结基本经验，又剖析问题，并针对问题寻找可能的解决方案领域，提出决策可选择方案建议。例如，提出创建跨国特区；提出"五位一体"国际化布局；提出信息开放引领开放等。

因时间所限，本书研究做不到为每一个省（区市），设计一个具体的战略规划（实际上每个地区都有五年规划），但是却能够提供作规划要注意的问题、前瞻性思路、可采用的科学方法、预选方案。为中央政府提供政策制定建议，为学术界研究这个问题提供一个可参考的研究理论基础和架构。

# 第 2 章

# 中西部地区对外开放条件分析

条件分析是要判断和解决能不能干的问题。

地区经济发展和社会进步依赖内部条件和外部条件两个方面的基本条件，形成了"硬件基础"和"软件基础"；涵盖了"不能移动的要素"和"可以移动的要素"，既包括"本地自有的条件"，也包括"中央给予的条件"，构成政治条件、经济条件、社会条件和技术条件（英文表述为：Political，Economic，Social，Technological，PEST）。若按照可以对比的参照对象相互关系分析，就构成了竞争关系，形成竞争态势，彼此之间以对方的存在而存在，相互比较就形成了优势条件、弱势条件、机遇条件和威胁条件（英文表述为：Strengths，Weaknesses，Opportunities，Threats，SWOT）。"PEST 分析"和"SWOT 分析"成为战略分析的基本方法论，也是本项目研究前期阶段的基本方法论。

将影响中西部地区对外开放发展的因素分类罗列出来，一个方面是按照时间轴，分析本地区经济和社会发展的历史经验，称为纵向对比分析。另一个方面是按照可比对象，将东部地区、中部地区和西部地区对比，或者将内陆地区与沿海地区对比，比较区域之间的相互差异，这样比较分析称为横向对比分析。运用横向比较分析和纵向比较分析，也是战略研究的分析方法论，本书也采用了这种分析方法。经过分析判断中西部地区的实际条件，寻找发展方向，为设计发展战略奠定基础。

影响中西部地区开放的主要因素有以下四个方面：

一是自然地理条件。包括地理位置、生态环境、自然资源，这些条件是大自然的造化，人类无法改变，只能利用，主动发挥区位特点。

二是人工条件。包括基础设施、通信条件、交通条件。这些条件是人工所为，是人类独有的改造自然的手段，弥补自然条件的不足。

三是经济条件。包括经济基础、产业结构、创新能力。这些条件是长时间发展累积出来的，体现一个地区发展的历史积淀是否厚重，反映一个地区前人对本地区劳动贡献的积累状况。

四是社会环境条件。包括周边环境、国家政策、重大项目。这些条件是从国家层面对区域政策性资源分布的状况，若一个地区的政策性资源越丰厚说明国家对这个地区越重视，战略地位就越重要（见图2-1）。

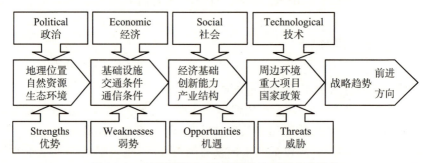

图2-1　中西部地区对外开放战略分析方法结构

本书的主旋律是在新形势下中西部地区对外开放战略。这一战略构想基于三个基础（三个基本条件）：第一个是内陆地区自然生态环境状况，这一内容构成了自然客观的基础条件；第二个是经过多年建设以及实施"西部开发"、"中部崛起"和"东北振兴"三大战略取得的成效，这一内容构成了社会经济的基础条件；第三个是在新形势下国家对外开放战略总体布局，这一内容构成了宏观政策的基础条件，规定了未来战略总方向、总目标、总路线和总原则（见图2-2）。

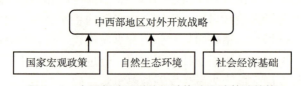

图2-2　中西部地区对外开放战略设计基础结构

## 2.1　中西部地区自然地理条件分析

中华人民共和国位于亚洲大陆东部，太平洋西岸，东部面临太平洋，向西延伸至亚欧大陆腹地。陆地地处北纬 18 度 ~ 54 度之间，东经 73 度 ~ 135 度之间，陆地面积约 960 万平方千米。

中国地理生态特点是西高东低，地貌类型多样，东部沿海，面向太平洋，中部山地、西部为高原，西南边缘有世界最高大、最雄伟的喜马拉雅山脉，其中珠穆朗玛峰海拔为 8 844.43 米，是世界最高峰。境内江河众多，流域面积在 1 000 平方千米以上的河流就有 150 多条，河流大多数顺地势向东南流入太平洋，黄河文明、长江文明和运河文明孕育并丰富了中华文明。

### 2.1.1　地缘区位分析

#### 1. 人类经济活动与地缘条件紧密相关

人类的生活活动和生产活动都是在一定的空间范围内，这个空间范围就是区域的概念。"区域经济"也称为"空间经济"，经济活动是人类特有的社会活动方式，区域生态性质决定了人类的生产方式和生活方式。生态性是经济性的基础，生态性决定经济性，认识生态性才能认识经济性和社会性，区域经济建立在人类生产活动和生活活动基础上，这是基本规律。

全球陆地表面积为 5 亿多平方千米，海洋总面积 3.61 亿平方千米，约占地球表面积的 71%；陆地面积 1.49 亿平方千米，约占地球表面积的 29%。大大小小的陆地又被海洋分隔，大块的陆地称为大陆，全球共有六块大陆，即亚欧大陆、非洲大陆、北美大陆、南美大陆、澳大利亚大陆和南极大陆。陆地主要集中在北半球，约占北半球总面积的 2/5。

本书认为：地缘区位性决定经济空间分布的基本特点。

一是全球 80% 的人口、4/5 的城市分布在沿海线以内纵深 370 千米沿线的地带上。

二是全球经济生态活跃区分布在北纬 20 度 ~ 北纬 60 度的纬度地带上。

三是全球经济活跃区分布在面向太阳初升的地带上（背西面东迎着太阳）。

四是全球经济活跃度与地势高度成反比，山越高大经济越落后，平原地区好于山区。

五是全球经济活跃区在城市，而不是农村，都市是极化点。

因此，全球经济活跃空间分布格局为"沿海经济"、"东方经济"、

"北半球经济"、"平原经济"和"都市经济"。形成区域经济活跃度严重非均衡基本规律。

**2. 中国地缘条件总体上处于世界经济活跃带具有优势，但是内陆地区处于相对劣势**

中国位于北纬 18 度~54 度之间，南北之间位于世界经济活跃带上，同世界上发达国家和地区处于同一个纬度带，包括美国、日本、韩国、欧洲等国家和地区。具备临海条件，具有出海口，具有港口条件，可以从海上联通世界各个港口，开展国家贸易和国际物流，不需要向其他国家借用出海通道。但是，按照沿海经济优势条件度量（海基线内测 370 千米地带），中国版图位于东经 73 度~135 度之间，只有东部沿海地区临海，从海基线向西均属于内陆地区，处于相对封闭的环境，中西之间仅有 1/3 的版图位于世界经济活跃带上（沿海地区），另外 2/3 的版图区位地处内陆，不占优势（内陆地区），广大中西部地区正是位于这个区位之中，按照海洋运输的国际贸易物流手段来看，中西部地区距离出海口都在 500 千米以上，地缘方位明显处于劣势。

**3. 中国周边有 14 个陆路邻国（地区），西部地区具有向西开放优势，但是国际环境复杂处于劣势**

中国大陆周边有 14 个陆地邻国，自东北至西南环绕，分别是：朝鲜民主主义人民共和国（朝鲜）、俄罗斯联邦（俄罗斯）、蒙古国（蒙古）、哈萨克斯坦共和国（哈萨克斯坦）、吉尔吉斯共和国（吉尔吉斯斯坦）、塔吉克斯坦共和国（塔吉克斯坦）、阿富汗伊斯兰共和国（阿富汗）、巴基斯坦伊斯兰共和国（巴基斯坦）、印度共和国（印度）、尼泊尔联邦民主共和国（尼泊尔）、不丹王国（不丹）（有争议地区）、缅甸联邦共和国（缅甸）、老挝人民民主共和国（老挝）、越南社会主义共和国（越南）。

中国内陆地区与陆地邻国接壤的省区有 9 个，分别是：辽宁、吉林、黑龙江、内蒙古、甘肃、新疆、西藏、云南、广西。这 9 个省区具有陆路口岸，拥有开展陆路国际贸易的区位条件。相对于无境外国家（地区）接壤的地区来看，西部边境地区可以利用陆路通道，发展与邻国之间的贸易往来，实现直接的国际开放，不必再向东奔沿海通道，具有非常明显的时间便利条件、交通便利条件、距离便利条件、语言便利条件。因此，西部边境地区具有明显的向西开放的地缘优势，这个优势是东部临海沿海地区所不具备的。

但是，西部邻国的国情复杂，过去长时间战乱不已，发展差异甚大，历史问题、宗教问题、恐怖主义问题、贫困问题、极端势力问题、民族矛盾问题、地缘政治问题、边境领土争议问题、生态环境问题、社会动荡问题、政局动荡问题等，大量国际问题纠缠在一起，拖累了经济发展和文明进步。由于国际事件频发，严重影响了地区安全；由于经济水平落后，严重影响了消费规模；由于边境纠纷，严重影响了外交关系；由于发展水平差异，严重影响了国际贸易；由于"三股势力"作祟；严重影响了地区安全。因此，为了维护国家安全，为了维护社会稳定，为了顾全大局，中西部地区对外开放的进程相对缓慢。在过去相当一段时间内，边境贸易发展受到影响，与周边国家之间的陆地经贸往来增长慢、总量小、品质低。边境线地区还处于相对封闭状态，国家对外开放主要方向是向东，大宗货物主要通过海路运输，陆路运输的货物数量很少。边境地区开展国际贸易的技术设施条件建设相对于东部沿海地区来看，较简单、薄弱，汇聚的人气也远没有东部地区旺盛。因此，西部地区所具有的直接开展陆路国际往来的地缘条件，并没有发挥出本来应有的优势区位，反而成了劣势，成了制约边疆地区发展的负面因素。

## 2.1.2　生态环境分析

生态环境主要表现为地区的地势地貌、地质结构、海拔高度、四季轮回、温度湿度、山系水系等。生态环境是大自然的客观存在，是天然具有的。

人类无法改善生态环境，只能适应生态环境，发挥人的聪明才智和主观能动性，想办法利用客观条件、自然条件为人类更好的生存提供基础。这一思想是人类应有的对待生态环境的科学态度，也是分析判断中西部地区生态环境状况，实践发展经济、实施对外开放的理论前提。

本书认为生态环境特点直接影响区域经济活动。

一是人类生产活动对自然资源进行加工条件直接受制于生态环境。

二是人类衣食住行各类生活活动、生活习惯、民族文化直接受制于生态环境。

三是中西部地区自然生态环境差异甚大，具有多样性文明的历史存在，同时也成为制约对外交流的客观存在。

**1. 中国生态环境多样性决定发展方式多样性**

有什么样的生态环境，就有什么样的生活方式、生产方式以及经济关系和社会关系。

中国气候类型复杂多样，大部分地区位于北温带和亚热带，属于东亚季风气候。东部地区地处沿海，为湿润型气候，中部内陆地区为半湿润型气候，西部内陆地区为干旱气候，显然中部地区和西部地区明显处于气候不利的局面，特别是西北部地区严重少雨干旱。

中国是缺水国家，自然水资源分布严重非均衡，无论是天上的雨水、地面的河水以及地下的泉水，均为严重非均衡分布。由于地理位置处于地球上的西风带，暖湿气流带来的雨水主要来自太平洋和印度洋，西北地区受西伯利亚冷高压影响，无法获得充沛的暖湿气流，降水很少。因此，水资源主要集中在南方，长江流域是非常明显的水量资源分布变化带，中国东北的松嫩平原和长江流域地区水量充沛，华北平原次之，内陆地区水资源贫乏，中西部地区水资源严重不足。

**2. 经济活跃程度与地势高度成反比，山越高大经济越落后，中西部地区处于不利地位**

中国地形呈现西高东低的特点，东部地区地势平坦，以平原为主，由东向西海拔不断增高，地势海拔高度严重非均衡，中西部地区社会经济发展面临严峻的自然条件不利局面。西部地区地理位置处于青藏高原、内蒙古高原和云贵高原之上，山区、戈壁、丘陵、荒漠纵横，青藏高原海拔4千米以上，云贵高原和内蒙古高原海拔1千~2千米，高寒、风沙、缺水，生态环境恶劣，生存环境艰苦。青藏高原总面积约250万平方千米，平均海拔在3 000米~6 000米之间；内蒙古高原总面积约70万平方千米，平均海拔在1 000米~1 500米之间；云贵高原总面积约50万平方千米，平均海拔在1 000米~2 000米之间；黄土高原总面积约50万平方千米，平均海拔800米~2 500米。

根据全球经济活跃区分布面东的普遍性规律（背西面东迎着太阳），西部地区恰好相反，不具备东部地区的地形条件优势。中国区域经济发展呈现非常明显的大幅度差异特征，东部地区明显高于中部地区，中部地区明显高于西部地区（见图2-3）。

由此可以看出：经济发展水平与地势高度成反比。

设：经济水平为Y，地势高度为X，则有函数关系式：

$$Y = \frac{1}{X}$$

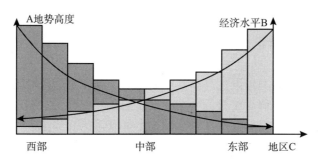

图 2－3　地势高度与经济发展水平关系落差

**3. 中国是自然灾害频发的国家，中西部地区处于灾害地带上，处于不利地位**

洪水、地震、沙漠化、泥石流、滑坡、盐渍化、干旱等自然灾害频发，而且主要分布在中西部地区。

主要地震区分布带：燕山地震带、山西地震带、渭河平原地震带、银川地震带、六盘山地震带、滇东地震带、西藏察隅地震带、西藏中部地震带、东南沿海地震带、河北平原地震带、河西走廊地震带、兰州—天水地震带、武都—马边地震带、康定—甘孜地震带、安宁河谷地震带、腾冲—澜沧地震带、环太平洋台湾地震带、滇西地震带、塔里木南缘地震带、南天山地震带、北天山地震带、藏西南地震带、阿尔泰山地震带、郯城—庐江地震带。

土地沙漠化地区分布带：塔克拉玛干沙漠、古尔班通古特沙漠、库姆塔格沙漠、巴丹吉林沙漠、腾格里沙漠、乌兰察布和沙漠、库布齐沙漠、浑善达克沙漠、科尔沁沙地、呼伦贝尔沙地、毛乌素沙地。

泥石流和滑坡地区分布带：天山南坡地区、西藏南部地区、云南贵州地区、川渝地区、陕西甘肃地区、山西南北地区、江西湖南地区。

土壤盐渍化地区分布带：西北地区、华北地区、东北西部地区。

洪水地区分布带：长江流域地区。

干旱地区分布带：西北地区。

从东部、中部、西部三个自然分布地带的比较来看，东部地区绝大部分属于平原地区，只有少部分丘陵地带，自然灾害发生频率较低。而中西部地区自然灾害发生的频率较高，中国历史上的重大自然灾害，绝大部分出现在中西部地区。因此，中西部地区处于不利地位。

### 2.1.3  资源禀赋分析

自然资源是人类赖以生存和发展的物质基础，自然资源富集，则人类可以占用和使用的机会就多，生存和发展的条件就好，有利于财富积累和文明进步；反之，自然资源贫乏，则人类可以占用和使用的机会就少，生存和发展的条件就不好，不利于财富积累和文明进步。因此，地区自然资源禀赋状况，成为人类文明、经济发展和社会进步的重要基础条件。

本书认为：资源禀赋状况决定区域经济发展状况。

一是在工业经济时代，区域经济发展状况取决于本地自然资源禀赋状况，是自然资源导向。自然资源富集的地区具有先天优势，缺乏自然资源的地方没有先天优势。

二是在现代经济时代区域经济发展状况取决于本地经济资源禀赋状况，是经济资源导向，经济资源富集的地区具有先天优势，缺乏经济资源的地方没有先天优势。

三是只有自然资源转化为经济资源，自然资源才是资源，如果自然资源不能转化为经济资源，则不是资源，只是客观存在。

四是促使自然资源转化为经济资源的条件是人工劳动，赋予自然资源以使用价值和价值，通过社会化生产、分工、协作、交换，进入消费。

因此，中西部地区能否将自然资源有效转化为经济资源是获得发展机会的关键。

认识地区资源状况，需要从存量、分布、结构、品种、品质、地质等方面入手，分析和判断天然状况、可加工状况、可运输和使用状况，才能理清基本认识。

**1. 中国自然资源丰富，主要分布在大陆架内陆，中西部地区具有自然资源富集的天然优势**

中国历史悠久，中华民族文明积累厚重，地域广阔，各种资源富集，矿产资源、土地资源、生物资源、农作物资源、文化资源等方面，无论是数量、品种、质量、分布、结构均在世界各个国家中名列前茅。

一是地下天然矿产资源主要分布在内陆地区。煤炭、石油、天然气、水能源、有色金属、黑色金属等重要矿产资源主要分布在中西部地区（含东北地区）。

中国的陆地石油资源储量主要集中在中西部地区，主要的大油田也集中在中西部地区，主要分布区域为：松辽油田位于东北地区；华北油田位于河北地区；中原油田位于河南、山东一带；西北油田位于陕西、内蒙古中南部地区；新疆油田位于新疆天山两侧；川渝油田位于四川平原；藏北油田位于青藏高原北端；华南油田位于湖南南部；华中油田位于湖北西部。

中国煤炭资源及其矿山主要分布在：内蒙古中南部地区、陕西北部地区、山西、河南、山东中西部地区、川渝贵地区、华中南部地区、东北地区、新疆地区。

二是地面土地资源主要分布在内陆地区。农业耕地、草场、森林、湖泊等地面自然资源主要分布在中西部地区（含东北地区）。

中国地面植被覆盖属性，大致分为 8 种类型：第一种类型是寒带针叶林地区，主要分布在黑龙江西北部地区和内蒙古北部地区，这一地区位于大兴安岭北部；第二种类型是温带阔叶混交林地区，主要分布在吉林和黑龙江中东部地区，这一地区位于小兴安岭地带；第三种类型是暖温带落叶阔叶林地区，主要分布在华北地区及陕西中东部地区，这一地区位于黄河中下游地带；第四种类型是亚热带长绿阔叶林地区，主要分布在长江流域及以南地区，这一地区位于云贵高原以东，沿长江流域而下地带；第五种形态是热带季雨林地区，主要分布在广东南部地区、海南、广西南部、云南南部，这一地区位于北纬 25 度以南地区，分布在北回归线；第六种形态是温带草原地区，主要分布在内蒙古中南部、宁夏、甘肃一带，这一地区位于太行山、吕梁山、六盘山，至秦岭北侧一带；第七种形态是温带荒漠区域，主要分布在西北地区新疆、甘肃西部地区，这一地区是沿着河西走廊向西、青藏高原北坡延伸地带；第八种形态是青藏高原高寒植被地区，主要分布在青海南部及西藏地区，这一地区位于青藏高原。

耕地主要分布在华中、中原、东北、关中、川渝地区，位于黄河流域、辽河流域、松花江流域、嫩江流域、长江中游地区。耕地、园地、林地、草场地是土地利用的主要构成，占土地总量的 67% 左右。综上所述，中西部地区是中国粮仓、林园、牧场。

三是空中资源主要分布在内陆地区。太阳光照、风力、空气负氧含量，主要分布在内陆地区（含东北地区）。

太阳能资源主要分布在中西部地区，年太阳能总辐射量大于 1 740 千瓦·小时/平方米·年的地区主要分布在青藏高原，以及内蒙古西部地区、新疆东部地区。年太阳能总辐射量大于 1 400～1 740 千瓦·小时/平方米·年的地区主要分布在新疆西部地区、云贵地区、甘肃、陕西、山西、河南、华北以及东北地区。

水能资源储藏量富集区主要分布在长江上游地区和黄河上游地区，主要分布在湖北、湖南、重庆、四川、贵州、云南、西藏、甘肃、青海、宁夏等地区。

地热资源主要分布在西藏南部地区、云南西南部地区、四川西部地区，以及华北地区。

风能富集区主要分布在内蒙古中西部地区、新疆地区、青藏高原地区、东北地区、华中地区、华北地区，有效风能功率密度大于 150 瓦/平方米。

四是生物资源主要分布在内陆地区。动物资源（特别是野生动物资源）、植物资源（特别是野生植物资源）主要分布在内陆地区（含东北地区）。

中国民间传说中的"药都"（中药材的产销汇聚地），几乎都坐落在内陆地区，集中分布在安徽省亳州地区、江西省樟树地区、河南省禹州地区和辉县地区、四川成都地区以及河北安国地区，这些地区成为中国中药材的主要产地和集散地。

中国的自然保护区面积数量约为 14 959.1 万公顷，[①] 主要分布在中西部地区和东北地区。分布特点是：

西部 12 省区自然保护区面积约为 12 250.3 万公顷，占比 81.89%。分布状况：西藏 4 136.9 万公顷、青海 2 182.2 万公顷、新疆 2 149.4 万公顷、内蒙古 1 368.9 万公顷、四川 897.4 万公顷、甘肃 734.7 万公顷、云南 285.4 万公顷、广西 145.3 万公顷、陕西 116.3 万公顷、贵州 95.2 万公顷、重庆 85.0 万公顷、宁夏 53.6 万公顷。

中部 8 省区（含东北吉林和黑龙江）自然保护区面积约为 1 500.1 万公顷，占比 10.03%。分布状况：黑龙江 675.2 万公顷、吉林 232.9 万公顷、湖南 128.5 万公顷、江西 126.0 万公顷、山西 116.1 万公顷、湖北 95.5 万公顷、河南 73.5 万公顷、安徽 52.4 万公顷。

东部 10 省区自然保护区面积约为 1 208.7 万公顷，占比 8.08%。分布状况：广东 355.3 万公顷、海南 273.5 万公顷、辽宁 267.4 万公顷、山东 108.2 万公顷、河北 69.3 万公顷、江苏 56.7 万公顷、福建 46.4 万公

---

① 笔者根据《中国地图集》（中国地图出版社 2014 年版，第 26 页）的资料计算得出。

顷、北京 13.4 万公顷、上海 9.4 万公顷、天津 9.1 万公顷。

中西部地区自然保护区面积合计约 13 750.4 万公顷，全国占比为 91.92%。由此可见，中西部地区是中国最重要的自然保护区，保护好这些地区的生态环境是国民应尽责任，无论是开发还是经济建设、城市建设、产业选择、对外开放，都必须兼顾这一地区生态特点，不允许以生态损失为代价来获得所谓的财富增长。

五是农业资源主要分布在内陆地区。中西部地区农、林、牧、副、渔产业基础好，农业作物品种多、产量大、品质好，是国家的粮食作物主产区，稻谷、小麦、玉米、大豆等主要粮食作物主产区集中在中西部地区和东北地区。其中，河南、安徽、吉林、黑龙江、四川、陕西、江西、湖北、湖南等省区的粮食产量占全国主要比重。新疆、内蒙古、青海、西藏、甘肃、宁夏、云南等省区畜牧业占全国的主要比重，养牛、养羊、生猪、禽类等养殖业发达，为全国提供了丰富的肉类产品。

**2. 自然资源产地远离自然资源销地，开采运输成本过高，成为资源转化"瓶颈"**

虽然中西部地区自然资源富集，但由于地形地势地貌绝大部分处于山区和丘陵地带，远离都市，人烟稀少，生态环境恶劣、道路崎岖、山高路远，开采成本和运输成本很高，在不能形成大规模开采和加工的情况下，开采运营的市场成本会很高，没有市场价格优势，既难以形成规模化生产，也难以远距离运输。

因此，有些地方的富集资源无法开采，即使开采也没有批量规模优势，更无法长距离运输到很远的消费地区，当这些资源未能进入流通和消费领域时，就不是经济资源，便无法进入到社会生产、分配、交换、消费的循环和周转之中，天然资源仅仅是客观存在，只有赋予了人工劳动，并且这种劳动能转化为商品，才能使其变成经济资源，否则无法实现经济价值，无法转化为财富，开采也就没有意义。

## 2.2　中西部地区社会经济条件分析

人类特有的社会化生产和社会化生活，所形成的各种活动创造了人类文明，人类运用自己的聪明才智认识自然并能动地改造自然，形成了人工劳动成果，这些劳动成果日积月累，慢慢形成了赖以生存和发展的人工基础，经过长年积累，逐步形成了生存和发展的社会经济条件。

本书认为：西部地区处于不利的社会经济条件。

一是基础设施、生产能力、极化能力和体制机制这四个方面，构成对外开放的社会经济条件主要内容。

二是中国历史上是以水道为载体形成了活动区，是以水道为脉络形成文明流域区，也是以水道为载体形成对外交流的通道，水系脉络是祖先的文明发展脉络，水可以灌溉农田，用以生产粮食，可以载舟，用来运输，以水汇聚人居，以水汇聚人聚，水系是最基础的生活生产条件。

三是中国近代是以交通网络平台和通信网络平台形成文明分布区，交通网络的覆盖密度成为区域活力的基础条件。

四是西部地区地形地貌复杂，山大连片，沟深壑险，高原少氧，人烟稀少，修路架桥成本很高，历史上遗留下来的可用基础设施很少，制约当地与外界交流。

## 2.2.1 基础设施分析

人类日常衣食住行活动所必备的物质基础，包括劳动工具、生活设施、生产设施的集合统称为基础设施。其中最重要的是交通设施和通信设施。一个要解决"行"的问题，一个要解决"闻"的问题，

西部地区交通贫困。"山高路险"，"蜀道难，难于上青天"这些都是广大西部地区交通恶劣情况的真实写照。1950年以后，国家重点投入基础设施建设，改善西部地区基础设施，特别是实施西部大开发战略以来，在公路、铁路和机场建设领域加大投入，取得了极大进步。但是交通条件不利仍然是制约区域对外开放和经济发展的障碍，交通薄弱仍然是制约对外开放和经济发展的难题。

### 1. 公路网络不尽完善

就全国总体而言，东部地区的高速公路密度明显优于内陆地区，东、中、西、东北四个地区高速公路密度排序依次为：东部地区、中部地区、东北地区、西部地区。到2011年，高速公路网密度，东部地区平均每10万平方千米就有路长在200千米以上，浙江、上海、广东、北京等地区已达到400千米以上，而西部地区均处于200千米以下，有些省区不足100千米（见图2-4）。

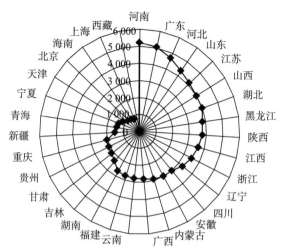

**图 2-4　2011 年各省区高速公路通车里程指标分析**

**（千米/每 10 万平方千米）**

注：根据国家统计局公布 2011 年统计年鉴资料整理绘制。

　　从省级公路运输最新的静态数据来看：绝对数据排名中，河南、广东、河北、山东、江苏、山西、湖北的高速公路通车里程数均超过了 4 000 千米。中部地区与东部地区指标相近。

　　从高速路网密度的相对数据来看：2011 年，四川、甘肃、内蒙古、青海、新疆、西藏等省区，每万平方千米高速公路里程数不足 65 千米。

　　随着国家和地方不断投资进行道路建设，部分省区的道路状况不断得到改善。其中，到 2014 年，安徽省全省高速公路达 3 752 千米、一级公路达 2 623 千米，当年新增高速公路 231 千米、一级公路 343 千米。青海省全省公路通车里程达 72 703 千米（其中高速公路 1 719 千米），当年增加 2 586 千米（其中高速公路增加 491 千米）。重庆市高速公路通车总里程超过 2 400 千米，路网密度达到 2.9 千米/百平方千米，成为西部地区公路网密度最大的地区。四川省高速公路通车里程达到 5 506 千米。宁夏区公路通车里程达到 31 276.23 千米，当年新增 9.5%。其中高速公路里程达到 1 344 千米。青海省公路通车里程达到 72 703 千米，当年新增 2 586 千米，其中高速公路达到 1 719 千米，当年新增 491 千米。山西省公路线路里程达到 14.0 万千米，其中高速公路 5 011.1 千米。新疆区公路里程达到 17.55 万千米，当年新增 3.2%，其中高速公路 4 316 千米，新增 58.2%。①

特别要指出的是，西藏自治区公路总通车里程已达到 75 470 千米，2014 年新增 4 878 千米，连续多年保持增长，2008 年增长 5.5%，2009 年增长 4.9%，2010 年增长 8.2%，2011 年增长 8.3%，2012 年增长 3.3%，2013 年增长 8.2%，2014 年增长 6.9%，长期投入公路建设已经为改善西藏地区的交通状况发挥了巨大作用。

从上述分析可以看出：中部地区公路网密度正在接近东部地区，将在未来经济发展和社会进步中受益；西部地区高速公路增长速度最快，这是由于历史欠账太多，近些年大幅度投资建设，已经显露出成效；经济发达地区高速公路网密度大，公路对经济发展的积极效应十分明显；未来时期，加大中西部地区公路网建设仍然十分必要。

**2. 铁路网络西部地区稀疏，西部地区处于劣势**

至 2013 年 12 月 29 日，中国铁路营运里程已经超过 10 万千米②，其中时速 120 千米及以上线路超过 4 万千米，时速 160 千米线路超过 2 万千米。在铁路版图中，西部地区铁路由昔日的不足 1 000 千米跃升到 3.8 万千米，在整个路网中的比重上升到 36.9%。2013 年，中国高速铁路总营业里程达到 11 028 千米③，正在建设的高速铁路规模约 1.2 万千米，成为世界上高速铁路投产运营里程最长、在建规模最大的国家。但是，西部地区仍然是铁路覆盖密度最小、运营里程最短的地区。向西北方向，仅有一条河西走廊通道，向西南地区方向仅有一条青藏线。青藏铁路又称之为"天路"，在海拔 3 000 米以上的高原修建铁路是人类历史上的壮举，打通了西藏与内地的链接通道，具有极为重要的经济意义和战略意义，不仅仅发挥交通运输的作用，而且也是维护边疆稳定、开展国际贸易、支持民族地区的重要基础。

现在从铁路网营运情况来分析省会级城市之间的流通状况，自北京、广州、上海开往中西部省会城市日铁路班次总数升序排列呈现出郑州、长沙、武汉、合肥、南昌、西安、太原、兰州、呼和浩特、重庆、贵阳、成都、南宁、昆明、银川、西宁、乌鲁木齐、拉萨依次递减趋势。开往郑州、长沙、武汉三地的每日铁路班次总和，是余下的 15 个省会城市日铁

---

① 安徽、重庆、四川、宁夏、新疆、青海、山西、西藏等省区《2014 年国民经济和社会发展统计公报》，国家统计局公布。
② 载于《人民日报》2013 年 12 月 29 日第二版。
③ 新华社，国际在线消息，2014 年 3 月 5 日报道。

路班次总和的 1.5 倍多，可见中部地区已经成为交通枢纽。在远距离运输方式中（公路、铁路、民航），由于航空运输费用高昂，公路运输一次运量受限，需要顾及运输代价，客观上是促使中部省区首选铁路货物运输的关键因素之一。

自中西部省会城市开往北京、广州、上海日铁路班次总数的升序排列来看，呈现出长沙、武汉、郑州、合肥、西安、南昌、太原、呼和浩特、重庆、贵阳、兰州、成都、南宁、昆明、银川、西宁、乌鲁木齐、拉萨的递减趋势。同样，由郑州、长沙、武汉始发的铁路班次数量也是余下的 15 个省会城市铁路班次的 1.4 倍多。

由铁路运输班次总数的升序排列来看，中部城市长沙、武汉、郑州三地的铁路运输密度较高且稳定，其绝对数据为：（日出站 131、128、110；日入站 127、125、75）；西部城市中西安、呼和浩特、重庆三地的铁路运输密度较高且稳定，其绝对数据为：（日出站 28、17、16；日入站 29、17、16)，远低于中部城市日铁路班次数量。

**3. 空港分布严重非均衡，西部地区处于劣势**

根据国家民航总局发展计划司资料，截至 2013 年末，境内民用航空（颁证）机场共有 193 个[①]，其中，定期航班通航机场 190 个，定期航班通航城市 188 个。全国各地区机场旅客吞吐量的分布情况是：华北地区占比 16.9%，东北地区占比 6.3%，华东地区占比 29.1%，中南地区占比 24.0%，西南地区占比 15.6%，西北地区占比 5.5%，新疆地区占比 2.6%。全国各地区机场货物运输吞吐量的分布情况是：华北地区占比 18.0%，东北地区占比 3.5%，华东地区占比 24.5%，西南地区占比 9.6%，西北地区占比 2.2%，新疆地区占比 1.3%。

从机场分布数量、旅客吞吐量、货物吞吐量三个参数指标的分布情况可以看出，空港资源分布表现为明显的非均衡状况，西部地区仍然处于弱势地位。

根据国家民航局 2013 年全国民航机场生产统计公报[②]显示：自 2008 年以来民航机场客运吞吐量逐年增长。2008 年为 4.06 亿人次，2009 年为 4.86 亿人次，2010 年为 5.64 亿人次，2011 年为 6.21 亿人次，2012 年为 6.80 亿人次，2013 年为 7.54 亿人次。其中，2012 年航空吞吐量东部地区为 3.89 亿人次，占比 57.21%，东北地区为 0.43 亿人次，占比 6.32%，

---

①② 载于中国民航报 2014 年 3 月 28 日第 3 版。

中部地区为 0.67 亿人次，占比 9.85%，西部地区为 1.81 亿人次，占比 26.62%。

以 2012 年 7 月中旬的周数据显示（根据中国民航局公布的飞行航线资料整理）①，从北京、广州、上海飞往中部 6 省以及西部 12 省区省会城市的航班数分别为 4 853 次、3 909 次、4 227 次，共计 12 989 次；自中部 6 省、西部 12 省区省会城市飞往北京、广州、上海的航班数分别为 5 280 次、4 079 次、4 321 次。共计 13 680 次。北京、上海、广州往返于中西部省会城市航班次数表现为：北京 > 上海 > 广州。

航班总数的升序排列来看，由北京、广州、上海出港飞往中西部省会城市的航班架次升序呈现出成都、西安、重庆、昆明、长沙、武汉、乌鲁木齐、南昌、郑州、贵阳、南宁、银川、太原、呼和浩特、合肥、兰州、西宁、拉萨的递减趋势。

由中西部省会城市飞往北京、广州、上海的航班架次升序呈现出成都、西安、重庆、昆明、长沙、武汉、乌鲁木齐、南昌、贵阳、郑州、南宁、银川、兰州、呼和浩特、合肥、太原、西宁、拉萨依次减少的递减趋势。

由航班班次总数升序排列显示来看，西部城市成都、西安、重庆的航班总数稳居前三，其绝对数据分别为：（周出港 1 325、1 188、1 127；周进港 1 334、1 201、1 143）而中部省会城市长沙、武汉、南昌的周航班总数居前三位，其绝对数据分别为：（周出港 827、809、741；周进港 861、810、714）。远低于西部三个主要城市的绝对数量。

### 2.2.2 产出能力分析

地区产出能力主要表现在经济存量、经济增量和经济结构三个方面。经济存量主要是指社会经济发展过程中历史积累状况，是多年发展成果汇聚。经济增量是特定的历史阶段单位时间内增加产出的数量，表现出活力。经济结构包括生产结构和消费结构，是比例关系和技术水平。

本书认为：区域之间产业发展基础差异很大，西部地区整体产出能力弱。

一是中西部地区经济发展水平总体上进步很快，特别是实施西部开

---

① QUNAR 网，http://www.qunar.com，2017 年 7 月 23 日。

发、中部崛起、东北振兴政策以来，产出能力不断增强，有些省区已经进入全面开放的发展态势，积累了一定规模和水平的产业基础，经济总量上升到历史上最好水平，达到历史上最高状态。但是，由于历史上长期发展滞后，积累薄弱，很难在短时间内发生根本性转变。

二是在全国区域总分工中，西部地区是全国重要的生态屏障，环境保护任务艰巨，不允许以损害生态环境为代价进行经济开发。

三是区域之间不能简单用实际经济产出指标来度量发展水平，不能简单用国内生产总值（GDP）指标来度量经济成长性，也不能仅仅用经济指标来度量发展状况。将东部地区和中部地区、西部地区、东北地区进行总量对比是不可取的，也不能完全真实表达彼此之间的差异性，必须专项比较、综合比较。

四是西部地区不具备复制东部地区产业结构模式的条件。

**1. 产业门类多样，结构位于产业链低端**

1950 年以来，先后实施了重点布局、均衡布局、战略布局、梯度布局、网络布局政策，促成了如今的产业结构。

在第一个五年计划时期，财力十分有限，百废待兴，国家统筹财源，工业生产力重点布局，重点发展钢铁工业，投资总量的 53.5% 用于内陆地区，46.5% 用于沿海地区。进入第二个五年计划时期，工业布局"遍地开花"，20 万个项目"铺天盖地"，1958 年"大跃进"推动产业布局。进入 20 世纪 60 年代以后，步入第三个五年计划和第四个五年计划时期，倡导"备战备荒为人民"，与苏联的关系紧张，准备打仗，为了适应战争需要，将国土分为一线、二线、三线，工业生产力布局要求"上山、进洞、下乡"。国家投资 68.6% 分配到内陆地区，将重点项目分配到西南地区、西北地区、晋南地区、豫西地区、鄂西地区、湘西地区，至今还有一大批国有大型企业坐落在这些地区。

应当看到，正是由于在重点布局时期国家投资和重大项目，才进入到中西部地区和东北地区，中西部地区才开辟了现代产业基础，至今仍然发挥着骨干作用，这个历史过程具有伟大的、长远的、深刻影响。现在研究中西部地区产业状况不能不回顾历史过程，因为这个过程是在计划经济体制和机制状态下形成的，是动员国家力量来发展的，企业是工厂化的企业，产品计划分配，企业不需要面对市场竞争，企业的选址完全是从战争需要出发，到边远地区去、到农村去、到山里去，甚至有些企业建设在山洞里。例如，第二汽车厂（二汽）坐落在湖北十堰，第一重型机器厂

（一重）坐落在黑龙江齐齐哈尔，包头钢铁公司（包钢）坐落在内蒙古包头，武汉钢铁公司（武钢）坐落在武汉，中国工程物理研究院坐落四川绵阳，航空动力公司坐落贵州贵阳等。正是这个时期，中西部地区的产业建立之初就是面向资源开采与加工工业、农产品生产与加工工业，包括军工、食品、农机、钢铁、冶金、机械、造纸、纺织、化工、矿山、电力、建材等产业门类。这些产业门类无疑处于产业链中低端位置。

现代产业建设是建立在产业链分工基础上的，主要由市场机制配置资源，中西部地区产业形成是在计划经济体制下建立起来的，是从企业安全来安排选址和布局的，既没有考虑产业链分工，也没有考虑区域分工，更没有顾及运输成本，完全是政府行政命令所为。也正是这种力量才使得现代工业进入到偏僻的乡下农村、山沟僻壤、中小城市，带去了现代工厂化企业的组织管理模式、现代大产业组织的团队管理方式也带去了现代文明，积极影响了本地农民的思想观念和生活方式，是一种现代文明的启迪。

因此，分析中西部地区的产业结构和产出能力，不能仅仅从现实情况对比东部地区的状况，更不能指指点点、妄加批评，一定要放在历史发展的视角来看待中西部地区，从历史唯物主义视角来总结经验、判断优劣、发现机会。

**2. 企业数量增速快，基数少、规模小、层次低**

国家改革开放以后，打破了长时间的计划经济均衡发展态势，投资力量逐步转为市场机制，由于东部沿海地区生态环境好，水土丰腴，有出海口，远洋海运交通便利，开展国际贸易往来方便，适合加工类企业发展，由此引发投资东移，社会经济力量开始向东部地区集聚，经过 30 多年的发展，东部地区的产业产出能力位居前列，无论是企业的数量，还是产业分布，还是单一企业规模都走在前列。相对比中西部地区则显得落后了，特别是西部地区和东北地区的企业无论是数量、规模还是管理水平，均处于三大地带中的末端位置。

本书运用国家统计局发布的三次全国经济普查数据进行分析，第一次是 2004 年，第二次是 2008 年，第三次是 2013 年，从近 10 年的时间历程中看企业的发展情况。

第三次全国经济普查主要数据公报指标显示（2013 年度）：

2013 年度，社会法人单位（主要为第二产业和第三产业）全国总量为 1 085.7 万个，从业人员为 35 602.3 万人，其中，东部地区法人单位总量为 601.9 万个，占比 55.4%，从业人员 19 224.5 万人，占比 54.0%；中部地区法人单位数量 214.1 万个，占比 19.7%，从业人员 7 428.8 万人，占比 20.9%；西部地区法人单位数量 197.4 个，占比 18.2%，从业人员 6 567.2 万人，占比 18.4%；东北地区法人单位数量 72.2 万个，占比 6.7%，从业人员 2 381.8 万人，占比 6.7%。[①] 上述人员结构指标说明：东部地区无论是企业数量还是从业人员数量，都处于绝对优势地位，中部地区次之，位于第二位水平，然后是西部地区，位于第三位水平，东北地区最小。

有证照个体经营户和从业人员数量，全国总数量为 3 279.1 万个，从业人员 9 013.4 万人。其中，东部地区有 1 311.4 万个，占比 40.0%，从业人员 3 926.1 万人，占比 43.6%；中部地区有 762.5 个，占比 23.3%，从业人员 2 095.7 万人，占比 23.3%；西部地区有 915.4 万个，占比 27.9%，从业人员 2 305.6 万人，占比 25.6%；东北地区有 289.7 万个，占比 8.8%，从业人员 686.0，占比 7.6%。上述指标说明：民营经济发展势头东部地区最为活跃，中部地区次之，西部地区再次之，东北地区最弱。

从结构指标看，在法人单位数量构成中，第二产业占比 25.3%，相对于第二次普查数据指标（2008 年末）下降了 5.7 个百分点；第三产业占比 74.7%，相对于第二次普查数据指标（2008 年末）提高了 5.7 个百分点。说明第二产业比重下降被第三产业比重上升所替代，第三产业成为主要创业成长领域。

在就业结构中，第二产业从业人员占比 54.1%，相对于第二次普查数据指标（2008 年末）下降了 3.5 个百分点；第三产业从业人员占比 45.9%，相对于第二次普查数据指标（2008 年末）提高了 3.5 个百分点。说明第三产业上升为吸纳就业的主要领域，也同时说明第二产业的有机构成还存在很大改善空间。

本书将单位数量结构和从业人员数量结构进行对比研究，结果发现两个重要现象：

一是企业数量的增长并没有促进产业结构升级，仍然在低端产业领域徘徊。第二产业企业数量比重为 25.3%，从业人员比重却为 54.1%，说明企业分布的产业领域和技术装备水平不高，仍然以劳动密集型产业为特点，以人工劳动为主要生产方式。

----

① 《第三次全国经济普查主要数据公报（第一号）》，国家统计局 2014 年 12 月 16 日发布。

二是从业人员数量的增长并没有大量进入高新技术行业，而是进入低端服务业领域。小微企业数量的增长吸纳了新增就业人员。第三产业企业数量比重为74.7%，从业人员数量比重却为45.9%，这一现象说明，第三产业中单个企业规模较小，主要以工商个体户的数量增长，冲高了第三产业数量比重，而实际就业并没有因为企业数量的增长而拉高，说明新增企业数量绝大部分在低端服务业领域，并没有进入高端服务业领域。

在法人单位数量结构中，东部地区占比55.4%，相对于第二次普查数据指标（2008年末）提高了2.9个百分点；中部地区占比19.7%，相对于第二次普查数据指标（2008年末）下降了0.2个百分点；西部地区占比18.2%，相对于第二次普查数据指标（2008年末）下降了1个百分点；东北地区占比6.7%，相对于第二次普查数据指标（2008年末）下降了1.7个百分点。

本书发现：上述现象说明东中西三大地带格局没有变，但是东北地区在衰弱。

一是东部地区仍然具有创业创新的冲劲，且发展势头不减，仍然是新时代引领中国经济发展的先进地区。

二是中部地区、西部地区和东北地区三个地区指标都在相对下降，新一轮经济发展的动力源还尚未形成。

三是东北地区下降幅度最大，降幅为1.7%，创业创新势头在减弱，反映出东北地区老百姓创业和创新激情不高，特别是民营经济发育还不够成熟，吸纳就业的潜力还尚未充分发挥出来。

从业人员数量结构，东部地区占比54%，相对于第二次普查数据指标（2008年末）下降了0.5个百分点；中部地区占比20.9%，相对于第二次普查数据指标（2008年末）提高了0.7个百分点；西部地区占比18.4%，相对于第二次普查数据指标（2008年末）提高了0.9个百分点；东北地区占比6.7%，相对于第二次普查数据指标（2008年末）下降了1.2个百分点。

本书研究发现：上述现象说明中部和西部地区在成长，增速超过东部地区和东北地区。

一是西部地区原有产业总量基数小，增长速度最快。

二是中部地区增长速度处于第二位，仅次于西部地区，仍然处于增长的势头。

三是东部地区减速，正处于结构调整时期。

四是东北地区减速，历史遗留问题拖累，新动力尚未形成，情况堪忧。

国家统计局于 2009 年 12 月 25 日发布《第二次全国经济普查主要数据公报》（2008 年度），其中，法人单位数量指标显示：

社会法人单位（第一产业和第二产业）总数量为 709.9 万个，其中，东部地区有 372.7 万个，占比 52.5%；中部地区有 141.7 万个，占比 20.0%；西部地区有 136.5 万个，占比 19.2%；东北地区有 59.0 万个，占比 8.3%。2008 年比 2004 年增加了 193 万个，增长了 37.33%，数量增加证明经济活力向上，市场规模扩大，投资动量强劲。

有证照的个体经营户总数量为 2 873.7 万个，其中，东部地区有 1 134.1 万个，占比 39.5%；中部地区有 707.6 万个，占比 24.6%；西部地区有 746.4 万个，占比 26.0%；东北地区有 285.6 万个，占比 9.9%。[①]

企业法人单位 495.9 万个，相对于 2004 年增加 170.9 万个，增长了 52.6%。其结构分布情况是：国有企业 14.3 万个，下降 20.0%；集体企业 19.2 万个，下降 44.0%；股份合作企业 6.4 万个，下降 40.2%；联营企业、有限责任公司和股份有限公司共 65.9 万个，增长 52.5%；私营企业 359.6 万个，增长 81.4%；其他内资企业 11.9 万个，增长 116.3%；港、澳、台商投资企业 8.4 万个，增长 13.5%；外商投资企业 10.2 万个，增长 30.2%。

这一指标表现出来中国经济成长性较好，投资活跃，企业数量增多，拉动就业，拉动经济总量增长。但是同时，结构性问题也潜伏下来。

国家于 2005 年 12 月 6 日首次发布第一次全国经济普查主要数据公报（2004 年度），2004 年进行了第一次经济普查。普查标准时点为 2004 年 12 月 31 日，资料为 2004 年度。其中，法人单位数量指标显示：

2004 年末，法人单位共计 516.9 万个（其中，企业法人 325.0 万个，机关、事业法人 90.0 万个，社会团体法人 10.5 万个，其他法人 91.4 万个）。产业活动单位（企业）682.4 万个（第二产业 167.5 万个，第三产业 514.9 万个）。个体经营户 3 921.6 万户（第二产业 588.7 万户，第三产业 3 332.9 万户）。[②]说明民营经济主要分布在第三产业中，且数量多、分布广、规模小、层次低。

---

① 《第二次全国经济普查主要数据公报（第一号）》，资料采集时段为 2008 年度，标准时点 2008 年 12 月 31 日截止，国家统计局、国务院第二次经济普查办公室 2009 年 12 月 25 日发布。

② 《第一次全国经济普查主要数据公报（第一号）》，资料采集时段为 2004 年度，标准时点 2004 年 12 月 31 日截止，国家统计局、国务院第一次经济普查办公室 2005 年 12 月 6 日发布。

法人单位空间分布结构：东部地区有291.0万个，占比56.3%；中部地区有119.3万个，占比23.1%；西部地区有106.6万个，占比20.6%。说明东部地区位于领先地位，中部地区位于次级地位，西部地区位于最后地位。

**3. 创新要素汇聚少，综合创新能力薄弱**

根据国家统计局科研所《2010年地区综合发展指数报告》指标显示：2000～2010年期间，地区综合发展指数（CDI）中的科技创新指数值，西部地区明显滞后。

科技创新指标分别是：北京78.38、天津46.24、河北13.22、山西12.71、内蒙古7.89、辽宁20.70、吉林11.67、黑龙江11.34、上海67.99、江苏56.88、浙江44.83、安徽13.11、福建22.57、江西15.17、山东25.03、河南11.10、湖北24.82、湖南13.35、广东43.83、广西7.92、海南6.42、重庆17.68、四川22.08、贵州6.37、云南5.77、西藏2.98、陕西29.26、甘肃9.55、青海5.80、宁夏8.89、新疆5.30。

在西部12个省（区、市）中，只有陕西、重庆、四川为两位数，其余的省区市均在个位数。最低的是西藏，只有2.98，新疆只有5.30，青海只有5.80，相对应北京有78.38、上海为67.99，天津为46.24，很明显中西部地区处于弱势，创新资源汇聚太少，创新能力十分薄弱（见表2－1）。

表2－1　　　　　　2010年各地区综合发展指数及分类指数　　　　单位：%

| 序号 | 地区 | 综合发展 | 经济发展 | 民生改善 | 社会发展 | 生态建设 | 科技创新 |
|---|---|---|---|---|---|---|---|
| 1 | 北京 | 85.05 | 96.13 | 90.63 | 82.17 | 74.38 | 78.38 |
| 2 | 天津 | 72.65 | 87.56 | 80.49 | 70.16 | 70.02 | 46.24 |
| 3 | 河北 | 53.71 | 58.00 | 62.35 | 66.11 | 56.34 | 13.22 |
| 4 | 山西 | 53.41 | 60.80 | 58.39 | 70.41 | 51.53 | 12.71 |
| 5 | 内蒙古 | 53.42 | 67.80 | 58.54 | 66.71 | 51.39 | 7.89 |
| 6 | 辽宁 | 59.71 | 72.69 | 65.92 | 68.47 | 58.13 | 20.70 |
| 7 | 吉林 | 55.41 | 63.62 | 61.82 | 72.08 | 53.70 | 11.67 |
| 8 | 黑龙江 | 53.26 | 64.34 | 60.61 | 65.35 | 51.00 | 11.34 |
| 9 | 上海 | 80.57 | 99.02 | 87.41 | 71.96 | 71.96 | 67.99 |
| 10 | 江苏 | 68.45 | 74.94 | 74.62 | 66.11 | 65.62 | 56.88 |

续表

| 序号 | 地区 | 综合发展 | 经济发展 | 民生改善 | 社会发展 | 生态建设 | 科技创新 |
|---|---|---|---|---|---|---|---|
| 11 | 浙江 | 69.26 | 73.48 | 84.17 | 66.97 | 69.05 | 44.83 |
| 12 | 安徽 | 53.21 | 57.92 | 62.13 | 61.98 | 58.92 | 13.11 |
| 13 | 福建 | 62.58 | 71.93 | 70.03 | 67.66 | 68.84 | 22.57 |
| 14 | 江西 | 54.99 | 58.19 | 63.60 | 65.32 | 60.79 | 15.17 |
| 15 | 山东 | 59.32 | 64.85 | 68.12 | 65.35 | 62.81 | 25.03 |
| 16 | 河南 | 52.42 | 53.16 | 60.00 | 67.14 | 58.38 | 11.10 |
| 17 | 湖北 | 56.68 | 61.63 | 61.97 | 68.69 | 56.05 | 24.82 |
| 18 | 湖南 | 55.03 | 59.70 | 62.04 | 68.79 | 58.46 | 13.35 |
| 19 | 广东 | 68.28 | 79.51 | 73.46 | 67.02 | 70.00 | 43.83 |
| 20 | 广西 | 52.75 | 56.33 | 59.15 | 66.07 | 61.14 | 7.92 |
| 21 | 海南 | 54.75 | 66.98 | 60.60 | 66.09 | 58.87 | 6.42 |
| 22 | 重庆 | 57.51 | 66.93 | 60.83 | 65.76 | 64.67 | 17.68 |
| 23 | 四川 | 55.18 | 59.65 | 59.05 | 65.80 | 59.34 | 22.08 |
| 24 | 贵州 | 48.25 | 55.24 | 50.92 | 65.22 | 50.49 | 6.37 |
| 25 | 云南 | 50.45 | 55.57 | 48.96 | 71.22 | 57.47 | 5.77 |
| 26 | 西藏 | 45.60 | 52.92 | 51.25 | 64.56 | 42.29 | 2.98 |
| 27 | 陕西 | 55.94 | 61.03 | 54.72 | 69.23 | 57.16 | 29.26 |
| 28 | 甘肃 | 46.04 | 52.17 | 48.92 | 62.84 | 44.95 | 9.55 |
| 29 | 青海 | 45.95 | 57.26 | 49.02 | 64.38 | 39.66 | 5.80 |
| 30 | 宁夏 | 48.71 | 59.67 | 54.76 | 62.36 | 44.64 | 8.89 |
| 31 | 新疆 | 46.46 | 56.12 | 57.56 | 58.26 | 41.23 | 5.30 |

注：中国香港地区、中国澳门地区、中国台湾地区未在统计之列。
资料来源：国家统计局科研所，《2010 年地区综合发展指数报告》，中国国家统计局官方网站 2011 年 12 月 23 日。
姚慧琴、徐璋勇主编：《中国西部发展报告（2012）》，社会科学文献出版社 2012 年版，第 20 页。

## 2.2.3　极化能力分析

本书将区域极化能力定义为：经济要素的汇聚能力和劳动产出的扩散能力。

极化能力这一定义的提出，是基于著名法国经济学家佩鲁的"发展极"概念。佩鲁认为：经济增长必须首先集中在具有创新能力的部门，通常集中在大都市形成增长极，这个增长极具有四种效应，"支配效应"、"乘数效应"、"极化效应"和"扩散效应"。

形成发展急需要有都市、资源和网络，即：供给与需求以及链接供给与需求之间的通道（或者机制）。

为了分析和判断地区极化能力，本书采用面板数据研究和实际调查研究，两种方法都同时证明了内陆地区极化能力弱。

本书认为：迫切需要增强内陆地区的极化能力，迫切需要将省会级城市建成区域发展极，集聚人口，扩大中小城市数量和规模，加大城镇化力度很有必要。

一是经济活动的辐射作用随着距离而衰减，极化能力与要素汇聚数量呈正相关、与距离近远呈负相关，运输成本和响应程度影响经济活动。

二是内陆地区远离沿海地区，没有出海口，只能长距离运输，中国幅员辽阔，最远的省会级城市距离最近的沿海口岸有 3 000 多千米，运输成本很高，响应速度很慢，无区位成本优势可言。

三是内陆地区具有庞大的人口数量，可以形成独立的市场体系，完全有条件形成相对独立的区域市场集团，形成发展极。

四是内陆地区各个相对独立的市场集团之间联通，形成市场网络。发挥极化效应和扩散效应，影响周边地区和国家。

五是战略性西进，形成发展效应，极化西部地区国家，要素流动向西扩散。

地区经济基础主要表现为终端市场潜力、人口分布状况、经济产出能力、产业结构、产业水平等方面。

中国人口分布严重非均衡，人口数量达 13 亿，占世界人口 1/5 以上，是世界上人口最多的国家。有 56 个民族，汉族占总人口 92%。人口主要分布在东部沿海地区、中部地区以及西南地区。在版图上从黑龙江黑河到云南腾冲画一条直线，将国土分为东西两部分，东部地区领土面积约为43%，居住人口约为 94%，西部地区领土面积约为 57%，居住人口为约为 7%，人口分布严重非均衡，城乡分布也严重非均衡，有限的国土资源承载着巨大的人口生活压力，有限的生态资源承载着巨大的人口生存压力。

度量市场规模可以设计为以下公式（市场结构公式）：

市场 = 人群数量 × 购买欲望 × 购买能力

即：M = Q × W × P

式中：M 为市场；Q 为人的数量；W 为购买欲望；P 为购买能力。

根据市场结构公式，人的数量是最根本的终端市场要素。由于中国的人口分布的非均衡，西部地区地广人稀，人口集聚度远远低于中东部地区，无法形成区内经济大循环，只有依赖外部市场来吸纳本地产品、本地劳动以及吸纳劳动力。

本书针对人、财、物三种要素活动状况进行研究。分别是：人的流动指标，流出流入状况，外来人口比重；物的流动指标，高速公路上卡车通行数量；钱的流动指标，当地流通的货币质量。这三个流动性指标足以证明区域经济活性，足以证明区域发展极的极化能力。本书研究发现：中西部地区和东北地区上述三个指标都较低，证明极化能力弱。针对三种要素流动状况，定义四个流动指标进行研究，分别是：流速、流量、流向、流质。

**1. 中西部地区外来人口数量少，比重低，增量慢，证明地区极化能力弱**

人是最活跃的要素，人的流动情况是经济活动情况的最重要领域，也是区域开放水平的重要领域，集中表现在流质参数、流向参数、流速参数和流量参数，这四个参数集合共同构成度量系统，则人的流动状态表达式为：W = F(E, K, V, Q)。区域极化能力是人的流动状态函数，则有表达式：P = f(W)。

现在，从理论上考察人的流动状态，建立函数关系：

一是考察流质参数（E）。

流质参数是指人群的属性，是什么样的人群在流动，可以分为性别、年龄、专业技能、教育背景、职业经历等。中国经济建设在过去时期历程中，有三个群体具有鲜明的流动规律性，一个群体是农民工，另一个群体是应届大学毕业生，再一个群体是企业家（业主）。这三个群体的流动性表现出区域极化能力。

农民工的流动，反映出体力劳动者从业领域的发展情况，农民工绝大部分都是从事体力劳动的群体，其就业领域在建筑业、装修业、手工制造业、服务业、零售业、物流业、纺织业、加工工业等。从事简单作业岗位，不需要更多专业技能的岗位领域。每年在春节前后是观察农民工群体流动的最佳时间，通常在春节前 20 天左右从外地返回乡里，回家过年；

春节过后 20 天左右又从乡里出来到工作地区，这个流动特点是中国劳动力流动的独有特点。农民工的流入代表着区域极化能力。

大学毕业生的流动，表达出来智力劳动者从业领域的发展情况，大学生每年有近千万人，是从事脑力劳动的群体，大学生进入到研发、技术、管理、创意产业、教育、医疗、政府、事业机构、银行、金融机构、工程设计、大学、科研院所等领域。按照中国现行的学制，大学专科学习 2～3 年，大学本科 4 年，硕士研究生 3 年，博士研究生 3 年，博士后工作 2 年，每年九月份入学，每年七月份毕业。每年八月份新生到学校报到，是观察大学生来源地的最佳时间；每年八月份毕业到工作地上岗，从学校所在地到工作地报到，是观察毕业去向的最佳时间。大学毕业生的流入代表着极化效应，代表着地区极化能力。

企业家的流动，表达出来产业投资领域的发展情况。企业家群体带着资本和技术、管理和商业模式、产品和管理团队。企业家的流动实际上就是资本的流动，实际上就是商机的流动。企业家的数量和品质代表着行业发展水平，企业家的流入代表着投资地的极化能力。

二是考察流向参数（K）。

考察人向哪里流动，就一个地区而言，人是流进来，还是流出去。假定：人是理性的，主动愿意获得更多发展机会，愿意流动，并能够流动。设定：一个相对稳定的地区（A）及另一个相对稳定的地区（B），两个地区之间有距离（S），在 A 区内居住时间相对稳定的人为 Ra，在 B 区内居住时间相对稳定的人为 Rb，如果 A 区的人向 B 区流动，则说明 B 区的极化能力强，则有：Ra→B；如果 B 区的人向 A 区流动，则说明 A 区的极化能力强，则有：Rb→A。如果 A 区的人向 B 区流动，B 区的人同时向 A 区流动，则说明连个区域同时都具有极化能力，则有 Ra→B、Rb→A。

三是考察流量参数（Q）。

流量参数是指特定的时间节点上人的流动总量。例如，2008 年流入深圳务工的外地农民工数量，2014 年北京应届大学毕业生到北京之外的地区工作的数量，这些指标都是流量指标。流动量越大，则极化效应越显著，区域极化能力就越强；反之，流动量越小，则极化效应越不显著，区域极化能力就越弱。

四是考察流速参数（V）。

流速是单位时间内人的流动数量状态。流速快慢，决定通量，流速越快，则极化效应越显著，区域极化能力就越强；反之，流速越慢，则极化效应越不显著，区域极化能力就越弱。

现在，从实践中考察人的流动状态，分析判断中西部地区的极化能力实际情况：

从流质指标观察情况来看：流入和流出中西部地区和东北地区的人群，主要有三种类型，即农民工、大学生和企业家。第一种流动群体农民工的流动最为频繁，由于农业生产的季节性，农村劳动力在完成季节性耕种作业以后，离开土地进城务工，形成流动。农民家庭收入中种植业收入基本固定，因为每家每户的土地有限，土地承包确权分配工作早已做完，增加土地和减少土地的可能性很小，在没有自然灾害的年份，每一亩地年收入基本稳定，在粮食生产中通过增加单位亩产产量来增加收入的可能性很小。因此，农村劳动力离开土地进城务工是增加普通农民收入的重要方式。大学生流动是第二种流动群体，大学毕业后要进入社会参加工作，成为流动群体。企业家是第三种流动群体，企业家跟着投资走，投资跟着项目走，项目跟着商机走，哪里有商机，哪里就有企业家群体。

从流向指标观察情况来看：农民工从农村流向城市，从农业流向工业和服务业。从西部地区流向中部地区和东部地区。大学生流向从西部地区流向东部地区，从农村流向城市、从小城市流向大都市。企业家流向较为复杂：一种情况是东部地区的部分企业家流向中部地区和西部地区，到内陆地区投资兴业；另一种情况是西部地区部分本土企业家，从农村流入城市，从小城市流入中等城市、流入大城市；再有一种情况是西部地区的企业家流动到中部地区或东部地区。

从流量指标观察情况来看：东部地区本地流出量较小，中西部地区流出量较大，成为流动群体的主要成分。

从流速指标观察情况来看：中心城市人群流动速度较快，中等城市次之，县级城市再次之，流速与城市规模正相关，流速与地区经济活力正相关。

再从面板数据分析情况看：户籍人口和居住人口指标结构状况。

以深圳为例：第四次人口普查，1990 年，常住人口为 167.78 万人，户籍人口为 68.65 万人，非户籍人口为 99.13 万人；第五次人口普查指标，2000 年，常住人口为 701.24 万人，户籍人口为 124.92 万人，非户籍人口为 576.32 万人；第六次人口普查指标，2010 年，常住人口 1 037.2 万人，其中户籍人口 251.03 万人，非户籍人口 786.17 万人。10 年中新增常住人口 335.96 万人，增长 47.91%，说明深圳的极化能力很强。

以西安为例：第五次人口普查指标，2000 年，常住人口为 741.14 万人，户籍人口为 651.94 万人，非户籍人口为 9.2 万人；第六次人口普查指标，2010 年，常住人口 846.78 万人，其中户籍人口 739.61 万人，非户籍人口 107.17 万人。新增常住人口 105.64 万人，增长 14.25%，说明西安的极化能力不如深圳的极化能力强。

以昆明为例：第五次人口普查指标，2000 年，常住人口为 578.13 万人；第六次人口普查指标，2010 年，常住人口 643.22 万人，新增人口 65.09 万人，增长 11.26%，说明昆明的极化能力不如深圳的极化能力强，也不如西安的极化能力强。

以哈尔滨为例：第五次人口普查指标，2000 年，常住人口为 941.33 万人；第六次人口普查指标，2010 年，常住人口 1 063.59 万人，新增人口 122.26 万人，增长 12.99%，说明哈尔滨的极化能力不如深圳的极化能力强，也不如西安的极化能力强。

以山西省为例：第五次人口普查指标，2000 年，常住人口为 3 247.12 万人；第六次人口普查指标，2010 年，常住人口 3 571.21 万人，新增人口 324.08 万人，增长 9.98%，说明山西省的极化能力不如深圳的极化能力强，也不如西安的极化能力强。

通过指标对比，可以看出，常住人口增长率指标证明中西部地区极化能力弱（2000～2010 年 10 年中常住人口增长率北京市为 45.5%，极化能力很强）。

**2. 中西部地区高速公路上载货卡车通行数量少、密度低、权属少，证明地区极化能力弱**

物流量大小，代表区域经济活力，也代表地区极化能力。产生物流的原因是有生产或者消费，或者是有庞大的生产群落，或者是有庞大的消费群体。两种经济活动都有物流产生。集中表现在数量参数（U）、密度参数（G）和权属参数（J），三个参数的集合共同构成了度量系统。则生成物流动状态表达式：$N = F(U, G, J)$。区域极化能力是物的流动状态的函数，即：$P = f(N)$。需要说明的是，一个地区的物流量有铁路运输、有公路运输、有航空运输，应该综合考察，但是，对于西部地区来说，有些地方还没有空港，有些地方还没有铁路，公路运输是短途运输的主要方式。所以本书主要选择公路运输方式来度量当地物流情况。

一是考察数量参数（U）。在特定时间节点运输货车的数量指标，实际上是存量指标，是货车的通过量指标。

二是考察密度参数（G）。单位里程长度中在单位时间内通过的货车数量，实际上是流量指标。

三是考察权属参数（J），货车的主人是谁，所有权在哪里。是哪个省的、哪个市的。实际上是一个地区拥有货车的数量指标。

从实际观察的情况看：全国有三条高速公路最具有代表性，分别是广深高速公路、沪宁高速公路和京津高速公路。这三条高速公路上每年通过的货车数量和密度（单位里程中跑的车的数量），在全国高速公路网中是名列前茅的，数量最多、密度最大。其他地区则大为逊色。西部地区更为逊色，有些地段高速公路上的车流量很小，这种情况，一方面说明内陆地区经济活跃度不如上海经济圈、北京经济圈、珠江口经济圈，极化效应弱；另一方面也说明西部地区高速公路建设成本很高，投资回收期很长。因此，以道路建设为代表的基础设施建设，只能由国家投资，依赖本地投资是不行的，项目建设本身是不经济的，也不能仅仅从经济利益出发来考虑基础设施建设问题，必须从国家大局、从战略高度来布局基础设施建设。

再从面板数据分析情况看：2014 年度当地年货运量指标对比存在差异（根据各省公布的当年国民经济和社会发展统计公报指标计算）。

以贵州为例：货物运输总量 83 633.94 万吨，货物周转量为 1 326.25 亿吨公里。旅客运输总量 86 000.99 万人，旅客周转量 610.87 亿人公里。

以河南为例：货物运输总量 20.06 亿吨，货物周转量为 7 367.09 亿吨公里。旅客运输总量 14.18 亿人，旅客周转量 1 858.89 亿人公里。

以江苏为例：货物运输总量 208 623.3 万吨，货物周转量为 11 028 亿吨公里。旅客运输总量 156 016.2 万人，旅客周转量 1 550.7 亿人公里。

指标对比，西部存在差异。

**3. 中西部地区流通的小额面值纸币质量差、数量多，证明地区极化能力弱**

货币是财富度量的符号，纸币是终端市场交易的价值尺度、支付手段、储藏手段、流通手段，是由于人的经济活动而流动的，纸币流动的情况代表了终端市场交易的活跃程度，市场交易越活跃，货币流通转换的速度越快。

则生成物流动状态表达式：$C = F(X, Y)$。区域极化能力是钱的流动状态函数。$P = f(C)$

一是纸币结算数量（X），使用纸币进行交易结算的比重，相对于支票、信用卡、手机支付宝结算，使用纸币结算显然说明信用结算系统不够发达。

二是纸币本身质量（Y），小额面值纸币的质量，长时间使用，说明交易方式简单，货币流通范围窄，活动半径有限，区域间交流活力有限。

小额货币主要指纸币，包括面值壹角、伍角、壹元、伍元、拾元、贰拾元等。在实际观察中发现，一个地区（乡村、乡镇、县城、地市州）市面上流通的货币质量与当地的经济发达程度紧密相关，在经济活跃的地区，市面上流通的小额面值纸币的质量是崭新、整洁、干净的。反之，在经济欠发达地区，市面上流通的小额面值纸币的质量就破旧、不整洁、不干净。这一现象说明：当地流通的小额纸币面值的质量映射当地经济活跃程度和开放程度。

实际调研发现在开放程度高、经济活跃程度高、人口总量密度大的地区市面上流通的纸币质量就好；开放程度低、经济活跃程度低、人口总量密度小的地区市面上流通的纸币质量就差。这是中国区域经济发展一大特点。

货币质量与经济活力、开放程度以及极化能力正相关。

实际观察中发现：城市中的流通纸币质量好于农村中流通的纸币质量；大城市中流通的纸币质量好于小城市中流通的纸币质量；省级城市中流通的纸币质量好于地级城市流通的纸币质量，地级城市中流通的纸币质量好于县级城市中流通的纸币质量；县级城市中流通的纸币质量好于乡镇中流通的纸币质量；东部地区流通的纸币质量好于中部地区流通的纸币质量，好于东北地区流通的纸币质量；中部地区流通的纸币质量好于西部地区流通的纸币质量。

这个现象背后的经济学规律是流通问题，是人员、资金、物资三种要素在单位时间内所能延伸的活动范围和速度，活动范围越大，则以货币面值表现出来的财富变化就越快；活动速度越快，则以货币面值表现出来的财富变化就越快。

内陆地区流通中的纸币质量差，证明地区极化能力弱。

再从面板数据情况看：2014 年度，社会商品零售总额及当地银行储蓄额指标对比。

以陕西为例：全年社会消费品零售总额 5 572.84 亿元，城镇消费品零售额 4 954.45 亿元，全省金融机构（含外资）本外币各项存款余额 28 288.72 亿元。

以湖南为例：全省社会消费品零售总额 10 081.9 亿元，城镇零售额 9 062.5 亿元，乡村零售额 1 019.4 亿元，年末全省金融机构本外币各项存款余额 30 255.6 亿元。

以浙江为例：全年社会消费品零售总额 16 905 亿元，城镇消费品零售额 14 177.7 亿元，年末全部金融机构本外币各项存款余额 79 242 亿元。

指标对比，西部存在差异。

## 2.2.4　体制机制分析

中华人民共和国成立以后实行计划经济，全国管理一盘棋，宏观管理体制和微观运行机制并没有本质区别，性质相同方法一样，国家计划分配资源，计划调拨物资。改革开放以后，实行由计划经济向市场经济转换，各个地区之间开始出现管理体制和运行机制差异，有些地区转得快，有些地区转得慢，还有些地区转得很慢，有些地区积极主动转，有些地区被动拖着转。这种差异性至今仍然存在，致使各个地区之间内生发展动力出现差异。

集中表现在政府作用，是领导型政府还是服务型政府；集中表现为政府行为，是强政府还是弱政府；集中表现为政府意愿，是直接干预，还是间接干预；集中表现为资源分配，是政府分配，还是市场分配；集中表现为权力关系，是集权，还是分权。

本书认为：中西部地区发生过两次重大战略布局和投资活动，奠定了西部地区的现代经济基础，政府作用十分强大，行为高效，功不可没。

第一次是在"三五"、"四五"期间，国家实施重点布局战略，中央政府直接调动资源，配置工业生产力向中西部地区，特别是分配给西部地区和东北地区，使西部地区历史上首次出现现代产业和企业，这次战略布局和投资活动是计划经济体制和机制下的行为。

第二次是在"九五"、"十五"期间，国家开始实施西部开发、中部崛起、东北振兴三大战略，大规模进行基础设施建设，通电、通路、通信、通航，使西部地区历史上首次具有了现代基础设施，这次战略布局和投资活动是在由计划经济向市场经济转换过程中的行为，中央政府发挥主导作用，兼顾了市场机制，发挥了社会经济力量的作用。

同时也必须看到，在"强政府"高压下，强制社会资源和经济要素定向流动，市场机制作用被抑制，民间经济自发能力的市场化培育缓慢，开放的市场经济制度建设滞后，在"硬环境"建设辉煌成果的背后，"软环境"建设滞后也暴露出来，"机制性拖累"问题出现。

**1. 政府主管资源分配，强化了政府权力，经济运行宏观高效，微观低效**

中西部地区（包括东北地区）经济建设，几乎所有重大建设项目都是由国家统配，包括高速公路、铁路、机场、城市工程、重大企业选址与布局，国家分配到下面的资源，逐级分发，中央对省（区、市）分配，省（区、市）再向地级市分配，地级市再向县级市分配，县级市再向乡镇分配。这种资源分配机制无形中强化了政府管理系统的权力，促成地方要想发展就必须围绕经济资源转（特别是投资和项目），经济资源围着权力转，下级围着上级转。权力决定投资，权力决定发展；有多大的权力，就有多大的资源；有多大的资源，就有多大的发展机会，形成了权力与资源捆绑在一起的"权力经济"。

在计划经济体制中，"权力经济"具有严谨的指令性，线条和路线清楚，边界约束严谨，上下通畅，保障条件完备，只要宏观决策不失误，整体运行是高效率的。

而市场经济体制下，市场机制是调节和分配资源的基本机制，在市场体制中若市场机制不能发挥作用，仅仅作为工具，用时拿来，不用时弃之，那么采取实用主义的做法，"两条腿"走路，就需要有更高级的调控规矩，更高级的控制技巧，更严谨的管理制度。既可以发挥市场和政府这"两只手"各自的优势，也可以相互制约，暴露各自的劣势。"市场寻租"行为就是"权力经济"的问题暴露。改革开放以来，个别领导干部出现违纪、违法，甚至犯罪行为，数额之大、数量之多，就是这一问题产生的结果，出现了政商之间的某种默契，投资腐败、工程腐败现象时有发生。如果这一情况发生在极少数个别人身上，可能是个人素质问题，属于个案。但是，若是出现"蜂窝式"群案，甚至是"片案"，就不得不检讨体制和机制问题。

在"权力经济"下，投资性拉动成为西部地区经济增长的主体力量，消费性力量和贸易性力量被投资性力量淹没，特别是贸易性力量十分薄弱，出口比重十分低微。经济增长和经济发展未能同步。微观领域中企业创新资源十分缺乏，创新能力十分薄弱，发展后劲不足。国家投资，地区经济就增长，国家不投资，经济就回落（东北地区尤为突出）。市场化的、开放式的区域经济发展内生动力尚未真正建立起来。

**2. 政府统揽扶贫攻关问题，阶段性高效，长远性低效**

解决贫困是内陆地区发展的难题，全国的贫困地区集中分布在中西部地区，分布在老区、边疆地区、民族地区、农村地区和山区。过去多年从事的扶贫工作成效巨大，贫困人口在大量减少，说明过去由政府统揽的扶贫工作中一系列做法是行之有效的，是高效的。在"强政府"直接干预情况下，政府掌握了大量社会资源和经济资源，地方政府负责分配本地资源、中央政府下拨的资源以及其他地区对口支援带来的资源。强大的资源分配权力使地方政府具有绝对权威，市场力量退居次位，民间力量在市场力量之后，市场调节失灵（几乎无市场调节）。而在实际经济活动中又伴随市场存在，却不能发挥市场自发的调节作用，对外开放是市场机制作用，而政府力量无形中剥夺了市场机制，使中西部地区，特别是西部贫困地区难以形成市场机制，也就难以形成在市场机制下成长出来企业群体和企业家群体，若本土企业群体和本土企业家群体不能成长出来，就很难长久地解决贫困人口的脱贫，即使已经脱贫，伴随政府力量的退出，还会返贫，因为贫困人口并没有形成在市场中独立生存和发展的能力，只能依靠政府直接或间接地给予资源（包括商机资源）。

在看到过去扶贫成效的同时也必须看到，这种成效的取得是政府直接干预的结果，或者是政府行为直接帮扶，并非是农民能力的提高。"三农"问题是一个整体，是"农村贫困、农业贫困、农民贫困"连带在一起的复合型问题。多年的扶贫工作始终围绕着农民转，而贫困的根本原因就是因为是农民，住在农村、从事农业、身份农民"三位一体"捆在一起，也困在一起。政府扶贫是"扬汤止沸"，如果政府不再扶贫了，贫困还会反弹。要彻底改变这种状况，就必须出现这样的局面——农村有机会、农业能赚钱、农民有技能，因此，就必须将农民从一种社会"身份"转变为一种社会"职业"将农业、农民、农村"'三农'关系"分离，农村——是居住地（属地性变成居住性），农业——是企业（分散型变成集约型），农民——是产业工人（个体户变成农技师）。将政府扶贫工作由"搞运动"变成"搞转型"。否则，一旦政府撒手，贫困还会再来。

**3. 政府主导产业园区建设问题，局部高效，大局低效**

"无农不稳、无工不富、无商不活"成为政府抓经济工作的信条，增加企业数量、扩大企业规模、兴办工业开发区，成为地方普遍性行为，给予优惠政策、招商引资、吸纳外部资本和外来企业，成为普遍行动。

政策就是一种利益分配，政策就是资源，只有政府有权制定政策（特权）。由于地方政府之间竞争项目，彼此之间原来的合作关系、邻居关系，就变成了竞争关系，变成了优惠政策之间的竞争，看谁的政策更优惠，看谁的企业多，看谁的产出能力强，看谁的 GDP 多，看谁的增速快。几乎所有的县级以上的行政区都有工业开发区，都有产业园区，而且还划分等级，"国家级园区"、"省级园区"、"地级园区"、"县级园区"等，给予名分，"高新区"、"经济特区"、"自贸区"、"产业基地"、"改革开放试验区"、"新区"，等。有些地方在一个地区内就同时拥有多个名分。例如，"天津市经济技术开发区（泰达）"、"天津新区"、"中国（天津）自由贸易区"三个名称都在一个地方，光环很多，彼此之间如何分工、如何协作、如何统一、如何管理，已经成为新的改革问题。有些地方在管辖区内划出一块地，命名为"工业园区"，或者"产业园区"，把所有的企业都归拢在一起，集中选址，统一管理。有些地方在城市郊区盖一栋楼，命名为"创业基地"、"企业孵化器"，将一个一个的房间出租给"创客"。截至 2017 年 8 月底，全国共有经济特区 7 个、自由贸易试验区 11 个、改革开放试验区 6 个、新区 19 个、国家级经济技术开发区 219 个，高新区 45 个，对发展当地经济发挥了积极作用。

但是，也必须看到，还有些没有命名的地区却在地方经济发展中发挥了更大的作用。例如，广东中山市古镇，成为全世界最大的灯饰产业集散地；浙江省嵊州市出现的"领带村"，生产了世界上近 70% 的领带；江苏省扬州市出现的"牙刷县"，生产了世界上近 80% 的牙刷。这些地方并没有国家级名分，然而世界出名。反过来，具有了名分的产业园区并没有全都出名。谈特区经验，只能谈深圳，特区建设已过去 35 年了，为什么只谈深圳经验呢？第一批四个特区城市地点相近、政策相同，名分一致，为什么存在差异？谈自由贸易区经验，只能谈上海，而广东自贸区经验、天津自贸区经验、福建自贸区经验为什么谈的不多呢？谈国家级产业园区经验，往往上口的是北京中关村、苏州工业园、武汉东湖产业园、深圳南山产业园等，十分有限的几个园区。这种情况说明，产业园区选址建设都是政府行为，而并非是市场行为。

企业选址与政府建园是两个完全不同的概念，是两个完全不同的利益诉求，是两个完全不同的价值取向。

政府建园是聚合导向。地方政府的利益诉求是增加 GDP，因此，千方百计汇聚企业数量，越多越好，将企业规聚一处，地方政府是"地主"的思想。

企业选址是分工导向。企业的利益诉求是资本效益的极大化，因此，千方百计降低成本，全球配置资源，组织功能在空间分解，研发、生产、经营等功能全球布局，而不是放在一个地方，企业是"资本家"的思想。

整个财政体系"分灶吃饭"，增强地方财力是地方政府的普遍愿望，因此，就可以理解为什么地方政府要大量汇聚企业，发展经济。但是，园区要科学规划，分功能发展，不能都搞成一个模式，不能都去要名分、要政策。要面向市场需求，以市场机制来发展本土产业，按照产业链分工来汇聚企业，形成"产业集群"，而不是"积木式"搭建。有些园区"硬件好""软件差"，有名无实。甚至还出现"JQK"现象［J——套进来（资金）；Q——圈得住（企业）；K——踢出去（投资者）］，既引进来一批企业，也逼死一批企业。

必须从"软环境"建设和"硬环境"建设综合施策，改善管理方式，提高运行效率，降低行政成本，并将战略重点转向"软环境"建设。

## 2.3　新时期对外开放总体格局分析

"十八大"以后国家进入发展新时期，"改革开放"事业进入新阶段，确立了"两个百年"发展目标，形成了"五位一体"的国家国际化战略布局，构建开放型经济新体制。"十九大"精神再次从方向、制度、行动明确了未来时期发展的总方向、总目标、总原则、总路线，也成为今后中西部地区对外开放战略的基本指导思想、总原则和总路线。

### 2.3.1　确立"两个百年"目标

进入新时代，国家提出来要实现"两个百年"奋斗目标，即：在中国共产党成立一百年时全面建成小康社会；在中华人民共和国成立一百年时建成富强民主文明和谐的社会主义现代化国家。

胡锦涛在中国共产党第十八次全国代表大会的报告中指出："只要我们胸怀理想、坚定信念，不动摇、不懈怠、不折腾，顽强奋斗、艰苦奋斗、不懈奋斗，就一定能在中国共产党成立一百周年时全面建成小康社会，就一定能在新中国成立一百周年时建成富强民主文明和谐的社会主义现代化国家。"①

"两个百年"目标的时间节点是 2020 年和 2050 年,从 2013 年算起,到 2020 年还有 7 年时间,到 2050 年还有 36 年时间。国家从 1979 年实行改革开放以来,到 2015 年已经有 36 年时间了,从时间计算来看,第一个 35 年是中国改革开放主旋律的激情乐章奏响时段,第二个 35 年将是中国国际化华丽乐章奏响的时段。这既是前一个乐章的延续,也是新乐章的扬起,中华民族可以满怀豪情地走在民族振兴的伟大征程上。新的开放事业将促进实现全面建成小康社会,新的开放事业将促进实现中华民族伟大复兴。

全面建成小康社会的重点和难点地区在中西部地区,"短板"和"洼地"在中西部地区,全国的贫困县和贫困人口也主要集中在中西部地区。国务院扶贫开发领导小组办公室于 2012 年 3 月在官方网站发布《国家扶贫开发工作重点县名单》,全国共有 592 个贫困县,都分布在中西部地区,其中中部地区 217 个,全国占比 36.65%;西部地区有 375 个,全国占比 63.34%,民族八省区有 232 个,全国占比 39.19%。因此,只要中西部地区脱贫致富实现了小康,就等于全国实现了小康。可见,未来时期,中西部地区的发展在全国举足轻重,中西部地区的一举一动都将影响全局,中西部地区的进步就等于全国在进步,中西部地区的发展就等于全国在发展,中西部地区开放等于全国开放。

"两个百年"的目标规定了中西部地区发展的大方向,必然成为新时代中西部地区对外开放战略的总目标和总纲领。

## 2.3.2 "五位一体"国际化

进入新时代,中国步入全面开放新阶段,这一阶段的突出特点是——国际化。党的"十八大"是里程碑,时间是起步于 2013 年初(2012 年 11 月 12 日党的十八大召开),随后召开的"三中全会"、"四中全会"、"五中全会"和"六中全会"全面布局了今后时期发展的战略安排。

本书认为,新时代全面开放的总格局是"五位一体",即:自由贸易区建设、"一带一路"建设、开放性金融建设、国际合作平台建设、中国

---

① 胡锦涛:《坚定不移沿着中国特色社会主义道路前进 为全面建成小康社会而奋斗》,十八大报告,2012 年 11 月 8 日。

跨国公司建设。①

**1. 自由贸易区建设**

创建自由贸易区，这是自以深圳等为代表的经济特区创建并发展 30 多年以后，国家又一重大开放改革发展题材。在改革与开放之间权衡轻重，如果说经济特区是以改革作为主要启动引擎，那么自由贸易区就是以开放作为主要启动引擎，前者是通过改革来促进开放，后者是以开放来促进改革。自由贸易区建设必将产生经济社会深刻影响，必将对深化内陆地区的开放产生深刻影响。

自由贸易区（简称"自贸区"）包含两层含义：一层含义是"自由贸易"，就是相对某些领域的投资与贸易准入更加便利，不存在某些障碍，不人为设定障碍，允许生产要素自由流动；另一层含义是"区"的概念，就是划出一块地方，相对于其他地方管制不同，具有市场机制更为活跃的特点。对于国家之间的自由贸易安排，往往被称为"自由贸易区"；对于在一国国内划出一块地方的自由贸易安排，往往被称为"自由贸易园区"。（本项目研究成果，成果形式学术论文《上海自贸区建立对东北亚地区影响》（英文），东北亚经济与管理合作，韩国国立江原大学 Kangwon National University，2013 年 11 月，第 123 ~ 130 页），（本项目研究成果，成果形式学术论文《东北亚地区合作展望研究》（英文），东北亚经济与管理合作，韩国国立江原大学 Kangwon National University，2013 年 11 月，第 153 ~ 166 页）。

中国加入世界贸易组织（WTO）后，就开始探索国家之间深度经贸合作的方式，探索自由贸易安排的可能性，不断改善和适应国际贸易要求的条件，取得了积极进展。截至 2015 年，中国与国外商谈以及签署的自由贸易区 18 个，涉及 31 个国家和地区。签署了《关于建立更紧密经贸关系的安排》（CEPA），签署了中国大陆与中国台湾地区的《海峡两岸经济合作框架协议》（ECFA），正在商谈"区域全面经济合作伙伴关系"（RCEP）。2010 年 1 月 1 日，成立"中国—东盟自由贸易区"，区域经济总量达 6 万亿美元，受惠人口近 20 亿。

中国大陆第一个自由贸易园区是"中国（上海）自由贸易试验区"，于 2013 年 9 月 29 日正式成立，这一事件开创了大陆地区自由贸易安排的先河，具有"里程碑"意义，标志着中国正式启动国际化进程，标志着中

---

① 张玉杰：《开放型经济》，新华出版社 2016 年版。书中提出了国际化是新时代开放型经济的核心，构建"五位一体"的开放型经济新体系。

国进入开放型经济建设的新时期。此后，又批准设立了天津、福建、广东三个自由贸易园区，到 2016 年 8 月，国家又新增 7 个自贸区（辽宁省、浙江省、河南省、湖北省、重庆市、四川省、陕西省），到 2017 年 8 月增加到 11 个。可喜的是在中部地区、西部地区和东北地区都出现自贸区，这无疑对促进内陆地区开放产生了积极影响，形成了新动力。

**2. "一带一路" 建设**

"21 世纪海上丝绸之路" 建设和 "丝绸之路经济带" 建设成为新时代中国全面开放又一重大题材，战略意义重大、地域覆盖面广、行动内容丰富、延续时间长远、受益长久，是中国参与世界经济发展和布局中的大手笔，是中国全面开放大棋局中的重要棋眼。

习近平主席指出："建设丝绸之路经济带、21 世纪海上丝绸之路，是党中央统揽政治、外交、经济社会发展全局作出的重大战略决策，是实施新一轮扩大开放的重要举措，也是营造有利周边环境的重要举措。形象地说，这 '一 带 一 路'，就是要再为我们这只大鹏插上两只翅膀，建设好了，大鹏就可以飞得更高远。这也是我们对国际社会的一个承诺，一定要办好。"①

2015 年 3 月，中国政府颁布《推动共建丝绸之路经济带和 21 世纪海上丝绸之路的愿景与行动》方案②，全面部署 "一带一路" 具体行动方案，至此，经过长时间讨论研究，国家 "一带一路" 倡议正式出台。方案指出：本着 "五通"（政策沟通、设施联通、贸易畅通、资金融通、民心相通）要求建设 "一带一路"。

2017 年 5 月 14 ~ 15 日，第一届 "一带一路" 国际合作高峰论坛在北京举行。29 位外国元首、政府首脑及联合国秘书长、红十字国际委员会主席等出席了高峰论坛，来自 130 多个国家约 1 500 名各界贵宾作为正式代表出席论坛，来自全球的 4 000 余名记者对此进行了报道。高峰论坛主题为 "加强国际合作，共建 '一带一路'，实现共赢发展"，议题以 "五通"（政策沟通、设施联通、贸易畅通、资金融通、民心相通）为主线，围绕基础设施互联互通、经贸合作、产业投资、能源资源、金融支撑、人文交流、生态环保和海洋合作等重要领域展开讨论。会议取得了丰硕成果，进一步明确了 "一带一路" 建设的伟大意义，凝聚了共识。

---

① 习近平主席在 2013 年中央经济工作会议上的讲话，2013 年 12 月 10 日。
② 经国务院授权由国家发展改革委、外交部、商务部联合颁布：《推动共建丝绸之路经济带和 21 世纪海上丝绸之路的愿景与行动》，新华社 2015 年 3 月 28 日。

### 3. 开放性金融建设

"中国在践行开放型经济过程中，已经走过了贸易开放、产业开放、区域开放、投资开放、文化开放、信息开放的阶段，随着开放不断深入，也必然步入经济国际化进程，必然步入以人民币国际化为标志的金融国际化进程"。[①]。

金融领域开放可能是国家开放的最后一个领域。出于对国家经济安全考量，一般情况金融行业是不对外开放的，因为金融体系关乎国家命脉，是国家财富的重要度量单位，国家财富管理的重要部门，也是能够渗透到社会经济所有领域的要素部门以及穿透力最强的领域。金融系统具有国家经济稳定器的功能，从这一视角来看，若一个国家金融稳定，经济运行就稳定，若金融不稳定，则经济运行肯定波动，稳定金融就是稳定经济。

中国的开放性金融建设主要内容体现在三个方面：

一是参与国际货币体系建设，进入国际货币体系治理机构，推进人民币国际结算，将人民币纳入国际货币基金组织特别提款权，成为国际结算货币的重要币种之一。

二是由中国主导国际银行建设，参与国际银行体系建设，组建"亚洲基础设施投资银行"（Asian Infrastructure Investment Bank，AIIB），成为中国主导成立的规模最大的、多边参与的国际银行；组建"金砖国家新开发银行"（新开发银行）（New Development Bank，NDB，中文简称：金砖银行），这也是中国主导的、参与组建的第一个多边国际银行。

三是设立国际基金，发挥国际基金对口支援作用，设立"丝路基金"、"中国—联合国和平与发展基金"和"国际援助基金"。

金融领域开放标志着允许外资进入银行领域，允许外国人进入银行领域工作，允许外国银行进入本地开展业务，允许设立非国有银行。特别是一国货币的国际化，担当世界货币，承担更多的国际金融风险。人民币国际化将成为中国金融开放最突出的标志，人民币成为国际货币，有什么好处、有什么弊端、有什么风险、怎样驾驭，这一系列问题都有待于在今后的开放进程中去面对、去探索、去解决。

### 4. 国际合作平台建设

国际合作平台是指国家之间相互交往的关系安排，有单边关系安排（两个国家之间的关系）和多边关系安排（多个国家之间的关系），是在

---

① 张玉杰：《开放型经济》，新华出版社 2016 年版，第 255 页。

外交关系背景下形成的多种关系的集合体。新时期，中国引导并参与组建的国际合作平台主要形式有：

一是中国与周边国家之间的关系安排。

中国周边共有 14 个邻国，东部与朝鲜接壤；东北、西北与俄罗斯、哈萨克斯坦、吉尔吉斯斯坦、塔吉克斯坦为邻；正北方是蒙古国；西部毗邻阿富汗、巴基斯坦；西南与印度、尼泊尔、不丹相接；南面有缅甸、老挝和越南。根据国家商务部对国际区域分类的方式，亚洲地区邻国有蒙古国、朝鲜、越南、老挝、缅甸、印度、不丹、尼泊尔、巴基斯坦、阿富汗，欧洲地区邻国有俄罗斯、哈萨克斯坦、吉尔吉斯斯坦、塔吉克斯坦，此外相近国家和隔海相望国家有韩国、日本、泰国、新加坡、柬埔寨、孟加拉国、印度尼西亚（见表 2 - 2）。

表 2 - 2 中国周边国家名录

| 国家 | 1 蒙古国 | 2 朝鲜 | 3 越南 | 4 老挝 | 5 缅甸 | 6 印度 | 7 不丹 | 8 尼泊尔 | 9 巴基斯坦 |
|---|---|---|---|---|---|---|---|---|---|
| 首都 | 乌兰巴托 | 平壤 | 河内 | 万象 | 内比都 | 新德里 | 廷布 | 加德满都 | 伊斯兰堡 |
| 国家 | 10 阿富汗 | 11 俄罗斯 | 12 哈萨克斯坦 | 13 吉尔吉斯斯坦 | 14 塔吉克斯坦 | 15 韩国 | 16 日本 | 17 泰国 | 18 乌兹别克斯坦 |
| 首都 | 喀布尔 | 莫斯科 | 阿斯塔纳 | 比什凯克 | 杜尚别 | 首尔 | 东京 | 曼谷 | 塔什干 |
| 国家 | 19 土库曼斯坦 | 20 孟加拉国 | 21 柬埔寨 | 22 新加坡 | 23 马来西亚 | 24 菲律宾 | 25 文莱 | 26 印度尼西亚 | |
| 首都 | 阿什哈巴德 | 达卡 | 金边 | 新加坡 | 吉隆坡 | 马尼拉 | 斯里巴加湾市 | 雅加达 | |

处理好中国与周边国家之间的关系，是中国外交关系的优先方向。只有睦邻、安邻、富邻才能有稳定的周边环境，才能安稳进行经济建设。因此，建立这样的国际合作平台是十分必要的。广大西部地区直接与国外接壤，也将是对外开放的主要方向，从国家层面建立周边的睦邻友好关系是国际化发展的基础，战略意义至关重要。

二是区域战略联盟。

联盟是"两个或两个以上的国家为了共同行动而签订盟约所结成的集团"①。建立联盟可以形成合力，联盟中的成员共同承担责任，共同分享联盟所带来的利益，共同抵御外来风险。

中华人民共和国成立以来，中国是否参与国际联盟一直存有争议，不仅仅在外交界有争议，在经济领域、军事领域、文化意识形态领域都存在争议。一种观点认为，中国是大国，幅员辽阔，地大物博，凭借自己的物产足以支撑国家运行，不需要与其他国家联盟；另一种观点认为，联盟与不联盟是相对的，参与联盟的一方与不参与联盟的一方其本身就是一对相互存在的"盟"（结盟与不结盟），无所谓绝对的不结盟，彼此之间因某些利益关系而相互借力是一种客观存在，也是常态。

本书认为：只要有国家存在就有国际关系存在，只要有生产和消费活动存在就有经济关系存在，只要有商品流通就有国际贸易关系存在，只要有信息传递存在就有信息网络存在，现代交通方式和现代通信方式足以让世界变成命运共同体，绝对游离于世界之外的情况是不存在的。联盟是客观存在，只不过是在不同时期、不同事物中其形式表现不同罢了。在实际国际事务中，中国不必忌讳谈联盟，不必遮遮掩掩，在中国国际化过程中，必然要参与到各种国际组织中来，发挥积极作用，有些方面还要发挥引领作用。

实际上，中国周边正在形成各种各样的战略联盟组织，是一圈扣一圈的联盟组织，由近及远，由紧密到松散，环环相扣，彼此互补，大有联动包抄之势。出现这种情况有各种原因，背景很复杂，其中一个非常重要的原因是这些国家的幅员较小，资源有限，抗拒自然灾害风险、国际金融风险、国际经济与贸易风险以及政治风险、外交风险的能力较弱，希望通过联盟的方式增强自己的能力，"借力抗风险"，"平衡搞外交"。因此，中国应当正视这种"小国外交"的心态和方式，采取相应的大国外交策略，由"被动接招"，转变为"主动出招"，"造势谋发展"，"主动搞外交"。

对于现在已经存在的经济联盟组织，如东盟、欧盟、阿盟、非盟等，要与其深度合作。

三是贸易协约组织。

协约是"指双方或多方协商签订的条约"②。协约组织，泛指缔结协约的组织。协约组织可以是地区内的国家之间缔结协约，这样的国际组织

---

① 《现代汉语词典》，商务印书馆 1983 年版，第 785 页。
② 《现代汉语词典》，商务印书馆 1983 年版，第 1392 页。

又称为地区战略联盟组织。而协约组织具有更宽泛的含义，只要承认协约约定，执行协约内容条款，履行职责，就可以是协约组织成员，不仅仅可以是一个地区，也可以跨地区，具有更宽的领域。"世界贸易组织"（World Trade Organization，WTO）就是协约组织的典型代表。

至今世界上的各种协约组织几乎都是由发达国家倡导建立的，发展中国家往往跟随协约缔约国采取行动。因此，率先主张缔结协约的国家，或者率先倡导缔约的国家往往都是出于主动地位，优先考虑本国利益。

本书认为：针对世界上大量协约组织的存在，中国外交策略有三种选择。

第一种策略选择，用好已经进入的协约组织。例如，世界贸易组织、行业发展协约、各类标准协约等，享受应有的权利，承担应有的责任，发挥应有的作用，积极推动协约组织向合理的方向发展。

第二种策略选择，审慎对待世界上已经存在的各类协约组织。研究其性质，观察其动向，判断其优劣，适时采取措施，加入或者拒绝。

第三种策略选择，主动提出动议或者积极主张某些协约的创建和缔结，建立双边和多边协定组织，营造与我国有利的协约组织，以创造世界游戏规则。这一策略属于高级选项。

第四种策略选择，贸易伙伴关系国。

截至2015年7月28日，在全世界200多个国家和组织中，中国已经与172个国家建立了外交关系（外交部官方网站公布，2015年8月），建立了1 770对友好城市关系。

在已经建立外交关系的国家中，有些国家已经成为"全面战略协作伙伴关系国"、"全面战略合作伙伴关系国"、"全面战略伙伴关系国"、"全方位战略伙伴关系国"、"战略合作伙伴关系国"、"战略伙伴关系国"、"全面合作伙伴关系国"、"可信赖的合作伙伴关系国"、"合作伙伴关系国"等。从战略高度审视和维护国家之间的关系，从全局、从长远统筹规划与全面指导，开拓了一种新的外交形式，密切了国家之间的往来，形成更加紧密的利益体系。

截至2014年11月，世界上尚有23个国家（地区）因与中国台湾地区有"外交关系"而未同中华人民共和国建立外交关系，主要地区分布是：拉美地区12个，大洋洲6个，非洲4个，欧洲1个。这些国家分别是：拉丁美洲12国（危地马拉、巴拉圭、圣文森及格林纳丁斯、伯利兹、萨尔瓦多共和国、海地共和国、尼加拉瓜共和国、多米尼加共和国、洪都拉斯共和国、巴拿马共和国、圣基茨和尼维斯、圣卢西亚）（巴拿马与中国于 2017 年 6 月 13 日建立外交关系），大洋洲 6 国（帕劳共和国、图瓦卢、马绍尔群岛、所罗门群岛、基里巴斯共和国、瑙鲁），非洲 4 国（圣多美及普林西比民主共和国、斯威士兰王国、冈比亚共和国、布基纳法索）（冈比亚与中国于 2016 年 3 月建立外交关系），欧洲 1 国（梵蒂冈）。中国与这些国家（地区）在没有外交关系的情况下如何开展交流与合作是今后时期需要研究的课题，也是未来时期拓展的领域，没有外交关系不等于没有往来，不等于没有经济互动，在抗击自然灾害、人道主义救援、经贸往来方面不可能完全封闭。

中国参与的国际合作平台多种多样、种类繁多、特点鲜明，其中，中国与联合国（UN）、东盟（ASEAN）、上海合作组织（SCO）、欧盟（EU）、"金砖国家"（BRICS）、二十国集团（G20）、亚太经合组织（APEC），已经发展成为具有紧密相关性、多边机制特点的国际合作平台。2012 年 11 月 18 日中国参与启动"建立中国东盟区域全面经济伙伴关系"（RCEP）谈判，"区域全面经济伙伴关系"（Regional Com-prehensive Economic Partnership，RCEP），即由东盟十国发起，邀请韩国、中国、印度、日本、澳大利亚、新西兰共同参加（"10＋6"），通过削减关税及非关税壁垒，建立 16 国统一市场自由贸易协定。若 RCEP 谈成，将涵盖约 35 亿人口，国内生产总值（GDP）总和将达 23 万亿美元，占全球总量的 1/3，将成为除世界贸易组织（WTO）以外世界最大的自贸区。

**5. 中国跨国公司建设**

只有企业的国际化才能代表开放型经济，只有企业的国际化才能表现开放带来的成果，只有企业国际化才能用好世界资源扩展世界市场，只有企业国际化才能担纲国家对世界经济的贡献。

从招商引资，到对外投资；从允许外国商品进入本国市场，到中国商品大量销往世界各地；企业从本国经营，到全球经营，这既是企业蜕变，也是中国从相对封闭型经济到全面开放型经济的蜕变，也是区域经济发展战略的升级。中国改革开放事业是一场深刻的经济运行管理体制变革过程，从计划经济转向市场经济，再转向开放的市场经济，再转向国际化的市场经济，每一个阶段都留下了深刻的印记。

企业是市场经济中的主体，企业存在形态和管理运行形态的变化，反映出来改革开放的阶段性特点。自 1950 年以来，国家实行计划经济体制，企业的形态是工厂，企业的劳动成果是产品，国家通过计划调配的方式分配社会产品，企业执行国家计划，无须面对消费者。随着中国改革开放企业形态也随之发生变化，出现了三次蜕变。即：经营形态市场化蜕变、资本结构多元化蜕变和市场空间国际化蜕变，经营领域开始走上国际市场。（见图2-5）。

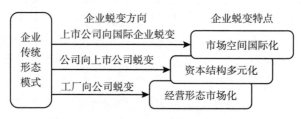

图2-5　企业三次形态蜕变演进路线

随着国家整体经济实力不断上升，企业生产经营能力和产品技术创新能力不断提升，在绝大部分领域已经完成了进口替代的发展阶段，开始转向出口导向的发展阶段。一方面，在市场供求关系中，短缺经济结束，在一些方面（领域）产能相对过剩，企业需要扩展市场规模，释放国内市场中供给侧的多余产能，企业必然要走出国门发展。另一方面，国家经济发展整体水平提高，具有行业引领性的产业竞争力大幅提高，质优价廉的产品组合不断增多，若要深度参与国际产业链分工，发挥引领行业发展的龙头作用，带领国内行业整体上水平、上质量，开展国际化经营，企业必然要走出国门。

当代国际跨国公司竞争主要特点突出表现在行业占位竞争、资本体量竞争、创新能力竞争和商业模式竞争四个方面，行业的体量决定企业的命运，企业的占位决定企业的发展。只有将企业放在国际市场上去锤炼，才能发现不足、激发动力、改善管理、突进整体水平提高，增强国际竞争力。

进入21世纪以后，中国企业国际化速度加快、领域扩展、水平提高，建设中国的跨国公司已经成为共识。在世界500强企业中，1995年中国企业仅有3席，此后逐步增多，进入2010年后增速加快，到2015年已经达到118席，说明中国企业规模不断扩大，行业领域不断增多，无论是资本集聚度，还是产量集聚度，都与世界上其他国家的跨国公司成长情况相吻合，跨国公司成长的基本规律是共性的。但是，中国企业海外营收比重明显不如西方发达国家的跨国公司，说明中国的企业国际化程度有待提高。

中国企业国际化，建设中国跨国公司，今后时期的努力方向应当是：确立全球市场目标，追求势力经济，创立国际品牌，整合世界资源，实施跨文化管理。

### 2.3.3　构建开放型经济新体制

十八届三中全会明确指出要"构建开放型经济新体制"①。要求按照市场化和国际化开展经济活动，促进经济要素有序自由流动，消除人为障碍或壁垒，消除传统体制和机制的制约，充分发挥市场配置资源的决定作用，同时更好发挥政府作用，用政府行为弥补市场失灵，而不是政府主导市场。

新时代国家发展的总体部署是针对全国而言的，属于总指导方针，既包括东部地区，也包括中西部地区；既包括发达地区，也包括欠发达地区；既包括开放程度较高的地区，也包括尚处于相对封闭的边远地区。

实际上，宏观政策的普惠性与地方发展水平的差异性存在矛盾，对于中西部地区既是利好也是压力。在同样的政策平台上面，中西部地区压力更大，相对于东部地区而言困难更多、需要付出的努力也更大。

东部地区已经处于较高水平的开放状态，开放型市场经济体制机制已经相对成熟，"经济特区"经验和"自由贸易园区"试点经验丰厚，本地企业开发国际市场能力较强，已经积累了多年国际经营管理经验。随着国家国际化战略部署，将会很快进入角色，很快出成果出业绩。将会涌现出一批跨国公司与国际企业家，这些条件都不是中西部地区所具备的。

国家不会因中西部地区发展滞后而降低国际化发展的水平，更不会减速国际化发展进程去兼顾欠发达地区。恰好相反，正是要通过国际化激发内陆地区新生发展动力，激活经济要素，融入"国内化"和"国际化"两个大势中来，打破原来相对封闭僵化的体制机制和社会氛围，营造适合于"两化"（国内化和国际化）的体制机制和社会氛围。

无论是"国内化"还是"国际化"，本质上是"对内开放"和"对外开放"两个方向的进程。"对内开放"是要打破国内地区之间的行政壁垒，允许生产要素流动、实现市场化配置，发挥有效作用，不能简单地按照行政区划来部署经济行为，不能简单地按行政区划来分配资源，更不

---

① 《中共中央关于全面深化改革若干重大问题的决定》，中国共产党第十八届中央委员会第三次全体会议通过，2013 年 11 月 12 日。

能限定资金、人才、技术、信息、产品的流动。"对外开放"是利用国家之间的外交关系，开展国际合作，包括人员往来、信息分享、商品流通、贸易往来、投资创业、产能合作、文化交流、防务合作等方面。通过地区之间商贸往来带动其他方面交流，最终融入国家产业链分工之中，进行全球资源配置，发挥生产要素的效率。

对于中西部地区，构建开放型经济新体制尤为重要。在国际化过程中，首先要求人们的思想意识要国际化，从关心局部事务上升为关心全局事务；从关心本地事务上升为关心全国事务；从关心国内事务上升为关心国际事务；从关心生活小事上升为关心国家大事，从关心眼前利益上升为关心长远利益。

在国际化过程中，市场机制作为基本运行机制，会自发调控生产要素在经济区中流动、在全国以及全球流动，对内开放和对外开放相互促进，"走出去"和引进来相互借力，建立一个法制化市场经济体制机制是中西部地区对外开放中的重要内容和行动重点。

在国际化过程中，创新管理程序和管理方法。运用现代化的管理手段，建设现代化的电子信息平台，实践大数据、远距离、高密度的信息传递和信息处理，形成管理指令和信息原点之间的快速反应机制，将信息流、资金流、物资流、人员流集成在一个平台上，构成立体化的全息管理网络，以适应国际化远端管理需要。

在国际化过程中，要建设服务型政府，转变政府职能，适应国际化管理，建设高效政府。长期以来内陆地区经济落后，政府主要负责国家资源分配，掌控资源、具有权力，政府在社会经济活动中具有无与伦比的权势，能够运用权力配置国家资源，随着国家资源的不断惠及中西部地区（含东北地区），都是通过各级政府来分配、调动、使用的，地方企业和老百姓不得不围绕政府转，确切地说是围绕着资源政策转、围绕政府决策人转，反过来强化了政府力量，无论是中央政府给予地方的，还是各地区对口支援西部的，都是通过各级政府来传递来分配，无形当中强化了政府地位，增强了政府主导地方经济的力量，形成了事实上的"强政府"、"弱社会"状态，这是中西部地区体制机制的一大特点。

# 第 3 章

# 对外开放战略主轴

这一章要解决干什么和怎么干的问题。

新时代中西部地区对外开放战略设计基于四个基础：一是国家总体战略布局；二是中西部地区过去发展的积累；三是周边国家环境的变化；四是东部地区改革开放发展的经验示范。

应基于这四个基础来分析研究战略体系，确立指导思想、战略目标、战略重点、战略路径，谋划战略对策，出台相关政策，从全局性、总体性、长远性、操作性来谋划战略体系。新的战略内容，是从现实出发谋划未来 10 年左右的行动安排，内容体系既要融入国家全面开放的大系统之中，还要针对每一个地区的实际情况分类指导，发挥承上启下的作用。中西部地区对外开放战略，既是对国家对外开放战略的具体化，也是对各个地区发展路线的指导。对上是措施，对下是纲领。既要有原则性和政策性，又要有指导性和操作性；既要有实践性又要有理论内涵。这是总思想。

本书认为：中西部地区未来时期对外开放战略实现三大目标，着力三个重点，解决三大问题。

经济领域目标是建设经济繁荣的内陆地区；社会领域目标是建设文明进步的内陆地区；生态领域目标是建设山川秀美的内陆地区。

重点加强基础设施建设，增加人造工程，改善生存环境，消除要素流动的自然障碍问题；重点深化体制机制改革，更新发展理念，加强和谐社会建设，消除要素流动的制度障碍问题；重点创建发展新题材，培育地区增长极，增添发展新动能，消除要素流动的动力不足问题。

## 3.1 指 导 思 想

实施中西部地区开放战略的总体思想是：以中国特色改革开放理论为

指导，积极落实国家已经提出的有关区域经济发展的一系列规划和总体安排，顺应中西部地区各族人民过上更美好生活新期待，以科学发展为主题，以加快转变经济发展方式为主线，巩固和扩大已经实施的西部开发战略、中部崛起战略、东北振兴战略、主体功能区战略的成果，扩大开放的领域，丰富开放的内涵，运用开放事业推动改革，运用开放事业推动经济发展和社会文明进步。这样的指导思想，是根据国家经济发展和社会进步的总体战略部署要求确立的。在中国共产党第十八次全国代表大会上通过的中央文件已经明确未来时期发展方向，即实施全面开放。确立这样的指导思想适应了全面提高开放型经济水平的基本要求；适应了经济全球化新形势，建设开放型经济体系的要求；适应了创新开放模式，促进沿海内陆沿边开放优势互补，培育带动区域发展的开放高地的要求；适应了坚持出口和进口并重，从引进来转向走出去的要求；适应了培育一批世界水平的跨国公司的要求；适应了统筹双边、多边、区域次区域开放合作，加快实施自由贸易区战略，推动同周边国家互联互通的要求①。

根据国家开放总要求，中西部地区对外开放需要坚持以下原则：

坚持以开放促进改革、以开放促进发展原则。通过开放创建中西部地区经济和社会发展新的动力源和增长点，继承改革成果，继承过去近 40 年改革开放的经验，借鉴和发扬东部地区改革开放的成功做法，创新内陆地区经济发展方式，运用开放促进区域经济全面协调可持续发展。

坚持全面开放原则。将西部发展战略放在全国发展的大战略中来，中西部地区发展完全建立在全国发展的大平台之上，以国家有关经济发展大政方针来指导中西部地区发展的实践。

坚持重点带动、非均衡发展、差别化推动原则。中西部地区经济基础差异很大，生态多样性十分突出，观念差异、文化差异、生活方式差异，很难用一种模式来规范发展，很难用一套办法来指导发展。

### 3.1.1　全面开放指导思想

中国中西部地区开放实际上就是中国内陆地区开放、全国性开放、全面性开放、中国国际化的具体行动，无论是开放的范围，还是开放的广度和深度都是新中国历史上最深入的发展历程，理解中西部地区对外开放，

---

① 胡锦涛在中国共产党第十八次全国代表大会上的报告《坚定不移沿着中国特色社会主义道路前进为全面建成小康社会而奋斗》，2012 年 11 月 12 日。

就是理解中国全国的对外开放。

全面开放的标志主要表现在三个方面：

开放范围是全国开放。从开放空间范围来看，只要中西部地区对外开放，实际上就覆盖了整个中国内陆版图面积，按照东、中、西部三个部分来划分版图，东部地区已经开放多年了，如果中西部地区开放，则三个地区就都开放了，版图上没有遗漏面积，国土面积全面开放。

开放领域是全面开放。从开放行业分布来看，中西部地区对外开放，涉及了几乎所有的竞争性行业，其开放产业领域的广度和深度也是空前的。

开放层次是立体开放。从开放层级来看，涉及了国家之间的国际交往，涉及了地方政府之间的省（区、市）际交流，涉及了学术界的交流，涉及了经济、文化、科学、艺术等交流，涉及了民间往来交流，涉及了人、财、物和信息的交流，实际上是一个多层次、多角度、多题材、多领域的交流，这样的交流就是多视角开放，就是立体开放。

### 3.1.2 重点题材带动开放指导思想

中西部地区对外开放事业的实践，不能"一刀切"，不能"齐步走"，更不能搞"大跃进"。发展是大家的共同诉求、共同的目标。但是，发展也是有条件的，在广袤的中西部地区只能实事求是，因地制宜，运用有限的财力发展重点事业，以重点事业来带动其他事业的发展。操作过程应当从以下二个方面入手：运用重点项目带动开放、开发重点地域带动开放、增强特色产业带动开放。

**1. 运用重点项目带动开放**

重点项目是重要的发展题材，这些项目可以是一个企业，也可以是一条高速公路、一座机场、一座桥梁等。这些重点项目为当地注入了发展商机，可以改变一个地方的发展命运。例如，青藏铁路的开通，为西藏发展带来重大的发展商机和动力，促进了西藏旅游事业、物流事业、文化事业的发展，促进西藏走向了世界。

**2. 开发重点地域带动开放**

重点地域往往具有资源的集聚效应和商机的扩散效应，中西部地区发展不均衡，特别是西部地区、老区、边疆地区、穷困地区，这些地区绝大部分都坐落在远离经济繁华的地方，地广人稀，无法受到东部繁华地区的经济辐射和带动。因此，在中西部地区首先集中在重点城市发展，或者重点集中于交通便利的地区率先发展，形成局部区域经济中心、局部大市场以及形成"增长极"，再通过这些具有活力地区所形成扩散效应和集聚效应带动周边地区发展。

**3. 增强特色产业带动开放**

中西部地区具有独到的资源、生态、文化，具有形成当地特色产业的条件，优先发展特色产业，培养特色产业为龙头，带动其他产业发展，形成产业链和产业群，彰显原产地属性，形成地域品牌，参与全国产业分工与全球产业分工，形成具有当地特色的经济发展模式。

**4. 创建增长极辐射开放**

中西部地区，特别是西部地区生态、经济基础多样性的区情，决定了发展方式需要采用"非均衡发展"的战略安排，这是具有操作性的行动部署，符合中西部地区的实际情况。"非均衡发展"，就是让有条件的地方尽情发挥优势，率先做、率先试、率先行，不压抑、不制约、不索取。条件差的地方可以多争取外部力量，以弥补当地的资金不足、人才不足等经济发展资源不足问题，奠定基础、创造条件，呼应率先发展的地区，主动接受先发展地区的辐射，多做"配角"，支持"主角"，不强求发展速度，不强求发展规模，不强求发展名气。为此，需要坚持主体功能区的发展分工要求，不以 GDP 总量论英雄。

落实主体功能区规划。坚持以人为本，引导人口与经济在国土空间合理分布，逐步实现不同区域和城乡人民都享有均等化公共服务；坚持集约开发，引导产业相对集聚发展，人口相对集中居住，形成以城市群为主体形态、其他城镇点状分布的城镇化格局，提高土地、水、气候等资源的利用效率，增强可持续发展能力；坚持尊重自然，开发必须以保护好自然生态为前提，发展必须以环境容量为基础，确保生态安全，不断改善环境质量，实现人与自然和谐相处；坚持城乡统筹，防止城镇化地区对农村地区的过度侵蚀，同时，也为农村人口进入城市提供必要的空间；坚持陆海统筹，强化海洋意识，充分考虑海域资源环境承载能力，做到陆地开发与海洋开发相协调。

**5. 在开放改革中协调利益关系**

处理好开发与发展的关系。发展是硬道理，发展必须建立在科学合理、有序适度开发的基础上。中国正处于工业化、城镇化加速发展的阶段，要在大规模开发过程中，既明确优化开发、重点开发区域，又根据资源环境承载能力划定限制开发和禁止开发区域，实现又好又快发展。

处理好政府与市场的关系。全国主体功能区规划是政府对国土空间开发的战略设计和总体布局，体现了国家战略意图，政府应当根据主体功能区的定位合理配置公共资源，同时要充分发挥市场配置资源的基础性作用，完善法律法规和区域政策，综合运用各种手段，引导市场主体的行为符合主体功能区的定位。

处理好局部与全局的关系。推进形成主体功能区是从全局利益出发，谋求国家和人民的整体利益、长远利益的最大化，要做到局部服从全局，全局兼顾局部。

处理好主体功能与其他功能的关系。主体功能区突出主要功能和主导作用，优化开发和重点开发区域的主体功能是集聚经济和人口，其中也要有生态区、农业区、旅游休闲区等；限制开发区域的主体功能是保护生态环境，但在生态和资源环境可承受的范围内也可以发展特色产业，适度开发矿产资源。

处理好行政区与主体功能区的关系。需要打破行政区界限，改变完全按行政区制定区域政策和绩效评价的方法，主体功能区规划实施，也需要依托一定层级的行政区。

处理好各类主体功能区之间的关系。各类主体功能区之间要分工协作、相互促进。优化开发区域要通过向重点开发区域转移产业，减轻人口、资源大规模跨区域流动和生态环境的压力；重点开发区域要促进产业集群发展，增强承接限制开发和禁止开发区域超载人口的能力；限制开发和禁止开发区域要通过生态建设和环境保护，提高生态环境承载能力，逐步成为全国或区域性的生态屏障和自然文化保护区域。

处理好稳定与动态调整的关系。主体功能区一经确定，不能随意更改。禁止开发区域要严格依法保护；限制开发区域要坚持保护优先，逐步扩大范围；重点开发区域可根据经济社会发展和资源环境承载能力的变化，适时调整为优化开发区域。

**6. 政绩考核不唯经济总量论英雄**

按照行政区划分，国土版图分为：省（区、市）级区划，地（市）级区划，县（市）级区划，乡（镇）区划等。在同一个级别区划中，对比发展水平往往以经济总量来标度，常用的指标是国内生产总值（GDP），省与省之间、市与市之间、县与县之间比较经济水平往往习惯于用经济总量来度量，这种做法对于生态环境、土地面积相近的地区来说是一种比较方式，能够看出来彼此之间的总量情况。但是，对于生态环境差异很大、土地面积差异很大、产业结构差异很大的地区来说，这样的比较意义不大，因为彼此之间的主体功能定位不同，就不能用同一个指标体系来标度发展状况。例如，西藏与江苏对比、青海与广东对比、湖南与甘肃对比等，仅用经济总量来对比不能说明发展水平，由于各地区定位不同彼此之间无可比性，以经济总量论英雄的思想和做法是不可取的。

### 3.1.3 运用政府和市场两种力量，实施差异化发展

应运用政府和市场两种力量，实施差异化发展。

差异化发展是基本特征，就生态环境而言各个地区之间差异较大，即使在中西部地区内部各个市县之间生态环境差异也较大，必须采用差异发展的政策指导，非均衡发展，就必须差别化推进，差别化就是分类指导、分区设计、分层给力。

**1. 按生态特点分区规划**

生态特点和地缘优势是区域发展战略定位的基础，过去长时间以来，人们已经习惯于用行政版图划分的方式来规划区域经济发展，这是因为权力是按照行政版图划分的，资源也是按照行政权限来分配的，而实际上经济发展是按照流域来分工的，是按照自然生态属性来布局的，资源分配的行政安排和经济发展的流域安排产生矛盾，在有些情况下便会制约发展。

地方政府掌控主要资源，是区域经济发展的领导力量。生产力布局也必然呈现明显的行政格局特征，计划色彩与地方色彩浓厚，具有地方利益特征，招商引资优惠政策不同，办工业开发区优惠政策不同，甚至地方集团采购都约定采购政策，局限于当地产品，自产自销，当地经济循环。改革开放以后这一区域分工格局被打破，国家在给予沿海地带优惠政策时，没有制定相应区域产业差别政策和引导政策，导致各地片面追求区域经济效益和发展速度，盲目建立独立完整的区域自我服务、封闭的工业体系。一方面造成各地经济结构趋同，另一方面由于沿海地带优势，使东部不仅在高新技术产业方面，而且在传统制造业、加工工业方面也迅速发展，并形成对中西部同类产业的竞争优势。而中西部地区的传统产业和加工工业，则处于技术、规模不经济状况。从劳动力区际流动看，出现大规模自发性劳动力区际流动现象，东部对西部人才形成强大吸引力，东部地区得到了无限的低成本劳动力供给，中西部的劳动力资源事实上变为东部地区发展的优势。从产业升级的市场需求角度分析，东、中、西部市场消费呈

现梯度层次性，东部地区传统产业大规模西进扩散，与中西部争夺市场。在区域间无关税、无市场进入限制的条件下，中西部的困难是不言而喻的，由于利益驱动，各自保护市场，形成类似"诸侯经济"的格局。

按照生态流域来划分管理，符合区域经济发展的要求，实施主体功能区战略的内容，就是按照生态流域来划分管理权限和发展定位的战略设计。

**2. 按发展水平分类指导**

经济滞后地区要重点指导，采取"激励强者"、"帮助弱者"原则指导地方区域发展。

"激励强者"就是鼓励先进。"先进者"往往具有在市场中谋生的能力，具有自我发展能力，只要市场是开放的，先进地区民间经济就活跃，自身就有激活能力，一般情况下不需要中央政府的特别支持，自己有能力自我发展。

"帮助弱者"就是鞭策后进。"后进者"往往自身"造血"能力不足，缺资金、缺项目、缺人才、缺活力，需要借助外力来增强自己的发展能力，完全依赖自己的力量来发展，很难在短时间内取得成效，需要中央政府给予地方政府帮助和支持，需要地方政府对企业和重点项目给予支持，也需要社会各种力量来支持。当前和今后时期，帮助弱者的任务艰巨，帮助老少边穷地区的任务更为艰巨。

**3. 按发展领域分配资源**

针对行业领域制定发展政策，明确优先发展、鼓励发展、限制发展、禁止发展的产业领域，并根据这些要求在财政资源分配中给予明确指向，引导社会资源流向优先发展领域和鼓励发展的产业领域。制约限制性行业发展，控制在禁止行业中发展。资源分配不能"撒芝麻"，"遍地开花"是做不到的，必须集中有限的资源在重点领域投资，扶持重点行业和重点项目，把重点领域做好，把重点行业做强，把重点项目做实。

"差别性发展"是基本特点，也是发展的战略安排，不是"同步性发展"，顾及地区的生态特点和在全国整体区域的战略分工，采取差别性发展的战略安排符合实际情况。

## 3.2　战　略　目　标

战略目标是要解决为什么要干的问题。"战略是指导战争全局的计划和策略。有关战争全局的全局部署。"① "战略（Strategy）就是设计用来开发核心竞争力、获取竞争优势的一系列综合的协调的约定和行动。"② 目标就是方向，就是经过奋斗而达到的结果。

战略目标一般具有三个属性：方向性、激励性和实践性。方向性表明指向，空间指向、时间指向、指标指向；激励性表明鼓舞人心，能激励人们去努力奋斗；实践性表明能见效，经过努力能够实现，能够达到目标。如果一个目标的设立没有标明方向，就不是目标；不能鼓舞人心，就不是目标；目标不能实现，就不是目标。目标通常在行动之前要设计好，没有目标的行动是盲动。因此，战略行动通常先制定战略目标，明确方向，再设计战略措施，规定行动路线，部署具体行动内容，操作实施。

本书认为：中西部地区对外开放战略目标是一个目标群。

一是国家对外开放总体战略布局是明确的，但是，中西部地区差异很大，还必须结合实地情况具体部署，分门别类设立发展方向，对外开放战略目标应该是一个目标群，而不是一个单一目标，各个单一目标之间是紧密联系的。

二是设计每一个目标都是十分复杂的研究工作，本书无法在短时间内准确定义目标体系，主要集中在设计目标的方法研究，集中在中观层面确立目标体系。

三是中国经济发展速度很快，改革开放时局变化也很快，战略行动时效性周期较短，战略目标的制定也必然时常变化，目标设计的时间不宜过长，以 10 年为一个周期较为合适，既是中国发展进步变化速度的要求，也是国家施政理念变化的要求。

## 3.2.1　目标与目标函数

### 1. 目标

目标是行为主体为了实现的目的，是欲望、能力和条件的函数。"目标是所要达到的境地和标准"③。有什么样的目标，就有什么样行为方式。

---

① 中国社会科学院语言研究所词典编辑室编：《现代汉语词典》，商务印书馆 1998 年版，第 1583 页。

② 迈克尔·A·希特（Michael A. Hitt）著：《战略管理　竞争与全球化》，机械工业出版社 2010 年版，第 4 页。

③ 中国社会科学院语言研究所词典编辑室编：《现代汉语词典》，商务印书馆 1998 年版，第 903 页。

目标的行为主体是人或人群，以及由人群构成的社会组织、企业、政府、社团、非政府组织、利益集团。实现目标是行为主体的意愿，实现目标能给行为主体带来快感和欢乐，实现目标能增加行为主体的福祉。

**2. 函数**

是变量与变量之间的关系，一个量的变化，引起另一个量相应的变化，成为函数关系。基本表达式为：

$$Y = F(X)$$

其中：X 为自变量，Y 为因变量。

假设：人是理性的；行为主体（企业、政府、社会组织）能控制自己的行为；能主动而有意愿地设计自己的行为方式。

人的行为方式受到时间的制约，受到能力的制约，受到可以使用的资源制约。因此，人的行为方式与时间构成函数关系，与能力构成函数关系，与可以使用的资源构成函数关系。即人的行为方式是时间、能力、资源的函数。表达式为：

$$Z = F(X, Y, T) \tag{3-1}$$

假设：区域发展战略的实施主体是社会组织（政府、企业、社团、利益集团），组织具有理性，主动愿意为组织谋取利益，且有能力组织社会资源，有时间供组织去实施行动，有可供选择的解决方案。

社会组织行为受到时间制约，受到资源制约，受到可供选择的方案制约。因此，组织行为与时间构成函数关系，社会组织行为与资源构成函数关系，社会组织行为与方案构成函数关系，即社会组织行为是时间、资源、方案的函数。表达式为：

$$Z = F(X, Y, T) \tag{3-2}$$

考虑到实际生活中可以动员的资源有限，并存在不确定性；可供选择的方案也具有局限性和可变性；可控时局又是时间的变量，同样存在不确定性。因此，上式需要修正，需要加上这些可变因素。修正后得出目标函数关系式为：

$$Z = F(aX, bY, T) \tag{3-3}$$

其中：a 为方案变量的弹性系数，b 为资源变量的弹性系数，T 为时间变量。

**3. 目标函数**

中西部地区对外开放战略是一个需要付出行动的大系统。整个大系统有战略主体——政府、企业、利益集团，有行动方案，有时间限定，需要消耗资源。战略行为主体与条件之间形成函数关系，这些条件限定了行为主体的行为边界，具有约束性。因此，在行为函数中需要加上约束条件，构成新的函数表达式。修正后得出目标函数关系式为：

$$M(A) = F(aX, bY, cZ)t$$

其中：a 为方案变量的弹性系数，b 为资源变量的弹性系数，t 为时间，X 为可选择方案，Y 为可用资源，Z 为战略主体的行为能力。

约束条件：方案变量大于 1，资源变量大于 1，时间变量大于 1，弹性系数不为零。

目标函数的数学表达式为：

$$M(A) = F(aX, bY, cZ)t \tag{3-4}$$

s. t.　$a \neq 0$; $b \neq 0$; $c \neq 0$; $X > 1$; $Y > 1$; $Z > 1$; $t > 0$

根据偏微分方程原理，上述公式还可以分解为表达为：

表述 1：对外开放战略目标是可供选择方案的函数。

表述 2：对外开放战略目标是可用资源（环境）的函数。

表述 3：对外开放战略目标是主体能力的函数。

数学表达式为：

$$\begin{cases} M(A) = F(aX)t \\ M(A) = F(bY)t \\ M(A) = F(cZ)t \end{cases}$$

### 4. 目标函数值

建立目标函数的目的是为了优化，找到函数的最佳解（解决方案），筛选最佳解的过程就是优化的过程，也是设计目标和研究目标的过程。

根据目标的要求，其解可能有两种情况，一个是最大化解，另一个是最小化解。最大化解是要求目标的最终结果求得最大利益；最小化解是要求目标的最终结果求得最小代价。因此，函数关系式就分为两种类型，分别是：

$$\max(A) = F(aX, bY, cZ)t \tag{3-5}$$

s. t.　$a \neq 0$; $b \neq 0$; $c \neq 0$; $X > 1$; $Y > 1$; $Z > 1$; $t > 0$

$$\min(Z) = F(aX, bY, cZ)t \tag{3-6}$$

s. t.　$a \neq 0$; $b \neq 0$; $c \neq 0$; $X > 1$; $Y > 1$; $Z > 1$; $t > 0$

战略方案要求总体效果最优，因此，上述两式联立方程的解，就是目标函数的解。

### 3.2.2　目标群与目标关系问题分析

谁来实现目标？目标的具体内容是什么？这些方面，可以分解得很细，形成一个庞大的目标体系。目标之间形成上下左右的关系，上一级的方针（任务），是下一级的目标；下一级目标，是上一级的任务（方针），大目标嵌套小目标，小目标嵌入大目标，从上到下层层规定，从下向上层层保证，构成了上下之间的"目标—任务群"。

**1. 目标群逻辑构成**

从社会管理行政关系来看：中央政府对全国的要求，构成了总体目标，是地方政府的方针政策，也是地方政府的任务要求；省（自治区、直辖市）级政府对全省的要求，构成了全省的目标，也是市（地区、州）级政府的任务；市（地区、州）级政府的要求，构成了全市的发展目标，也是县级政府发展的目标；县级政府的要求，构成县区发展的任务，也是乡镇政府发展的目标。反之，每个乡镇政府目标的实现，才能保证县政府目标的实现；每个县区政府目标的实现才能保证每个市区政府目标的实现；每个市区政府目标的实现，才能保证省区政府目标的实现；每个省区政府目标的实现，才能保证中央政府目标的实现。

从区划面积大小关系来看：全国性任务就是各个大区发展的目标；大区发展任务就是省区发展的目标；省区发展的任务就是市区发展的目标；市区发展的任务就是县区发展的目标。反之，从下向上层层保证。下一级目标的实现，才保证上一级任务的完成。

从企业内部管理关系来看：集团公司总部任务就是下属各个分子公司的目标；分子公司任务就是下属各个工厂和机构的目标；工厂任务就是厂内各个班组的目标。反之，各个班组目标的实现，保证了上一级工厂任务的完成；工厂目标的实现，保证了公司任务的完成；各个公司目标的实现，保证了集团公司总任务的完成，各项任务的完成保证总目标的实现。

从目标制定体制来看：政府的目标制定具有规划性，企业的目标制定具有竞争性。规划的风格，越是大规划（宏观规划、全国规划），规划的内容体系越具有纲领性、原则性、总体性、政策性；越是小规划（微观规划、企业规划），规划内容体系越具有行动性、指标性、定量性。

**2. 政府区域规划的目标逻辑关系**

中国行政管理体系中具有规范的发展目标制定制度安排，这个制度安排就是每五年制定一次发展规划，称为"国民经济和社会发展五年规划"。中央政府制定全国规划，省（区）政府制定省（区）发展规划，市（区）政府制定市（区）发展规划，县政府制定县发展规划。通常情况下，中央政府率先发布规划纲要，指导地方政府制定规划，并将地方政府的规划合成为总规划。规划中规定了发展目标和具体行动部署。中华人民共和国成立以来，截至2015年，国家已经制定了13个五年规划，2015年10月，党的十八届五中全会通过并颁布了《中共中央关于制定国民经济和社会发展第十三个五年规划的建议》，具体指导地方制定第十三个五年规划。2016年3月17日正式颁布《中华人民共和国国民经济和社会发展第十三个五年规划纲要》，各个省区也都先后颁布了省（区、市）的规划纲要。清楚地规定了发展目标、发展要求和任务要求，毋庸置疑，这些文件已经十分清楚地规划了未来时期发展战略的安排。但是，各个地区所制定的对外开放战略目标安排，却出现了三个问题：目标的结构性问题、目标的兼容性问题、目标的趋同性问题。这使我们不得不对目标的操作性产生质疑。

**3. 目标的结构性问题分析**

在所有省市区颁布的发展规划中，从文件的格式来看，结构一致、风格一致、内容一致，甚至有些指标体系都十分相像。实际上，各个省区之间条件相差很大，不可能都是齐步走，差异性是客观存在，规划目标的差异性也应该是客观存在，而在规划的文本中大致相同，差异性并没有十分鲜明地表现出来。例如，规划中把"一带一路"建设包容到对外开放的目标规划中来，把发展高新技术包容到产业结构升级的目标规划中来，把科技创新纳入对外开放的目标规划中来，把发展工业作为产业升级的目标中来，并没有充分考虑本地的资源支撑条件，这样目标的确立，其操作性和可实现性是值得质疑的。发展目标的趋同性问题十分明显。

**4. 目标的兼容性问题分析**

目标体系在上下之间应该是包容关系，左右之间应该是合作关系，实际上存在矛盾甚至存在冲突。例如，北京经济技术开发区选址（亦庄）：考虑到北京城市的生态情况，工业产业园区需要放在城市的下风下水之处，就北京市地理位置来看，选择在东南方向是合理的（下风下水），在北京市管辖区域范围内政府有权来确认选址，即通州亦庄经济技术开放区。但是，此地恰好是河北廊坊市的上风上水之处，虽然北京的规划没有问题，从自身管理范围来看是可行方案，可是从廊坊城市的立场来看就不是一个好的布局，而此工业园区在北京市的管辖范围，与廊坊市无关，廊坊市政府无权干涉，可见这一园区的选址在两个城市发展目标兼容性方面出现矛盾。

实际工作和生活中类似上述案例的问题颇多。例如，农民收割粮食以后，秸秆如何处理，从田地里运出去，其价值不足以支付运费（成本），一把火烧掉最经济、最实惠、最方便，又可以还田。所以农民在麦收时节烧麦秆，在秋收时节烧玉米秆，一个简单的方式解决了农民的问题，处理秸秆是农民的目标。但是，正是由于在田地里大面积、集中时间烧秸秆，造成了大面积严重空气污染，使周边地区城市农村空气质量严重恶化。作为区域化管理的目标而言是要维护生态环境，保护空气质量，这是大目标。而农民要处理秸秆，把它烧掉这是小目标，两个目标主体之间诉求不同，目标也不同，这两个目标是矛盾的、冲突的。时至今日，这个历史问题已成为难题，既是小问题也是大问题，既是微观问题也是宏观问题，既是技术问题也是管理问题，既是一个过错问题也是一个道德问题，既是个案问题也是群案问题，至今仍然没有得到很好解决。

**5. 目标的行政性问题分析**

区域战略目标的制定都是政府行为，政府是区域管理的主体，区域管理权力是按照省（区、市）、市（区）、县这个样的层次格局分配的，所以中国的区域版图是行政区划版图，做出来的规划也是行政规划，是按照管辖权来制定规划。而发展经济和产业布局是要按照资源要素最优化来配置的，是以市场机制和社会分工为基础，并非是行政力量。在计划经济体制中，政府配置资源、分配资源，计划手段有效。在市场经济体制中，应该发挥市场机制配置资源，过度使用政府力量，制约了要素流动，也制约了效率发挥。规划内容和风格应该是经济区规划、生态区规划、流域区规划、功能区规划，并以此来包容和弱化行政区规划，按照经济区来布局，而不是按照行政区来布局。目标的行政性问题十分突出，降低了规划的横向支撑力量，为了实现本区域发展目标背后展开的资源争夺暗流涌动，最终将地区之间的协作关系演变成了竞争关系，行政壁垒在所难免，全面开放的大市场遇到阻力。

## 3.2.3  三大总目标

中西部地区对外开放战略目标，属于中级目标，是全国开放总目标下面的一级目标，同时也是各个省区对外开放目标体系上面的总目标。这个目标设立具有以下要求：

贯彻中央对全国开放总目标的要求，体现国家使命、要求和任务；集中各个省（自治区、直辖市）对外开放目标要求，体现区域共同特点；兼顾规划性和竞争性，体现政府主体意志和企业主体意志；兼顾纲领性和操作性，体现指导意义和行动意义。

本书认为：基于上述四个方面的要求，中西部地区对外开放应当促进经济繁荣，对外开放应当体现社会文明进步、对外开放应当保障山川秀美，在未来10年中，发展战略目标应当集中于三个方面：

一是经济领域目标是建设经济繁荣的内陆地区。

二是社会领域目标是建设文明进步的内陆地区。

三是生态领域目标是建设山川秀美的内陆地区。

**1. 经济领域目标，建设经济繁荣的内陆地区**

解决钱的问题。将"缺钱少财"变成"富裕繁荣"。

开放的首要目的就是要促进经济繁荣，只有开放才能使当地的自然资源转变为经济资源，进入社会化大生产领域，发挥社会经济价值。只有开放才能促使流动性资源汇聚到中西部地区来，流动性资源短缺严重制约经济发展，人才、资金、技术、管理，这些流动性资源只有在开放经济体制中才能得到有效配置。

通过开放促进要素流动。提高要素流速、增加要素流量、改善要素流质，运用要素流动来激活经济，激活投资热情，增加项目和企业，从而增加产出能力，促进财富增长。

通过开放促进地方主导产业形成。发展以当地资源深加工为基础的产业链条，扩大产业集群，优化产业、技术、资本结构，提高产业的资本有机构成，淘汰落后产能。使一、二、三产业之间结构更加协调，特别是促进第二产业上水平，第三产业上规模，通过第三产业的发展创造更多就业机会，增加就业岗位与提高收入的机会。

通过开放促进企业数量增加和质量提升。促进民营经济大量增长，形成具有地方特色的产品品牌，形成具有国际竞争力的企业群体，形成具有原产地属性特色鲜明的地区品牌。促进企业"走出去"发展，发展跨国公司。促进出现大批本土企业家群体，提高企业素质和才能。

通过开放促进发展方式转变。坚持以科技投入、智力投入、资本投入、管理投入、信息投入为主要投入方式的供给侧改革，促进地方扩大内需长效机制，促进经济增长向依靠消费、投资、出口协调拉动转变。

通过开放促进改革和创新，集中于体制机制创新、社会行政管理创新、思想观念变革、企业商业模式创新、社会组织形态创新，以改革创新来互动开放事业，支撑开放事业，使开放事业不断深入，越加激发经济活力。经济发展速度方面，西部地区应当高于中部地区，中部地区应当高于东北地区，东北地区应当高于东部地区。由于西部地区基数低，适当高于其他地区速度发展是可行的目标。但是要注意的是用什么样的动力机制来拉动增长，是以制造业、服务业、矿产资源加工业，还是房地产业，如果以房地产增长来拉动经济增长是不可持续的，有些地区已经出现这种情况，就要引起地方政府关注，应当积极引导社会投资，培育具有长效机制的产业群体，培养既能满足当地需要，又能满足出区以及跨国需要的产品或服务，否则一旦房地产业回落，必将引起一系列连锁反应，拖累地方经济发展。曾经出现的"鄂尔多斯现象"就十分值得反省。

通过开放促进内陆地区市场融入国家大市场中来，激活当地消费潜力，扩大市场容量，提高消费水平，增加消费领域，以当地消费能力的提高作为度量开放效果的重要方面，特别是扩大旅游观光业的发展，因为这一产业是本地消费，必须是外地人到内陆地区来，而非是产品运出去，因此有必要将大旅游产业逐步培养成为当地独具特色的、不可复制的战略性新兴产业。

**2. 社会领域目标，建设文明进步的内陆地区**

解决人的问题。将"封闭守旧"变成"文明祥和"。

西部地区经济贫困与精神贫困、信息贫困、知识贫困、技能贫困同时存在，人的发展是最大的发展，视野有多大，心就有多大；理念有多新，行为就有多潮。全国贫困人口几乎都分布在西部地区和部分中部地区，贫困往往与愚昧结合在一起，愚昧往往与社会闭塞结合在一起。只有开放才可以解决社会包容问题，解决人的文明进步问题。

开放促进人的流动。外地人走进来，本地人走出去，相互交流，人的流动是最具有影响力的开放方式，外地人走进来，能够带来消费、投资、资讯以及文明的行为方式，包括生活习惯、着装饮食等方面，影响本地文化，汇入新的文明。本地人走出去，参与外面社会活动，增长见识，增加谋生技能，扩展人脉圈子，缔造新生活，提升文明程度。

开放促进城镇化。促进人口集中集聚，形成新的城镇，或者扩大城市规模，这样的汇聚过程是人类社会进步的共同特点，只有城市才能创建城市经济，创造广大的服务业发展拉动周边地区农村人口转移，消化和吸收周边地区的农产品，拉动农村经济，以此推动农业发展促进城乡协调发展。

开放促进民族文化繁荣。中西部地区是多民族集居地区，具有丰富的民族文化、地域文化，文化兴盛就是民族兴盛，民族兴盛也弘扬文化兴盛；民族的是世界的，世界的也是民族的。在经济繁荣的同时，文化繁荣也必将伴随，也必将激励文化事业发展，文化产业也必将成为中西部地区的战略性新兴产业，包括：民族歌舞、演艺演出、民族文字出版、展览展示、考古、会议会展，生态旅游、观光，教育、科技等。

开放可以促进语言通用，促进教育行业发展。教育将是中西部地区最重要的领域，包括基础教育、技能教育、高等教育、后学历教育等。教育事业应当超前发展，为中西部地区培养人才，有人才才能发展，发展是人类文明进步的过程。

开放促进科技进步。中西部地区有一大批高等院校和国家级实验室和研究院所，只有开放才能发挥这些科研力量的作用，分享科研信息，开放可以汇聚外来人才，加入到当地的科研单位来，增强科研能力，让产出的科研成果进入社会经济建设中。

开放促进人口数量增加和人口品质提高。由于开放可以倒逼人们不断学习，改变思想观念，跟上时代要求，提高就业技能，开放增加人们之间交流的机会，增进感情，营商、同学交往、共事、通婚，都可以促进和谐社会建设。

开放促进民族团结进步，营造社会祥和氛围，除恶弃愚。西部边疆地区是多民族汇聚地区，有各自的民族习惯和民族文化，保护文化与消除旧习的任务依然十分艰巨，封闭只能延续旧习惯，开放才能吸收新文明。

**3. 生态领域目标建设山川秀美的内陆地区**

解决环境的问题。将"穷山恶水"变成"青山绿水"。

中西部地区开放是在特定的地点开放，专指内陆地区而言的开放。天然要素、静态资源、土地、天空、山水、生态不能移动，只可以移动资金、人员、信息、技术、劳动产品等动态资源。因此，人们必须适应这个地区，人为改造这个地区，使其更适合人类居住、生活和繁衍，让人们在中西部地区（特别是西部地区）生活得更加舒适、体面、有尊严、有品位。

中西部地区位于中国地势版图中的第二台阶和第三台阶之上，地形复杂、海拔高、山高沟深，东西南北跨度很大，生态多样，自燃灾害频发，常年北旱南涝，土地贫瘠，植物生长瘦弱，西部地区农业生产方式落后，粮食产量很少，有些地方吃饭、饮水、通行都十分困难，人们的生存条件都很恶劣。只有开放才能解决这些问题。

开放促进外部力量进入内陆地区。帮助当地人民改善环境，修路、架桥、通水、通电、通信息，给钱、给物、给资源、给项目、给企业。这些外部资源的大量进入，直接参与到当地建设中，影响当地的生产环境和生活环境，促进整个环境改变。

开放促进各种力量持之以恒地对内陆地区进行不懈建设。人造工程不断增多，人口不断会聚，城市建设不断出新，改善生活设施，改进生产手段，以人类的主观努力，用人工方式和人造设施来克服自然环境恶劣造成的影响，若没有开放则这些伟大工程便无法做到。

开放促进人类由被动适应自然转变为主动改造自然。在传统的生活方式中，当地人们靠天吃饭、靠地打粮，世代如此，仰望天空，目视大地，人们无奈，也无助。是开放的力量，增强了人们改造自然的能力，有意识、有目的、有节制地改造自然，将"穷山恶水"改造成为"青山绿水"。

开放促进生态型城市建设。以建设适当规模城市吸纳散落在原野上的居民点，减少人为对自然的破坏，建设资源节约型社会，建设环境友好型社会，建设文明城市，建设山水型城市，城嵌在山中，水润在城中。

开放促进功能区建设。在大经济区范围来设计各个小区位的自然分工，亦工则工、亦农则农、亦商则商，不搞"一刀切"，不搞"一盘棋"，不搞"大跃进"，不搞"统一模式"，依据当地的生态特点搞建设，实行保护性开发，体现循环经济、绿色经济。

开放促进现代新农村建设。农村是山沟里的明珠、是田野上的宝石、是心灵回归的故土、是洗净灵魂的天池，应当永远印记田园与乡愁。农村不应该破落，农业不应该凋敝，农民不应该穷困。只有开放才能解决"三农"问题（农业、农民、农村）。"美丽乡村"建设应该是改革开放事业的目标和硕果。同时注意，建设新农村而不是破坏原生态，旗帜鲜明地反对"过度人工化"、反对"过度人文化"、反对"过度现代化"，一旦"过度"，就失去了田园与乡愁，一旦"过度"就失去了人与自然相融的沃土，过去已有案例足以使我们觉醒。

## 3.3　战略重点

战略重点是要明确怎么干的问题。问题导向是战略重点指向，解决难题，解决要紧问题，解决至关重要的问题，成为战略重点。是什么制约了中西部地区对外开放？是自然环境条件不好、思想观念落后以及体制机制制约了对外开放。集中力量解决这三大问题成为战略重点。

### 3.3.1　约束与负向力

**1. 目标函数中的约束变量**

根据上一节论述中，有公式（3-4），目标函数的数学表达式为：

$$M(Z) = F(aX, \ bY, \ cZ)t \tag{3-7}$$

s.t. 　$a \neq 0$；$b \neq 0$；$c \neq 0$；$X > 1$；$Y > 1$；$Z > 1$；$t > 0$

其中：约束条件中，变量 Y 是可供使用的资源，包括自然资源和社会资源；不动资源和流动资源等。参数 b 为弹性系数，不为零（$b \neq 0$）。若弹性系数 b 大于零（$b > 0$），则资源组合 bY 表示为正向力（此时 bY 为正值，即 +bY），正向力就是推进力，就是推动事物向前运动的力，就是促进时局向好的方面发展的力；若弹性系数 b 小于零（$b < 0$），则 bY 表示负向力（此时 bY 为负值，即 -bY），负向力就是制约力，就是阻止事物向前运动的力，就是阻止时局向好的方面发展的力。

**2. 约束变量集合**

在式（3-7）中，若出现 -bY 属于负向因子，产生的是负向力，所有负向因素的集合构成了约束变量的集合，汇聚成制约因素的集合，如同一条一条的线，编制成一张一张的网，形成了一道一道的篱笆，构成一个一个的障碍，使目标函数的解只能在约束域中求解。如果约束域的范围越宽阔，则目标函数解的范围也越宽阔，宏大高远；如果约束域的范围越狭窄，则目标函数解的范围也越狭窄，微小低近。减少约束变量，减小约束变量的值，是扩大目标函数解的有效办法。

**3. 约束变量转化**

资源组合（bY）的状况规定了目标实现的条件，有些方面的资源是充裕的，有些方面的资源是不足的，有些方面的资源是严重短缺的。严重短缺的部分就是短板，就是制约因素，就是负向力。补短板、增资源、阔边界，将负向力的消极影响降低到最低，或者将负向力转化，去掉负向因子（改变弹性系数 b 的值，由负值转变为正值，即：－b→＋b）变成正向力，这就是改变函数关系的有效办法，这就是战略重点。

**4. 开放动力场**

区域开放是区域发展中的一种姿态，容许生产要素流动的状态为开放，"开放"与"关闭"是相对应的，不容许生产要素流动的状态为关闭。促进区域开放的力量为动力，就是推动生产要素自由流动。促进开放为正向力，制约开放为负向力，两种力量构成力场。增加正向力，减少负向力就是改革开放的具体行动。

促使中西部地区对外开放具有四大动力源：一是开放意愿（内生动力）；二是重点投资（外生动力）；三是开放政策（外生动力）；四是发展机会（耦合动力）。

## 3.3.2 困难与悲观领域分析

制约开放的因素就是负向力，也是困难与障碍，这些困难和障碍的集合就构成悲观领域。本书认为，制约中西部地区对外开放的主要障碍存在于三个方面：自然环境、心里恐慌和制度约束。

**1. 经济贫困社会发展水平较低**

经济贫困是中西部内陆地区的典型特征，贫穷也导致了社会文明程度落后，老百姓生活水平和生活条件落后。国家贫困县的数量、分布的地域、贫困人口的数量和密度，这几个指标足以表达中西部地区经济贫困社会落后的实际情况，也在很大程度上制约了地区对外开放。

国家级贫困县的划定标准以当地人年均纯收入作为依据，而少数民族地区与革命老区则相应的降低标准。国家级贫困县主要集中在中西部地区，且多集中于革命老区、少数民族地区以及边疆地区（通常合称为"老少边"）。根据国务院发布的 2006 年版《中国农村扶贫开发概要》，依照 2006 年标准，592 个国家级贫困县分布于全国 21 个省级行政区内，其中云南省为多，其后为陕西省与贵州省以及后续的甘肃省等。民族自治区贫困县共有 341 个，占比 57.60%，分布于全国 17 个省级行政区内，西藏自治区为多，其次为云南省和贵州省。2012 年 3 月 19 日，国务院扶贫开发领导小组办公室在其官方网站发布《国家扶贫开发工作重点县名单》。名单包含全国 592 个贫困县，内容结构如下：民族地区八省（区）有 232 个县（旗），占比 39.19%。东部地区有 2 个省区：河北省（39 个县）和海南省（5 个县），共计 44 个县，占比 7.43%。中部地区有 6 个省区：山西省（35 个县）、安徽省（19 个县）、江西省（21 个县）、河南省（31 个县）（政府批文扩展 20 个省，实际共计 51 个县）、湖北省（25 个县）、湖南省（20 个县），共计 151 个县，占比 25.51%。西部地区有 10 个省区：广西壮族自治区（28 个县）、重庆市（14 个县）、四川省（36 个县）、贵州省（50 个县）、云南省（73 个县）、陕西省（50 个县）、内蒙古自治区（31 个县）、甘肃省（43 个县）、青海省（15 个县）、宁夏回族自治区（8 个县）、新疆维吾尔自治区（27 个县），共有 375 个县，占比 63.34%。东北地区有 2 个省区：吉林省（8 个县）、黑龙江（14 个县），共有 22 个县，占比 3.72%。实际上吉林和黑龙江具有内陆地区的特征，相当于中部地区，河北省以及海南省的内陆地区也相当于中部地区，可以将这四个省区的内陆地区看作中部地区，按此计算下来，592 个县分布在中部地区为 217 个，分布在西部地区为 375 个，说明贫困地区主要集中在中西部地区。

**2. 人造基础条件落后**

道路、交通、通信、城市设施等方面相对落后，有些地方没有高速公路、没有铁路、没有机场，甚至有些地方还没有通电，老百姓生活状况处于传统农耕社会状态。基础设施条件的限制，制约了中西部地区对外开放。由于人们信息沟通不便，有的地方已经成为"信息荒岛"，当地人们对外界了解甚少，思想意识和思维观念淳朴内敛，做事因循守旧，工作效率较低。

**3. 生产社会化程度粗犷**

社会化大生产基本上是区内循环，粗放生产粗放经营，产品价值含量不高，深加工不够，精加工更不够，工业化水平处于低端，无法形成产业集群，无法形成相互配套和大产业集聚，极大制约了外来资本进入和企业进入。

**4. 地区极化效应较弱**

都市规模较小，经济资源汇聚能力较弱，产业集群规模较小，对周边地区极化效应和扩散效应较弱。人才流出，一是青壮年劳动力流出。二是大学毕业生流出。由于缺少新生劳动力数量，造成人才缺乏。由于本地收入水平低，市场购买力较弱，特别是中高端产品消费数量有限，消费档次和消费水平有限，影响产业升级。

### 3.3.3　三大重点

开放的关键问题就是要促进要素流动，消除制约要素流动的障碍，加快流速，增加流量，改善流质，这是开放的重要标志，也是开放能否对区域发展发挥作用的关键环节。因此，未来时期中西部地区对外开放战略的重点领域是要集中解决三大问题：一是加强基础设施建设，增加人造工程，改善生存环境，消除要素流动的自然障碍问题；二是深化体制机制改革，更新发展理念，加强和谐社会建设，消除要素流动的制度障碍问题；三是创建发展新题材，培育地区增长极，增添发展新动能，消除要素流动的动力不足问题（"两除一添"：消除自然障碍，消除制度障碍，增添新动能）。

**1. 消除要素流动的自然障碍**

西部地区天然的生态环境制约要素流动，自古以来就是如此。人类已经努力了几千年，祖祖辈辈努力，世世代代努力，如今还在不懈努力。力图用人工的办法来战胜自然条件，历朝历代都有过辉煌，也都有过衰落。古都西安（古时长安）已经历了 13 个朝代，有 3 100 多年建城史，有 1 100 多年的京都历史。京都洛阳已经历了 13 个朝代，具有 1 530 多年的京都历史，京都开封已经历了 8 个朝代，具有 2 700 多年的历史。古丝绸之路上马帮队影及驼队铃声，交河郡城的泯灭，敦煌辉煌的消失，无不一一映证历史，都在证明　个道理——努力。然而，历史也残酷证明，自然力量是巨大的。从中国历史上的迁都路径：西安—洛阳—开封—北京，可以看出国家的政治中心、经济中心、文化中心逐步东移，向平原转移，向沿海靠近。这一信号说明：人们在改造自然、征服自然的过程中，也在不断地改造自己、征服自己，转变发展理念，运动求发展，异地求发展，变革求发展。

1950 年以后，西部地区开始基础设施建设。改革开放以后，建设速度加快，国家实施西部开放、中部崛起、东北振兴战略以后，一大批基础设施建设工程项目先后落地，大大改善了内陆地区与外界联系的条件。虽然如此，西部地区仍然存在盲区、凹地，仍然存在缺水缺电、路差难通的情况，骨干高速公路网建成，但是西部地区路网密度稀疏，辐射范围过远。骨干高速铁路网建成，但是西部地区少有覆盖，边远地区仍然不能直接受益。东部地区民航机场密度较高，中西部地区密度较低，特别是西部地区没有铁路、没有高速公路的地方，急需机场建设。

然而，由于地理环境所限，建设成本不断升高，公共基础设施运营成本也在提高，过去时期的投入强度已无法满足要求，新的投资需求仍然旺盛，需求潜力仍然很大，基础设施建设工作远没有结束，特别在边远地区、山区、农村、中小城市，还需要大量资金投入、大量工程项目注入以及外部资源供给，资金问题如何解决，项目从何处来，成为难题。这个问题不解决开放就无法实现，经济发展也难有起色。因此，加强基础设施建设，增加人造工程，改善生存环境，消除要素流动的自然障碍必然成为战略重点。

**2. 消除要素流动的制度障碍**

改革开放初期，国家给东部地区的只是一个"名分"，并没有更多的资金投入，是"软起动"。中西部地区没有东部地区较好的生态环境，必须进行大量基础设施建设，通过注入外力，进行大量基础性工程项目建设来启动对外开放的是"硬启动"。随着骨干公路网、骨干铁路网、骨干民航网、骨干信息网的建成，这一工作的初始阶段工作已经完成，已经见效。新时代中西部地区对外开放不同于东部地区的开放。是由平面开放转型立体开放，由贸易型开放转向多元型开放（信息型开放），由工业化过程转向生态化过程，由经济水平的提高转型综合能力的提高（经济产出能力、生态保护能力、社会进步能力），由政府力量主导转向市场力量主导。这样一个开放型经济需要新的体制和机制保障运行，就必然要进行改革，调整不适应方面。

一是发挥政府和市场两种力量。过去时期中西部地区是强政府领导的体制和机制，政府负责分配资源，从上到下"一竿子插到底"，几乎所有的社会经济活动都是围着政府转，政府围绕权利转，其他社会主体（企业、社团、人群、社区）运用供需关系的市场行为能力较弱，"独闯江湖"的能力较弱，以本土企业彰显的经济实力也必然较弱，改革政府行政方式势在必行，政府自我革命是难点。

二是战略分工差异化。开放发展必须将中西部地区分块，区别设计，按照生态区、流域区、经济区和功能区的思想设计、区别对待，不能笼统地将中西部地区看作一个板块，即使是省与省、城市与城市、农村与农村之间的差别也很大，必须将目标设计具体化、具有激励性和操作性。将比较对象的参照系放在相互之间条件相近、有可比性的体系中来，科学设计指标体系。需要改革现有的地方统一行政规划体制。

三是政府之间博弈。中央与地方博弈，地方与地方博弈。内陆边远地区受限于生态环境，还是一个相对封闭的小社会，即使是一个自然村也是一个相对独立的小社会，在分配资源的过程中是彼此是竞争的（土地、就业机会等），中央政府分配下去的资源，存在中央与地方之间的博弈（竞争），分配给那个地区，分配给多少，在国家总盘子中，中央要权衡，地方政府要争取，地方政府之间为了争取中央的优惠政策，也彼此博弈，上一级政府不断在权衡彼此之间的利益关系时，很容易有滋生腐败的机会。因此需要改革这种利益分配机制。

四是经济运行方式转型。开放过程中的管理体系转型，产业结构转型，商业模式转型，企业组织形态转型，社会文化转型，需要企业运行方式转型。

五是"软环境"建设。"硬环境"建设与"软环境"建设同步，加强"软环境"建设。东部地区的资本溢出，中西部地区投资环境与国外投资环境比较优势竞争，改善投资环境便显得尤为重要。如果中西部地区的投资环境与国外投资环境对比不具比较优势（例如，中国西部地区与非洲对比），那么社会中的投资（资本）就会流向国外，而不是流入中西部地区，特别在国家鼓励走出去发展政策背景下，西部地区是否继续存在比较优势，令人堪忧。

六是西部稳定问题。近些年来西部个别地区出现暴恐事件，极大威胁了社会稳定，也造成对外开放的负面影响，在稳定、发展、开放之间的确存在权衡问题，稳定是前提，没有稳定就没有开放，没有开放就没有发展，没有发展就没有稳定。

七是对开放的心里恐慌问题。内陆个别地区存在对开放的心里恐慌，主要表现为对外界陌生环境的恐慌，对快节奏的社会节拍恐慌，对缺乏个人技能恐慌，怕失去原有利益的恐慌，对已经熟悉的环境改变的恐慌。由于这些恐慌，行为中不自觉存在抵触开放。因此需要转变传统观念，吸收新理念、更新文化，学习市场经济，学习国际惯例，摒弃传统习俗中庸俗的部分、国内民族文化尊重与国际多元文化尊重兼容。

鉴于上述理由，深化体制机制改革，更新发展理念，加强和谐社会建设，消除要素流动的制度障碍必然成为战略重点。

**3. 增添发展新动能**

机会是稀缺资源，机会在哪里，发展就在哪里。什么是机会？机会就是投资、就是市场、就是项目；机会就是改变、就是创造；机会就是本领的使用、就是技能的提高。

东部地区改革开放历程提供的经验，就是不断注入题材，创造兴奋点，不断激励开放发展。特区（经济特区）、自贸区（自由贸易园区）、产业园区（工业园区、高新区、保税区、出口加工、中外合作区）、高铁（高铁经济）、路桥（路网经济、大桥经济）、会展（国际峰会 APEC、G20、金砖国家峰会、亚信峰会、博鳌论坛、国内峰会、经济论坛、专业会议）、都市建设、地铁（地铁经济）、楼宇经济、地产经济、观光经济、机场经济、经济区建设（京津冀协同发展战略、长江经济走廊规划），产业升级、国家重点项目（实验室、研究院）、大学（高等院校）等，大量的题材不断创造，不断汇聚，不断鼓舞开放，不断激励开放，不断在开放中发展。

中西部地区过去时期开放活动主要题材集中于基础设施建设领域，道路、桥梁、隧道、通信、广播、电视、互联网等方面的建设，其他方面题材不多。特别是特区、自贸区、国际会展、都市建设、楼宇经济、高铁经济，这样一系列具有较高内涵、影响力大的题材少有，甚至没有，极大鼓舞人心的题材更是罕见，没有这些题材就没有兴奋点，就没有发挥巨大影响力的极点和杠杆，这是短板，西部地区急切需要创建新的动力。

东北地区历史遗留问题严重制约本地区对外开放，严重拖累当地经济发展和社会进步，极大戳伤了当地老百姓的积极性。改革开放初期国有企业出现的"厂办大集体问题"至今还没有彻底解决，仍然纠缠着一些企业，企业在关、停、并、转、破过程中，遗留的退休职工工资问题、社会保障问题（医疗费、失业保障、残病保障）至今仍然纠缠着一些企业，企业技术改造和发展资金严重短缺问题，在少有国家采购的情况下，重型机械装备产业产品、重工业产品、重化工业产品市场出路成了问题，由于当地市场萎缩，政府服务体系不健全，严重制约老百姓在当地的创业激情等。东北地区严重缺乏激励发展的新题材，多年陷入传统发展方式的旋涡中，大量历史遗留问题困扰手脚，企业普遍成长动力不足，已经出现不能自拔恶性循环的征兆，地区性三类人才（外地人、本地大学生、本地离退休技术人才）连续多年流出就是信号，这是短板，东北地区急切需要创建新的动力。

内陆地区需要注入新发展题材、创建新发展极以创建新动力。新题材至少包括：创建边疆跨国特区；创建内陆自由贸易园区；创造国际会展题材；创造高铁网络经济题材；创建内陆都市经济圈；创造大经济区总体规划题材；创造大观光旅游产业题材。因此，创建发展新题材，增加发展机会，培育地区增长极，增添发展新动能，消除要素流动动力不足问题必然成为战略重点。

## 3.4　开放路线优化

新时期中西部地区对外开放走什么样的路？是秉承东部地区的开放道路还是另辟蹊径，是采用东部地区的模式还是创造新模式，回答这个问题需要从历史经验比较分析来看，需要从东部沿海地区的改革开放经验与内陆地区改革开放的历程比较来认识。

本书认为：开放路径历史比较相似系数很低，内陆地区对外开放必须创造新方式，东部沿海地区的经验不能简单复制到中西部地区，必须开辟新道路。

一是沿海与内陆地缘条件不同，绝大部分地区远离港口出海通道，不能以港口经济来拉动对外开放。

二是沿海地区与内陆地区产业结构不同，绝大部分企业都是资源加工型产业，劳动密集型产业，只能进入国际产业链分工的低端，大多以资源型产品进入国际市场，不足以成就开放事业。

三是内陆地区贫困和发展两个问题要同时解决，以发展贸易型经济为特点的对外开放不是全部开放内容，发展经济、社会进步和生态保护三个任务要同时兼顾。

因此，必须设计和探索新的开放路径。确立"硬启动、软完善"，"向西开放"，"立体开放"，深度参与全球产业链分工，按照主体功能区建设要求综合布局，城镇化建设包容经济区建设，城乡一体化发展，保护环境优先于资源开发的道路。

### 3.4.1　开放路径可选择方案对比分析

现在将东部地区、中部地区和西部地区实施开放的条件、资源、经验、要求等变量综合起来，进行对比分析，从目标要求、对应条件、对应做法三个角度对比分析，从而找到中西部地区实施开放战略可行的路径选择。

**1. 东部地区开放路径特点**

开放时间延续路径：1978年党的"十一届三中全会"后起步，到2017年已经经历了近40年的发展历程。

开放空间分布路径：点开放（经济特区建设）（探索性/开创性/无参照物/风险高）—点示范（深圳、珠海、厦门、汕头）（开放经验扩散）—线开放（14个沿海开放城市）（都市经济）—面开放（沿海地区）。

开放方式演变路径：设立经济特区—设立沿海开放城市—设立沿海开放地区—城市经济—综合配套改革试验区（新特区）—经济新区—自由贸易区。

开放手段演变路径：招商引资（海外资金）—"三来一补"—加工贸易—产品出口—OEM—自主品牌。

开放动力机制路径：改革—对接国际惯例—调整自己的经济政策和相关法律（特殊政策）—开放—国际贸易—经济增长—社会进步。

开放产业演变路径：产品出口—加工工业—劳动密集出口行业—产品进口替代—资金密集出口行业—工业主导—服务业。

开放目标区路径：海外目标—向东—向中国香港地区—中国澳门地区—日本—韩国—美国—加拿大—欧洲。

**2. 西部地区开放路径特点**

开放时间延续路径：以中央颁布"西部开发"政策为时间起点，2000年10月中共十五届五中全会通过的《中共中央关于制定国民经济和社会发展第十个五年计划的建议》，把西部大开发和加快中西部地区发展列入计划议程，2001年3月第九届全国人民代表大会第四次会议通过的《中华人民共和国国民经济和社会发展第十个五年计划纲要》对实施西部大开发战略做出具体部署。依托欧亚大陆桥、长江水道、西南出海通道等交通干线，发挥中心城市作用，以线串点，以点带面，逐步形成中国西部有特色的西陇海兰新线、长江上游、南宁、贵阳、成都、昆明等跨行政区的经济带，带动其他地区发展。

实际上东部地区实施改革开放政策后，西部地区民众已有赴东部地区务工，开放形式以人员流动为主要表现。所以，很难准确确立西部地区开放的起点时间和延续时间。但是，从不动点的角度看，作为一个地区与外界直接联系的特征来分析，西部地区真正的开放时间应当是中央明确"西部开发"政策出台的时间点，这样计算起来到2017年已经历了17年。

开放空间分布路径：点开放（都市经济）（交通枢纽城市）—新区建

设（复制经济特区建设经验）（有参照物）—线开放（沿边沿路城市）（都市经济）。

开放方式演变路径：设立经济新区—设立沿路沿海开放城市—城市经济—主体功能区—延边（边境地区/边境沿线）改革开放试验区。

开放手段演变路径：招商引资（海内外资金）—劳务输出—资源加工贸易—产品出区。

开放动力机制路径：开放（允许外部资金进入，允许本地产品流出）—对接东部地区做法—调整自己的经济政策和相关法律（特殊政策）—改革—经济增长—社会进步。

开放产业演变路径：产品出区—劳动密集行业—资源密集行业—工业/农业主导。

开放目标区路径：国内外目标—向南（珠三角、东南亚、南亚）—向东（华中）—向北（俄罗斯、蒙古国）—向西（西亚国家、哈萨克斯坦、吉尔吉斯斯坦、土库曼斯坦、乌兹别克斯坦、阿富汗、巴基斯坦、阿盟国家、中东国家）。

**3. 东北地区开放路径特点**

开放时间延续路径：以中央颁布"东北振兴"政策为时间起点，2003年10月，中共中央国务院颁布《关于实施东北地区及老工业基地振兴战略的若干意见》，明确了实施振兴战略的指导思想、方针任务、政策措施，提高开放水平。2009年9月，国务院颁布《关于进一步实施东北地区等老工业基地振兴战略的若干意见》（国发〔2009〕33号），使东北地区改革开放事业进入新阶段。实际上东部地区实施改革开放政策后，东北地区当地民众就已有赴东部沿海地区城市务工创业，开放形式主要以人员流动为主要表现。所以，很难准确确立东北地区开放的起点时间和延续时间。但是，从不动点的角度看，作为一个地区与外界直接联系的特征来分析，东北地区真正的开放时间应当是中央明确的"东北振兴"政策出台的时间点，这样计算起来到2017年已经经历了13年。

开放空间分布路径：点开放（都市经济）（交通枢纽城市）—工业园区建设（复制经济特区建设经验）（有参照物）—线开放（沿路城市）（都市经济）。

开放方式演变路径：设立产业园区—设立沿路开放城市—综合配套改革试验区—主体功能区—城市经济。

开放手段演变路径：招商引资（海内外资金）—资源加工贸易—产品

出区。

开放动力机制路径：东北振兴—调整自己的经济政策和相关法律（特殊政策）—对接东部地区—产业振兴—大中型国有企业转型发展—开放改革—经济增长—社会进步。

开放产业演变路径：产品出区—劳动密集行业—资源密集行业—工业/农业主导。

开放目标区路径：国内外目标—向南（京三角）—向东（日本、韩国、朝鲜）—向北（俄罗斯）—向西（蒙古国）。

**4. 中部地区开放路径特点**

开放时间延续路径：以中央颁布"中部崛起"政策为时间起点，即2006年《中国中央国务院关于促进中部地区崛起的若干意见》（中发〔2006〕10号，简称中央10号文件），方案纳入《中华人民共和国国民经济和社会发展第十一个五年计划》，推进工业化和城镇化，发挥承东启西作用，在产业升级中崛起。2009年9月23日国务院常务会议通过《促进中部地区崛起规划》，强化综合交通枢纽地位，加快形成沿长江、龙海京广和京九经济带，加快改革开放和体制机制创新。《促进中部地区崛起规划》颁布，使中部地区改革开放事业进入新阶段。实际上东部地区实施改革开放政策后，中部地区当地民众就已有赴东部地区务工，开放形式主要以人员流动为主要表现。所以，很难准确确立中部地区开放的起点时间和延续时间。但是，从不动点的角度看，作为一个地区与外界直接联系的特征来分析，中部地区真正的开放时间应当是中央明确的中部崛起政策出台的时间点，这样计算起来到2017年已经经历了11年。

开放空间分布路径：点开放（都市经济）（交通枢纽城市）—新区建设（复制经济特区建设经验）（有参照物）—线开放（沿长江沿路城市）（都市经济）。

开放方式演变路径：设立经济新区—设立沿路沿江开放城市—综合配套改革试验区—主体功能区—城市经济。

开放手段演变路径：招商引资（海内外资金）—资源加工贸易—产品出区。

开放动力机制路径：中部崛起—调整自己的经济政策和相关法律（特殊政策）—对接东部地区—开发开放改革—经济增长—社会进步。

开放产业演变路径：产品出区—劳动密集行业—资源密集行业—工业/农业主导。

开放目标区路径：国内区外目标—向东（长三角）—向南（珠三角）—向西（云贵川地区）—向北（西北地区/东北地区）。

**5. 比较开放路径差异性**

通过上述 7 个方面的对比分析，在过去近 40 年的改革开放历程，对于东部、中部、西部、东北四个大区块来说，可以得出以下结论：

开放时间延续路径：东部早于西部，西部早于东北，东北早于中部，时长，东部大于西部；西部大于东北；东北大于中部。即：$Et > Wt > Nt > Mt$。因此，东部地区改革开放的经验最为丰富，东部地区的经验和教训均可以为其他地区所用，其他地区也应当学习和借鉴东部地区有效的做法。

开放空间分布路径：东部地区与其他地区均呈现点、线、带、面的分布，并逐步深入的特点，但是，东部主要表现为沿海布局，其他地区表现为沿路布局（高速公路、铁路）。差异性较大，即相似系数很低（$\eta k \rightarrow 0$）。

开放方式演变路径：东部地区是以特区建设为立足点，发挥示范作用、集聚作用、扩散作用，并逐步渗透到其他领域；其他地区是以都市建设为立足点，发挥集聚作用、扩散作用，并逐步渗透到其他领域。一个是特区经济，一个是都市经济。差异性较大，即相似系数很低（$\eta k \rightarrow 0$）。

开放手段演变路径：东部地区以"招商引资"（海外资金）—加工贸易—产品出口为主要手段演变路径，主要载体是加工工业，其产品类属于终端产品，出口比重高、外资多。其他地区以"招商引资"（海内外资金）—资源加工—产品出区为主要手段演变路径，主要载体是资源工业，其产品类属于中间产品，出口比重低，内资多。差异性较大，即相似系数很低（$\eta k \rightarrow 0$）。

开放动力机制路径：东部地区是外需拉动，其他地区是内需拉动，表现为服务于东部地区的开放事业的状态。差异性较大，即相似系数很低（$\eta k \rightarrow 0$）。

开放产业演变路径：东部地区是加工工业、轻工业为主导。其他地区是原材料工业、基础产业、农业为主导，差异性较大，即相似系数很低（$\eta k \rightarrow 0$）。

开放目标区路径：东部地区以国外目标区为主，其他地区以国内目标区为主，处于服务于东部地区开放事业的状态。差异性较大，即相似系数很低（$\eta k \rightarrow 0$）。

通过上述大量深入分析可以得出结论：东部地区与中西部地区处于的开放条件和开放状态大不相同，开放路径历史比较相似系数很低，差异性甚大，无论是自然条件、生态条件、地缘条件，还是社会条件、经济条件、人文条件，都差异甚大。中西部地区在总结过去十几年自身开发开放经验的基础上，在借鉴东部地区改革开放经验的基础上，必须进一步优化未来开放事业发展路径，必须结合区情来探索新的开放道路，开创新的发展路径。

### 3.4.2　开放路径优化原则

坚持因地制宜原则。根据国家明确的总体战略布局，结合本地区情，用足自身条件。借鉴东部地区改革开放经验，特别是要吸取教训，包括环境污染问题、开发区名目繁多、布局混乱问题等，避免战略误判和方向失误。

坚持适当超前原则。战略是长远性、全局性、综合性的，需要考虑到今后 50 年、100 年，甚至更长远的发展，有必要将大项目、大事件适当超前设计，规划路径。

坚持国际标准原则。东部地区已经做过的事情，中西部地区未必重复去做，以深圳特区建设为标志的初期"点开放"具有很好的试验性、探索性、创新性和示范性，现在要求全面开放。因此，中西部地区开放事业不是东部地区开放事业简单复制，不是将东部地区开放具体做法移植到西部地区来，而是要将中西部地区放在全球发展格局中来设计战略布局，放在发挥本土地缘特点来设计发展方式，放在国家长远利益来设计开放路径。

### 3.4.3　开放路径优化节点分析

**1. 兼顾政策力量与投资力量，走"硬启动""软完善"的路子**

东部地区依赖国家特区政策就可以获得巨大的改革开放成果，政策推动十分奏效，这样的推动力是"软启动"。但是，对于广大中西部地区来说，仅仅依赖政策"软推力"是不够的，是无法迅速启动开放事业的，也很难维持长时间激情。这是因为中西部地区原本生态条件落后，经济基础有限，甚至有些地方还生活在原始粗犷的状态，必须国家大量投入，在基础设施建设方面加大投入，用几十年时间来搞基础设施建设，才能奠定基本经济基础。因此，必须施加外力"硬启动"。东中西部地区开放启动力不同，路径也不同。

**2. 开放目标区指向东西南北，走"向西开放"的路子**

东部地区当年改革开放是向东开、向南开，面向中国港澳台地区为主，货物运输走海路，是沿海开放。西部地区开放目标区指向应当转变，向西开、向南开、向北开，面向西亚、南亚、东南亚、东北亚，货物运输走陆路，是沿边开放、沿路开放。中部地区开放目标区指向应当转变，面向东、西、南、北四个方向同时开放，借助西部力量向西开放，借助东部力量向东开。货物运输走陆路和空路，是沿路开放。东中西部地区开放目标区指向不同，路径也不同。

**3. 充分利用现代通信与交通媒介，开放姿态走立体开放路子**

东部地区开放是"点开放"带动"线开放"，带动"面开放"，是以货物贸易为主要内容的开放形式，是"平面开放"格局。中西部地区要转变开放姿态，展开立体开放，是海、陆、空全面开放。首先，开放姿态不是货物贸易，而是信息开放，信息通了就是开放，与外界联通了就是开放，信息的全球化和现代化就是开放。其次，开放姿态表现为交通开放，交通通了就是开放，人财物能够与外界沟通了就是开放，交通的全球化和现代化就是开放。最后，开放姿态是全方位开放，所有经济建设内容、社会建设内容、制度建设内容，全都纳入全国总体开放改革的大盘子中，统一部署、统一规划、统一设计、统筹安排，不是零打碎敲、自成体系。东中西部地区开放姿态不同，路径也不同。

**4. 融入世界市场，走深度参与全球产业链分工的路子**

东部地区改革开放初期实施招商引资政策，大量外资企业纷纷落户，加工工业迅速成长，形成了不同类型的"工业开发区"、"产业园区"、"高新区"等，工业企业数量增多带来工业产值迅速增加，提供大量新生就业岗位，改革开放释放的红利逐步显现，而且日益突出。但是，当轰轰烈烈几十年过去了，当年某些做法形成的后置问题逐步显现。某些行业产能过剩、城市发展滞后、环境压力、人口拥挤、公共设施供给不足、住房紧张、用水用电紧张、环境污染等。东部地区开始实施产业升级，发展方式转变，淘汰不适合城市经济发展的企业，实施经济转型。中西部地区不能简单承接东部地区的产业转移，招商引资不是多多益善、来者不拒，不能走东部地区早年实施改革开放的老路子，而是要深度参与全球产业链分工来设计产业发展，安排产业选择、安排项目选择、安排企业选择。东部地区不要的企业中西部地区不能全都接收，东部地区不允许发展的项目中西部地区也不允许都发展。在西部有些地区是不允许发展某些影响生态环境项目的，甚至比东部地区要求还要严格。东中西部地区改革开放占位不同，路径也不同。

**5. 经济区建设与功能区建设并举，走主体功能区建设综合布局的路子**

东部地区改革开放事业是建立在特区建设基础上的开放路径，在一个城市内"经济区建设"是特色、是亮点，也是撬动当地发展的杠杆，当时并没有考虑城市建设，也没有考虑一个地区与相邻地区的功能关系，主旋律是经济建设，发展本地经济，各个地区"经济技术开发区"分布零散，内容雷同，除了少数地区具有特色之外（如深圳特区、中关村产业园区、江苏昆山），其他地区特色并不十分鲜明。中西部地区不能简单复制东部地区这种做法，要在国家总体战略要求设计布局，按照主体功能区要求综合布局。

国务院于 2011 年 6 月 8 日颁布《全国主体功能区规划》，规定国土空间开发方式分为优化开发区域、重点开发区域、限制开发区域和禁止开发区域。优化开发区域包括环渤海、长三角和珠三角 3 个区域；重点开发区域包括冀中南地区、太原城市群、呼包鄂榆地区等 18 个区域；限制开发区域分为农产品主产区与重点生态功能区；禁止开发区域包括国务院和有关部门正式批准的国家级自然保护区（包括：世界文化自然遗产、国家级风景名胜区、国家森林公园和国家地质公园）等①。按照全国主体功能区的规划，未来国土空间将形成："两横三纵"为主体的城市化战略格局、"七区二十三带"为主体的农业战略格局、"两屏三带"为主体的生态安全战略格局。东中西部地区改革开放区位布局不同，路径也不同。

**6. 将经济区建设放进城镇化过程，走城镇化建设包容经济区建设的路子**

东部地区初期改革开放事业并没有综合考虑城市建设问题。例如，深圳在建立深圳经济特区以前是宝安县，1979 年，国务院批准宝安县为省辖深圳市，1980 年 8 月 26 日，深圳经济特区正式宣告成立，深圳市下辖经济特区和宝安县，当时经济特区建设集中在招商引资、企业发展，集中在经济区建设，面积仅为 327.5 平方千米②，30 多年过去了，深圳已经变成了一个拥有 1 400 万人口的都市，可是当年特区规划与建设并没有按照一个 1 400 万人口都市来设计和建造，也没有按照拥有 300 多万辆汽车（2013 年底实际调查指标）的城市来设计和建造，道路、楼房、城市建筑

---

① 国务院：《全国主体功能区规划》，2011 年 6 月 8 日。
② 高铜兴等主编：《中国经济特区大辞典》，人民出版社 1996 年版，第 9 页。

风格、基础设施、公共设施等，无论是理念还是计划都是"建设特区"而
不是"建设都市"，所有这一切都在"城市病"中表现出来。如果对于一
个上百年或者上千年历史的城市来说，是可以理解的，因为老祖宗并没有
预料到百年后、千年后的事情，可是对于深圳这样的只有三四十年历史的
现代城市来说，出现城市病，就不难看出当时的设计并没有看得太远。当
"创业辉煌期"过去以后，当轰轰烈烈的年代过去以后，当这座城市沉静
下来的时候发现，城市建设落后了。

中西部地区改革开放要吸取东部地区教训，实施开放改革事业并不是
仅仅搞几个"经济开发区"、"工业园区"、"高新技术产业园区"甚至
"经济特区"、"自贸区"，而是要将经济区建设放在生态区建设中来考量，
放在流域区、经济大区来考量，放在城镇化建设来设计和建造，走城镇化
建设包容经济区建设的路子。避免出现东部地区一些城市的"城市病"现
象，当开发地区还是一张白纸的时候，就要有长远谋划、长远打算、百年
建设、千年设计，给子孙后代留下发挥自己聪明才智的空间。"城镇化"
是指农村人口不断向城镇转移，第二、第三产业不断向城镇聚集，使城镇
数量增加、规模扩大的一种历史过程。表现为一个国家或地区社会生产力
的发展、科技进步以及产业结构调整，农村人口居住地点向城镇迁移，农
村劳动力从事职业向城镇第二、第三产业转移。"城镇化"过程也是国家
实现工业化、现代化过程中所经历社会变迁的一种反映。东中西部地区改
革开放建设重心不同，路径也不同。

**7. 对外开放与扶贫开发并举，走城乡一体化发展的路子**

东部地区改革开放事业是建立在生态环境较好、交通条件便利、生活
条件较完善的地区，是建立在城市经济基础上的，以第二产业和第三产业
发展为主轴的，并没有特别兼顾农村、农业和农民，更没有兼顾贫穷落后
的地区，改革开放的"甘霖"对贫穷落后地区来说是一种奢侈，是一种难
以获得的梦想。东部地区走的是以经济区发展带动周边农民发展的路子，
农民到城里务工获得劳动收益，以工带农、以城带乡，城市周边的农民可
以迅速获得城市发展带来的好处。

中西部地区不能完全模仿东部地区做法，这是因为中西部地区是农牧
业主产区，农牧民不能完全离开土地和草场，从事农牧业生产是他们（她
们）的职业，整个社会需要这个领域，需要有人从事农牧业生产；另外中
西部地区，特别是西部地区，地广人稀，生态环境恶劣，地处边疆但也需
要民众居住和把守，老少边穷地区的人们同样需要享受改革开放成果，享

受公民待遇。因此，中西部地区改革开放事业需要对外开放与扶贫开发并举，开发扶贫、开放扶贫，将开发、开放、改革的春风吹到山沟沟里去、吹进村村寨寨，走城乡协同发展的路子，工农协调，破解城乡二元经济结构。

城乡一体化就是把工业与农业、城市与乡村、城镇居民与农村居民作为整体，统筹谋划、综合研究，进行体制改革和政策调整，城乡在规划建设、产业发展、市场信息、政策措施、生态环境保护、社会事业发展一体化，改变长期形成的城乡二元经济结构，实现城乡在政策上平等、产业发展上互补、国民待遇上一致，让农民享受到与城镇居民同样的文明和实惠，使整个城乡经济社会全面、协调、可持续发展。东中西部地区改革开放覆盖面不同，路径也不同。

**8. 开发开放环保并重，走保护环境优先于资源开发的路子**

开放与开发、开放与投资、开放与项目、开放与工业生产往往并举，共生互补，不能以环境污染来换取经济增长，不能走"开发—污染—治理"的路子，东部地区某些工业污染、环境污染、生态破坏的案例足以示警。

西部地区生态环境脆弱，处于中国大陆版图上风上水之地，三江源地区是"水塔"，大江大河源头都在西部地区，如果环境被破坏，很难修复，不仅仅影响当地，也将影响全国。因此，在有些地方不开发可能是最好的开发，不开放可能是最好的开放。开发开放环保并重，走保护环境优先于资源开发的路子。通过中央转移支付来部分解决不能开发开放地区的生存和发展问题，通过发展旅游业、观光业、地面农业、牧业等产业解决产业发展问题，通过生态环保移民来解决发展问题。东中西部地区改革开放生态环境约束不同，路径也不同。

通过上述分析，可以得出优化后的路线：

一是启动并推进中西部地区对外开放事业，要比东部地区困难多，难度大，采用东部地区改革开放过程中的具体做法不能完全解决问题，必须采用综合手段、长时间大力度注入资源和投资，走"内开放"与"外开放"结合的发展道路，开放并不仅仅定义为国际贸易，对西部地区来说，能够与外界联系与沟通就是开放，扩大联系与沟通就是扩大开放。

二是现在及未来时期中西部地区开放需要走的战略路径突出表现在八个关键节点："硬启动"、"向西开放"、"立体开放"、深度参与全球产业链分工、按照主体功能区建设要求综合布局、城镇化建设包容经济区建设、城乡一体化发展、保护环境优先于资源开发。

三是落实开放必须设计和采取具有综合性、大范围影响力的手段，采取此消彼长、一波又一波的激励措施和策略。

## 3.5 开放动力生成机制分析

促使中西部地区对外开放具有四大动力源：一是开放意愿（内生动力）；二是重点投资（外生动力）；三是开放政策（外生动力）；四是发展机会（耦合动力）。

### 3.5.1 动力表现形式与构成

#### 1. 动力的概念与定义

动力（Motive Force）的概念最早是物理学概念，指使机械做功的各种作用力，如水力、风力、电力、畜力等。后来用于比喻推动工作、事业等前进和发展的力量[①]。动力也泛指事物运动和发展的推动力量，同时也指对自己有信心的事物。在现代管理中可将动力分为三大类：一是物质动力，包括物质刺激、经济效果。二是精神动力，包括信仰、精神刺激，也包括日常思想工作。精神动力不仅可以补偿物质动力的缺陷，而且本身就有威力，在特定情况下，它也可以成为决定性动力。三是信息动力，任何事物主体运动都必须与外界交往，如果没有对外界的信息交流，就不能有前进的动力。

定义：开放动力（Open Force）就是指推动或促进开放事业的力量。

区域开放是区域发展中的一种姿态，容许生产要素流动的状态为开放，"开放"与"关闭"是相对应的，不容许生产要素流动的状态为关闭。促进区域开放的力量为动力，就是推动生产要素自由流动。

国民经济生产过程分为生产—分配—交换—消费四个过程环节，人、财、物、信息等都是生产要素，只有生产要素流动，才可以维系国民经济生产过程的循环。因此，开放是系统自身维系运动的本质属性。

按照动力实施的主体来看，开放具有内生动力和外生动力。按照动力

---

① 《现代汉语词典》，商务印书馆 1996 年版，第 302 页。

实施的性质来看，开放具有意愿动力、投资动力、政策动力、机会动力。按照动力实施的边界来看，开放具有国内动力（区内动力、区外动力）、国外动力（周边国家动力、国际动力）。按照动力实施的人群来看，开放具有政府动力、企业动力和群众动力。

**2. 动力的对称性**

动力与阻力是成对出现的。动力是促使事物运动的力量，阻力是阻止事物运动的力量，有动力则必然有阻力，有阻力也必然有动力。两物体间通过不同的形式发生相互作用，如吸引、相对运动、形变等而产生的力，叫"作用力"。力都成对出现，有作用力就有反作用力。

"反作用力"是著名物理学家牛顿提出来的一种说法，它是一种力。作用力与反作用力大小相等，方向相反，而且作用在同一直线上[①]。

牛顿第三定律表明，当两个物体互相作用时，彼此施加于对方的力，其大小相等、方向相反。力必会成双结对地出现：其中一道力称为"作用力"；而另一道力则称为"反作用力"，又称"抗力"；两道力的大小相等、方向相反。任何一道力都可以被认为是作用力，而其对应的力自然地成为伴随的反作用力。这成对的作用力与反作用力称为"配对力"。牛顿第三定律又称为"作用与反作用定律"。

力具有对称性。对称性（symmetry）是现代物理学中的一个概念，它泛指"规范对称性"（gauge symmetry），或"局域对称性"（local symmetry）和"整体对称性"（global symmetry）。

数学表达式：在方程 $F(X, Y) = 0$ 里，若以 $-X$ 代 $X$ 而方程不变，则它的曲线关于 $Y$ 轴对称；若对 $-Y$ 代 $Y$ 而方程不变，则它的曲线关于 $X$ 轴对称；若以 $-X$ 代 $X$，同时以 $-Y$ 代 $Y$ 而方程不变，则它的曲线关于原点对称。

**3. 正向力与负向力**

正向力是促进事物运动或前进的力。负向力是阻止事物运动或前进的力。正向力与负向力方向相反。若以 $F_x$ 代表正向力，若以 $F_{-x}$ 代表负向力。两种力相互作用具有三种状态：

第一种状态是：若正向力大于负向力，$F_x > F_{-x}$，则事物向前运动，

---

① 艾萨克·牛顿（爵士），1642 年出生于英国，是世界近代科学技术史上伟大物理学家、天文学家和数学家。牛顿发现了万有引力定律创立了天文学，提出了二项式定理和无限理论创立了数学，认识了力的本性创立了力学。因此牛顿成为人类认识自然界漫长历程中的重要人物，他的科学贡献已经成为人类认识自然的里程碑。

则事物进步。

第二种状态是：若负向力大于正向力，$F_{-x} > F_x$，则事物向后运动，则事物倒退。

第三种状态是：若正向力与负向力相等，$F_x = F_{-x}$，则事物处于静止状态，即事物不发生位移。

促使地区对外开放的力是正向力，阻止区域对外开放的力是负向力。

**4. 开放动力构成**

促使地区实施开放的正向动力来源于两个方面"内生动力"与"外生动力"。

内生动力指区域内部自发形成的，促使地区开放的力量，即自发力。中西部地区内部自身具有的主动面向外部的开放的力量。内生动力来自中西部地区内部。

外生动力指区域外部形成的，促使地区开放的力量，即推拉力。中西部地区外部各种作用力影响，促使地区与外界联系，推动或拉动区域向外部开放的力量。外生动力来自中西部地区外部。

内生动力与外生动力的方向是一致的，作用力的力源不一致，内生动力来自区内，外生动力来自区外。

## 3.5.2　内生动力生成分析

改变贫穷落后面貌，提升社会经济发展水平，是中西部地区实施对外开放发展战略的内生根本动力。是思想动力、意愿动力（见图 3 – 1）。

| 负向力 | 正向力 |
|---|---|
| 1. 经济贫困社会发展落后 | 1. 面向西亚、南亚、东北亚开放的地缘条件 |
| 2. 人造基础条件落后 | 2. 自然资源和生态资源丰富 |
| 3. 信息闭塞思想观念保守 | 3. 本地市场需求潜力巨大 |
| 4. 社会化程度不高 | 4. 发展意愿和成长动量强劲 |

**图 3 – 1　影响区域对外开放内生动力对称结构内容分析**

**1. 经济贫困社会发展落后构成制约对外开放的负向力**

经济贫困是中西部内陆地区的典型特征，也是最大的区情，贫穷也导致了社会文明程度落后，老百姓生活水平和生活条件落后，自然生态环境有限，人造基础条件落后。国家贫困县的数量、分布的地域、贫困人口的数量和密度，这几个指标足以体现出中西部地区经济贫困社会落后的实际情况，也极大制约了地区对外开放。经济贫困社会发展落后构成了制约地区对外开放的负向力。

国家级贫困县的划定标准以当地人年均纯收入作为依据，少数民族地区与革命老区则相应降低标准。贫困县主要集中在中西部地区，且多集中于革命老区、少数民族地区以及边疆地区（通常合称为"老少边"）。根据国务院发布的2006年版《中国农村扶贫开发概要》，依照2006年标准，592个国家级贫困县分布于全中国21个省级行政区内，其中以云南省为多，其后为陕西省与贵州省以及后续的甘肃省等。民族自治区贫困县共有341个，占比57.60%，分布于全中国17个省级行政区内，以西藏自治区为最，其次为云南省和贵州省。

**2. 人造基础条件落后构成制约对外开放的负向力**

由于经济贫困，长期人造工程甚少，基础设施落后，道路、交通、通信、城市设施等方面相对落后，有些地方没有高速公路、没有铁路、没有机场，甚至有些地方还没有通电，没有通路，看不到电视，打不了电话，老百姓生活状况处于传统农耕社会状态。基础设施条件的限制，制约了中西部地区对外开放，特别是在山区、高寒地区、农村地区、牧区基础设施极为有限，极大制约了对外开放。人造基础条件落后构成了制约地区对外开放的负向力。

**3. 信息闭塞思想观念保守构成制约对外开放的负向力**

由于地处内陆，远离大型城市，人口分散信息沟通不便，有的地方已经成为"信息荒岛"，无论是"纵向信息"还是"横向信息"传播数量和传播速度都极为有限，内外不通，当地人们对外界了解甚少，思想意识和思维观念淳朴内敛，做事因循守旧，行为举止缓慢，工作效率较低，制约地区对外开放。信息闭塞思想观念保守构成了制约地区对外开放负向力。

**4. 生产社会化程度不高构成制约对外开放的负向力**

整个社会经济的大生产水平不高，工厂企业数量较少，产业链分工不够精细，产业链长度与深度均有限，社会化大生产基本上是区内循环，粗放生产粗放经营，产品价值含量不高，深加工不够，精加工更不够，工业化水平处于低端，无法形成产业集群，无法形成相互配套和大产业集聚，极大制约了外来资本进入和企业进入，制约了对外开放。生产社会化程度不高构成了制约地区对外开放的负向力。

**5. 面向西亚、南亚、东北亚开放的地缘条件构成促进对外开放的正向力**

西部地区具有"沿边优势"，广袤的边境线接壤周边 14 个国家和地区，具有分布周边国家和地区数量可观的通商口岸，可以直接开展对经济交流、对外贸易和文化往来，带动内陆经济发展。"口岸经济"是西部的"特色经济"、"窗口经济"、"平台经济"、"杠杆经济"。面向西亚、南亚、东北亚开放的地缘条件构成了地区促进对外开放的正向力。

**6. 自然资源丰富和生态资源丰富构成促进对外开放的正向力**

广大中西部地区具有资源优势，多样性生态优势，民族文化多样性优势，可以大力发展电力、矿产、农牧业、旅游等特色产业，形成与东部地区有区别的产业优势。

一是西南地区具有独特的资源环境。农林资源丰富，矿产资源种类齐全，储量丰富。已知 140 多种有用矿产，有些矿产储量丰富。能源资源丰富，开发潜力大。自然与旅游资源丰富。西南地区是少数民族集居区，风土人情奇异，人文旅游资源极为丰富。

二是西北地区具有独特的资源优势。西北地区具有丰富的资源，石油、天然气、煤炭、水利、矿产资源丰富，是重要的国家能源基地，石油开采石油化工，煤炭开采和煤化工，产业优势明显，黄河上游建设了十多座水电站。西北地区是重要的工业生产基地，以电力、石油、有色金属、机械、纺织、航空航天等为主。西北地区也是重要的农业生产基地，棉花、畜牧业在全国具有重要地位。

三是中部地区具有独特的资源优势。中部地区是重要的农业生产主产区，也是重要的工业基地。农业资源丰富。河南、安徽、湖南、湖北、江西等省区都是农产品生产量较高产区。矿产资源丰富。煤炭、石油、稀有金属等产量丰富。广大中西部地区包括西南、西北、中原、华中、东北等地区，具有丰富自然资源和生态资源，构成促进地区对外开放正向力。

**7. 本地市场需求潜力巨大构成促进对外开放的正向力**

中部地区人口数量多、人口密度大，具有较强的市场吸纳能力。百万人口大都市多，人口相对集中，足以形成局部区域大市场。以成都、重庆为代表的川渝地区人口密度大、数量多，是西南地区的重要大市场。此外，以昆明为中心的云南地区，以贵阳为中心的黔中地区，以南宁为代表的广西地区，以西安为中心的陕西关中地区，以乌鲁木齐为中心的新疆天山地区，以兰州为中心的甘中地区，以银川为中心的宁夏河套地区，以呼和浩特为中心的呼包鄂地区（呼和浩特、包头、鄂尔多斯），以郑州为中心的中原地区，以武汉为中心的华中地区，以合肥为中心的徽中南地区，以南昌为中心的赣中北地区，以长沙为中心的"长株潭"三角洲地区（长沙、株洲、湘潭）等。这些地区都已经成为地区大市场，成为引领地区经济发展的增长极。本地市场需求潜力巨大构成了促进区域对外开放的正向力。

**8. 发展速度和成长动量强劲构成促进对外开放的正向力**

由于中西部地区过去经济基础薄弱，发展条件不利，整体经济发展水平大大落后于东部地区，使中西部地区具有了后发优势。由于基数低，所以可以发展得快一点，在某些地方还可以实现跨越式发展，跳过某些领域或水平，实现高速成长。

西部地区的老百姓渴望发展，渴望生活条件改善，内心萌生的发展愿望和发展动力巨大，必将形成发展力量，在地方政府的领导下，形成合力，奋发图强。发展速度出现了西部地区（W）大于中部地区（M），中部地区（M）大于东北地区（N），东北地区（N）大于东部地区（E）的情况。表达式为：$W > M > N > E$。

2013 年各省（市、区）生产总值（GDP）增长速度，西部地区明显快于中部地区，中部地区明显快于东部地区。总体排序情况是：贵州12.7%，西藏 12.5%，新疆 11.1%，云南 12.1%，宁夏 10.0%，青海11.0%，天津 12.5%，甘肃 12.1%，山西 9.0%，重庆 12.3%，福建11.0%，陕西 11.0%，湖北 10.1%，江西 10.1%，湖南 10.1%，安徽10.5%，山东 9.6%，海南 10.1%，北京 7.7%，上海 7.7%，辽宁9.0%，广东 8.5%，江苏 9.6%，四川 10.0%，黑龙江 8.7%，吉林8.3%，浙江 8.2%，广西 10.3%，河北 8.5%，内蒙古 9.0%，河南 9.0%。

上述情况显示：发展动力和成长性，西部地区大于中部地区，中部地区大于东北地区，东北地区大于东部地区；而且中西部地区显示出持续的发展动量。

### 3.5.3 外生动力生成分析

外生动力主要来自三个方面：一是外拉动力——东部地区改革开放经验示范；二是政策动力——中央政策惠及；三是国际化动力——周边国家发展（见图 3 - 2）。

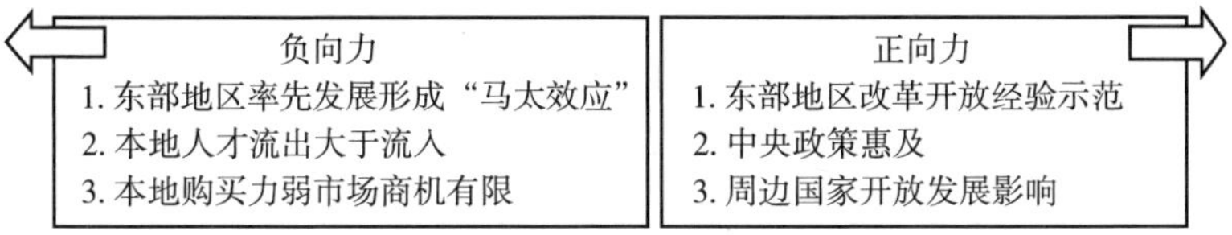

图 3 - 2  影响区域对外开放外生动力对称结构内容分析

**1. 东部地区率先发展形成"马太效应"构成制约对外开放的负向力**

"马太效应"（Matthew Effect）是指好的愈好、坏的愈坏、多的愈多、少的愈少的一种现象，广泛应用于社会心理学、教育、金融以及科学等众多领域。东部地区已经走过了近 40 年的改革开放历程，取得了辉煌的成就和经验，形成了经济繁荣、社会进步、生态文明的良好局面，形成了良性循环的自组织系统。进一步加剧了资源集聚，人财物集聚，商机集聚，"锦上添花"，形成了非常明显的"马太效应"现象，这对于本来已经落后的广大中西部地区来说，经济资源越发缺乏，"屋漏恰遇连雨天"，十分不利，是非常明显的"马太效应"现象。这是负向力。东部地区率先发展形成"马太效应"构成制约对外开放的负向力。

**2. 本地人才流出大于流入构成制约对外开放的负向力**

中西部地区人才流出有两种表现：一方面是青壮年劳动力流出；另一方面是大学毕业生流出。这两个流出造成中西部地区人才缺乏。

一是青壮年劳动力流出。自东部地区实施改革开放以来，中西部地区的劳动力就走出来到东部地区务工做事，几乎所有东部地区城市中从事社会服务业的人群都是来自中西部地区，来自农村或小城镇，由于青壮年劳动力大量流出，特别是青年劳动力流出，使得中西部地区、边远地区、农村地区和山区企业发展滞后，当地没有能力提供足够的就业岗位，没有可以吸引就业的机会，使大量劳动力流出。

二是大学毕业生流出。包括四个群体：第一种是本地生源毕业于本地高校的学生，不在当地就业；第二种是本地生源毕业于外地高校的学生，毕业后不再返回本地就业；第三种是外地生源毕业于本地高校的学生，不留本地就业；第四种是外地生源毕业于外地高校，不来本地就业。由于缺少新生劳动力数量，造成人才缺乏。本地人才流出大于流入构成制约对外开放的负向力。

**3. 本地购买力弱市场商机有限构成制约对外开放的负向力**

由于本地收入水平低，当地老百姓缺乏足够的购买力，终端市场商品消费数量有限，消费档次和消费水平有限，需求状况直接影响供给状况，客观上直接制约了相应产业和企业的进入，制约了企业成长，本地购买力弱市场商机有限构成制约对外开放的负向力。

**4. 东部地区改革开放经验示范构成促进对外开放的正向力**

东部地区改革开放的历程和做法具有强大的吸引力，极大地解放和发展了生产力，使社会成员发挥最大的劳动效率和创造力，为国家做出巨大贡献，为地方做出巨大贡献，也为参与这场改革事业的人们提供了获得财富的机会。从深圳特区创建，到14个沿海开放城市确立，再到全国改革开放，案例、经验丰富。且改革开放的外溢效应，逐步扩散，逐步深化深入人心，催人奋进。特区经验可以复制，成为地区开放的外拉动力，因此，东部地区改革开放经验示范构成促进对外开放的正向力。

**5. 中央政策惠及构成促进对外开放的正向力**

国家已经对中西部地区明确发展战略，专门出台了的"西部开发"、"中部崛起"、"东北振兴"和"支持老少边穷地区"发展的战略部署，赋予中西部地区和东北地区政策支持。国家赋予的政策包括：财政转移支付政策、扶贫投入政策、金融支持政策、财税支持政策、重点项目投资政策、基础设施建设支持政策、生态环境建设政策、对外开放政策、城市化政策、特色经济和优势产业发展政策、教育发展政策、民族政策、人才政策、对口支援政策等。

### 3.5.4 动力耦合

**1. 耦合的概念与动力场**

耦合是物理学概念，物理学指两个或两个以上的体系或两种运动形式间通过相互作用而彼此影响以至联合起来的现象[①]。现在将物理学中的耦合概念引用到区域经济发展中来，引用到区域开放过程中来，解释开放动力现象和力场关系。

区域开放过程中，存在两种力场：一个力场是促使区域开放的力量，这里称为正向力；另一个力场是制约开放的力量，这里称为负向力。两种力量相互作用、相互影响、相互制约，彼此以对方的存在而存在，在一定条件下也可以相互转化。两种力量场的相互作用就是耦合关系。

---

① 《现代汉语词典》，商务印书馆 1996 年版，第 942 页。

**2. 区域开放力场的三种状态及其耦合关系**

在区域开放力场中，有两种力场：正向力场和负向力场。

令：Fy 为正向力，Fx 为负向力，状态系数为 k。

状态一：当：Fy > Fx 时，则有：k > 1。

则事物向正向力方向运动，且 Fy 越大，事物运动驱动越快，加速度越大。

状态二：当：Fy < Fx 时，则有：k < 1。

则事物向负向力方向运动，且 Fx 越大，事物运动驱动越快，加速度越大。

状态三：当：Fy = Fx 时，则有：k = 1，则事物处于静止状态。

在上述三种状态中，第一种状态是积极状态（状态系数 k > 1），第二种状态是消极状态（状态系数 k < 1），第三种状态是胶着状态（状态系数 k = 1）。由于区域发展目标是促进开放，不是静止，更不是倒退，因此力求创建积极状态，即第一种状态。

**3. 正向力的增多与增强**

目标是促进区域开放，促进区域经济发展社会进步，促进区域文明程度提高，需要正向力，需要有利于区域发展的内生动力和外生动力，除了区内自身努力外，区外还要注入推动力和拉动力，促使区域生产要素流动，资源配置效率提高，经济活动活跃，社会整体运行积极、良性、蓬勃。因此，积极因素越多越好，正向力越多越好，积极因素越强壮越好，正向力越强越好。

即：Fy > Fx，且：Fy↑ > Fx。

则有：k > 1，正向力增多增强就是促进区域开放的具体行动。

得出结论：增强正向力，或者增多正向力，是实施中西部地区开放战略的重要策略方面。

**4. 负向力的弱化与转化**

负向力是制动力、是约束力、是抑制力、是阻力。与正向力同时存在，力量方向与事物运动方向相反。只有克服阻力才能促使事物运动，这是基本条件，只有当动力大于阻力、正向力大于负向力时，事物才可以发生位移，才可以运动。因此，促使事物发生位移的基本条件是正向力大于负向力。动力大于阻力。

当：Fy > Fx 时，则有：k > 1。

则事物向正向力方向运动，且 Fy 越大，事物运动驱动越快，加速度越大。

减小负向力实际上就是增强正向力，在正向力不变的情况下，只要减少负向力就会相对增加正向力，其事物运动状态就会向正向力方向偏移。因此，弱化负向力是增强正向力的一种积极办法。在实施区域开放过程中，通过调整不适宜的政策减少人为障碍，实际上就是在弱化负向力。还可以通过转变思想的办法，将不利局面转化为一心求发展志气，萌生求变意愿，转化为求发展思想动力。

得出结论：弱化负向力，或者转化负向力为正向力，是实施中西部地区开放战略的重要策略方面。

**5. 改变开放系统状态的五种方式**

根据表达式：$\qquad k = Fy/Fx$

只要改变 Fy 或 Fx 的力场状态，就可以打破平衡，形成新状态。

增大 k 值有 5 种办法，或者 5 种状态：

一是负向力不变（Fx −），正向力增加（Fy↑），最终导致 Fy > Fx，则有 k > 1，系统产生正向移动。

二是正向力不变（Fy −），负向力减小（Fx↓），最终导致 Fy > Fx，则有 k > 1，系统产生正向移动。

三是正向力增加（Fy↑），负向力增加（Fx↑），但是正向力增加量大（Fx↑↑），最终导致 Fy > Fx，则有 k > 1，系统产生正向移动。

四是正向力减小（Fy↓），负向力减小（Fx↓），但是负向力减小量大（Fx↓↓），最终导致 Fy > Fx，则有 k > 1，系统产生正向移动。

五是正向力增加（Fy↑），负向力减小（Fx↓），导致 Fy > Fx，则有 k > 1，系统产生正向移动。

目标是创造有利于区域开放的系统状态，因此，只要调整任何一个力场参数，就可以改变力场均衡态势，上述五种手段均可以达到目的。这样就可以有两个方面的调节手段。一个是调节正向力，一个是调节负向力。正向力增多与增强，负向力弱化与转化。

# 第 4 章

# 对外开放战略题材

中西部地区新时期开放依靠什么来启动，依靠什么来助力，需要创建新的动力题材。通过深入分析和研究，本书认为：可以以六大题材来启动和助力中西部地区（含东北地区）对外开放。

一是迅速转入信息空间开放姿态。过去两个时段开放基本上属于物理姿态开放，限于贸易和物流，现在要迅速转入到信息空间开放姿态，着力将信息现代化和交通现代化纳入开放基础中来，让信息来代码其他要素，让好品质讯息惠及每一个村寨；让道路延伸到最后一千米，多渠道筹措农村修路资金；织密空中航线网，构成四维结构开放模式（空间三维，再加上信息向量，共四维）。

二是创建内陆都市经济增长极带动开放。都市具有增长极功能，在内陆地区形成都市圈，形成局部大市场，增强集聚效应和扩散效应，将大都市经济圈建设融入到国家开放大局中米，城乡一体化建设包容到都市圈建设中来，带动农村开放。

三是创建跨国特区带动开放。创建西部特区意义重大，创建边疆跨国特区，创建西部脱困政策特区，搞特区建设是成功经验，现在要搞跨国特区，将原来的经济特区经验和自贸区经验融合起来，以城市建设来办特区。

四是创建区际合作平台带动开放。根据每一个地区的特点进行分工，明确开放战略方向，西南地区指向东南亚开放，西北地区指向中西亚开放，东北地区指向东北亚开放，华中地区指向中南跨区域开放，中原地区指向华北跨区域开放。

五是培养国际企业带动开放。企业是对外开放主体，企业经营管理国际化就是开放的过程，多种方式推进企业国际化，造就本土企业家群体，提高企业家群体素质，带领本土经济国际化，带领区域国际化。

六是建设稳定祥和边疆保障开放。稳定是前提，没有稳定就不可能有开放基础，西部边疆地区是多民族汇聚地区，是贫困连片地区，也是国外敌对势力经常渗透的地区，只有高压打击三股势力，绝不允许任何反动势力滋生和抬头，新疆实施的"访—惠—聚"活动与西藏推进的"双联户"活动已经初见成效，经验十分珍贵，要继续加大对口支援边疆。

上述六大题材是相互联动的，是一个战略和策略整体，包括了"硬件"建设和"软件"建设、包括了"主体"建设和"客体"建设共同构成有效的启动题材群。

## 4.1 迅速转入信息空间开放姿态

基础设施条件是对外开放的基础，包括交通网络、通信网络、城市基础设施、农村基础设施等。交通网络主要包括国道公路网、高速公路网、铁路网、高速铁路网、民航机场及空中航线网络等方面。通信网络主要包括广播网络、电话网络、电视网络、互联网络等方面。城市和农村基础设施包括城市道路、市政系统（供水、排水、供电、能源系统、城市交通、地铁）、生活设施系统（医院、银行、邮局、消防、安全、学校）等方面。

长期以来，国家持续进行基础设施建设，已经基本建成了骨干交通系统，形成了现代通信系统。2000 年以后，又相继建成了高速公路骨干网络，2010 年以后，逐步开通了高速铁路骨干网络，建成了联通各个省会城市的空中民航网络，建成了覆盖全国的电话通信网络和电视网络，为内陆地区对外开放奠定了基础。基础设施情况大大改善，人们出行的方便程度、与外界的交往程度都发生了天翻地覆的变化。

但是，仍然存在盲点，特别是西部地区、边远地区、山区，还存在没有通电、没有通路、没有通水的地方，个别地区吃水难、行路难、通电难的问题仍然存在；西部地区高速公路网密度低，相当一部分县城还没有高速公路直接连通，活动半径很小，生活节奏慢，市场交易速度慢、频率低，经济活力弱；骨干道路修通以后，支线道路位置偏僻、地貌复杂，需要建设大量的桥涵，筑路成本很高，运营维护成本也很高，建设资金缺口很大，采用市场化办法筹措资金很困难；各个省会城市虽然都有机场，而国际航线密度很低，大多需要从第三地转机，地（市）级城市中已有一些通航机场，而航班密度很低，航班频率很少，飞机起飞时间不是早上就是夜里，在黄金时间段内航班安排过稀，乘客出行不便，空港利用率没有充分发挥出来；农村无线电话网络信号差，有些地方根本无网络、无信号；互联网覆盖仍然有盲区，一些地方上不了网，即使能上网，网速也很慢，传输图片等信息困难；东部地区开通高铁后，产生的高铁效应大大惠及了周边地区，而西部地区没有高铁网络覆盖，存在被高铁经济边缘化的危机。这些问题客观存在，与东部地区基础设施情况比较，西部地区相对落后，需要在新的战略周期中努力改善。需要多渠道筹措农村修路资金，将道路延伸到最后 1 千米，让乡村都能听到外面的声音，织密空中航线网。

## 4.1.1　让高品质讯息惠及每一个村寨

没有信息开放就没有任何其他形式的开放。古代时期信息载体是口传、目视、物载；近代时期信息载体是公路、铁路、飞机、远洋轮船；当代信息载体是电子平台，信息以电子形态记录、存储和传输。由于信息载体电子化，也促使货币形态电子化，信誉关系电子化，交易方式电子化，信息沟通电子化。信息传递没有时滞（时间差），不会发生信息扭曲，可以同时传播和扩散海量信息，大数据时代来临了。电子信息洪流席卷了所有领域，边远的山沟沟也将被彻底涤荡。人类社会从远古走来，从部落到小社会，从小社会到大社会，从大社会到物理（物流）开放社会，从物理（物流）开放社会进入到了信息空间开放时代。

传统意义开放表现为贸易形式的物流国际化，新时期的开放表现为信息国际化。传统意义对外开放是二维空间中的商贸往来，新时期对外开放表现为四维空间中的信息往来。信息生产、信息传播、信息消费。在无限的信息场中承载人类社会经济活动。信息已经成为不可或缺的基础资源。然而，西部地区存在严重的信息贫困问题。即使经过 30 多年的信息网络建设，在已经开通了广播网、电话网、电视网、互联网的情况下，信息贫困问题仍然严重，集中在西部地区、山区、边远地区，这是对外开放的瓶颈问题。努力让好品质讯息惠及每一个村寨，既是对外开放的基础条件，也是对外开放的行动内容。信息化时代的开放包容了所有其他形式开放的内容，推动内陆地区迅速转入信息空间开放形态。

**1. 内陆地区信息化建设成就巨大，同时存在信息贫困**

"村村通工程"是西部农村信息化建设标志性工程。边远地区开始融进现代文明社会。"村村通工程"是村村通电话工程的简称，工程从 2004 年 1 月启动，2005 年底实现全国行政村通电话比例达到 97.1%，2006 年年底达到 98.6%。截至 2010 年，全国行政村做到了村村通电话，具有 20 户以上自然村通电话比例达到 94%，全国 100% 乡镇能上网，其中 99% 的乡镇和 80% 的行政村基本具备宽带接入能力，全国近一半乡镇建成信息服务站，基本形成县、乡、村三级信息服务体系，建成"农信通""信息田园""金农通"等全国性农村综合信息服务平台，涉农互联网站近 2 万个。农村通信条件发生了根本性变化，为对外开放事业奠定了通信基础。

"村村通电话"工程的实施，实现了"一线联世界""一键定商机""一声唤亲人""一屏看世界"，改变了农村通信情况，缩小了城乡差别和"数字鸿沟"，促进了农业增产、农民增收、农村繁荣和农民生活质量提高，为加强农村社会建设、提高农民文化素质发挥了积极作用。2005 ~ 2010 年五年中，用于农村通信事业建设的直接投资累计达 500 亿元人民币，其中，中央财政补贴 15.5 亿元，地方财政补贴 4 亿元，电信企业自筹资金约 480 亿元，为全国信息服务一体化做出了巨大贡献（工业和信息化部颁布指标）①。

虽然农村信息化硬件基础已经建立，技术系统逐步完善，解决了从无到有的问题，正在积极改善网络性能提高问题。但是仍然无法掩饰"信息贫困"问题，无论是信息的生产，还是信息消费、信息质量、信息密度都存在信息贫困。西部与东部地区相比差异甚大、农村与城市相比差异甚大，这种"信息贫困"差异在老百姓日常生活中点点滴滴都能表现出来。例如，手持移动电话（手机）全国几乎已经普及，但是，每个人的使用频率大有不同，每个月的电话费，就是信息消费的重要指标，西部地区和农村地区个人电话费消费很低。再例如，手机上网全国几乎已经普及，但是，每个人浏览的内容大有不同，有些人关注新闻，有些人感兴趣花边消息。再例如，有些人主动打电话多，有些人被动接电话多，主动打电话在创造信息，被动接电话在消费信息，这些生活小景都透析出来信息对每个人利用情况。西部地区信息贫困是不争的事实。

**2. 西部地区信息贫困程度较高**

就区域性而言，在西部地区、山区、边远地区，其信息贫困程度较其他地区严重。

---

① 工业和信息化部副部长奚国华在全国村村通电话工程"十一五"总结暨"十二五"启动大会讲话，乌鲁木齐市，2011 年 4 月 25 ~ 26 日。

一是信息生产性贫困。即：信息产出数量少、质量低、应用范围窄。由于西部地区自然状况原因，地区内部主要生产领域是从事农业和牧业，生产方式简单粗放，人口密度低，居住分散，区内交往的领域仅仅局限于农牧区生产和生活，区内信息数量少，信息质量简单，信息应用领域狭窄。

二是信息传播性贫困。即：信息传播数量少、信息传播速度慢、信息扩散范围窄。一方面，区内信息传播不到外地去；另一方面，外地信息传播不到区内来。信息传播在数量、速度和范围都受到局限，也使得区内信息失去鲜活力，失去应有的应用价值。

三是信息利用性贫困。即：信息使用效率低，信息的产生与利用简单。信息在传播和利用的过程中具有放大效应和扩散效应，可以产生超过信息自身价值以外的价值，可以让信息的生产者、传播者和使用者都同时受益。但是，由于西部地区本来就存在信息生产性贫困和信息传播性贫困，必然导致存在信息的利用性贫困，利用信息可以产生其应该具有的价值，包括经济价值和社会价值，通过市场经济活动来实现这些价值，然而这些活动都没用充分表现出来。信息的利用性贫困发生了。

**3. 西部地区信息贫困的放大与衍射①**

信息贫困的发生和演变是由三种力量相互作用、共同促进的。"信息生产性贫困"、"信息传播性贫困"和"信息利用性贫困"，这"三种力量"呈正反馈态势，互相增加，彼此放大。

首先，信息生产性贫困导致信息传播性贫困和信息利用性贫困。由于本地缺乏创造新信息的能力，大量新鲜的信息不能及时生产出来，使得信息传播手段简单，信息传播发散速度慢，信息新鲜程度难以保证，使得信息利用效率减低。

其次，信息传播性贫困导致信息生产性贫困和信息利用性贫困。信息是有时间性的，度量信息价值的重要指标就是时间，俗话说"过时不候"就是指时间价值。由于本地区信息传播方式简单，信息传播手段有限，信息流通和扩散通的慢、通的少、通的差，必然导致信息利用效果差，丧失了大量商机，也必然制约新信息的产生。

最后，信息利用性贫困导致信息生产性贫困和信息传播性贫困。信息

---

① 衍射（英语：diffraction，物理学概念）是指波遇到障碍物时偏离原来直线传播的物理现象。光的传播具有衍射性，光不仅会沿直线传播、折射和反射，还能够以第四种方式传播，即通过衍射的形式传播。

的价值在于利用，在于将信息投放到社会生产中产生社会经济产品，如果信息没有被充分利用，信息就失去价值，信息只可能是消息，而不是情报。由于西部地区生产力水平有限，产业结构单一，主要产业门类限于对农产品、畜产品、矿产品的粗加工，处于产业链低端，因此对社会上大量信息反应并不敏感，这些信息并没有发挥刺激作用和引导作用，必然出现信息利用性贫困，反过来，实践中对信息"无价值处理"，也挫伤了信息生产和信息传播，导致信息生产性贫困和信息传播性贫困。

**4. 信息贫困导致社会封闭、生产落后、经济低下和生活贫困**

信息贫困已经成为西部地区贫困的首要症候。信息贫困产生的放大效应和衍射效应渗透到了整个社会生活和经济生活的各个方面，极大制约了发展，导致经济贫困；反过来，发展落后、经济贫困也加强了信息贫困。

信息贫困的直接结果就是社会封闭。区内外信息交流甚少，社会成员只能生活在特定的小圈子里，无法吸收各种进步思想，无法并蓄各种人类文明，无法知晓现代科技成果，必然导致思想僵化、思维固执、心态内向，社会生活处于封闭或半封闭状态。

信息贫困的直接结果就是生产落后。区内自我循环，生产要素移动距离短，局限于一个小小范围，配置效率低下，简单再生产，产业结构单一，生产手段简单，无法使用现代化的装备、参与大范围生产分工、形成大规模生产性组织，呈现区内生产结构落后、装备落后、方式落后、管理落后。

信息贫困的直接结果就是经济低下。由于社会生产水平低，又限于区内循环，区外生产与区内生产不能有效对接，无法大范围配置生产力和生产要素，无法创造高生产率和高产出率，导致区内财富积累数量少、积累速度慢，社会基础设施建设受到制约，经济水平低下。

信息贫困的直接结果就是百姓生活贫困。由于信息贫困已经造成了社会封闭、生产落后、经济低下，也必然造成当地老百姓收入少、财富少、生活贫困。

历史和现实都已经证明，信息贫困是造成西部地区现代贫困的根本原因之一。改变信息贫困是改变西部贫困的"金钥匙"。改变信息贫困的过程就是实施区域开放的过程，信息畅通了，中西部地区才能与世界联网，融入现代文明，才能在全产业链配置生产力，提高经济发展水平，才能使当地老百姓脱贫致富。

**5. 提高信息生产、传递和消费水平**

解决信息贫困问题需要提高信息消费水平。提高信息品质，增加信息价值，减少信息不对称。信息是资源，如果享受信息的情况一致，可以认为信息对称；如果享受信息的情况不一致，可以认为信息不对称。在社会经济活动中，"信息不对称"是指人们对有关信息了解有差异；掌握信息比较充分的人群，处于有利地位，信息贫乏的人群，处于不利地位。市场经济活动中，各种各样的信息弥漫在市场空间，商机往往以信息形式表现出来，无论是投资情报、价格情报，还是政策出台、规章确立，市场活动主体掌握信息的时间是超前还是滞后，掌握信息的程度是充分还是不充分、是完整还是局部都对决策产生影响。信息不对称情况，会造成信息贫困者在市场竞争中处于不利地位，甚至失去决策依据，失去发展方向，避免信息不对称是经济主体在市场活动中的重要战略行动。信息不对称情况说明信息传递的重要性，人与人之间需要沟通与对话，相互传递信息，交易双方才能取得交易成功，自由市场机制才能有效发挥作用，防止出现市场失灵。建立完善的通信系统有助于减少信息不对称情况，有利于充分利用社会经济各种信息。

广大中西部地区山高路险，荒漠戈壁、草原森林、崇山峻岭、冰川雨林，有些地方交通十分不便，如何与外界沟通联系，如何融入到现代文明之中，唯一可以依靠的就是通信，建立现代通信网络平台对于西部地区至关重要。

当代信息传递方式更加现代化，信息形式多样化了，有声音、语言、图书、文字、图形、影音、电子信息等。信息传输的手段也多样化了，有邮寄、运输、电话、电报等。现代社会信息传递的方式是以信息电子化和传输网络化为特征的，传输方式有：纸张通信传输，如书信、报纸等；有线通信传输，如电话、传真、电报、电视等；无线通信传输，如对讲机、寻呼机、移动电话、收音机等；数字通信传输，互联网电脑、数字电视、手机无线网络、移动互联网等。

信息电子化和传输网络化构成信息平台，具有以下特点：即时性、快速性；覆盖面积广，信息可以立体覆盖，享用的人员多；传输容量大，单位时间内可以传输大量数据和信息；信息交互，发送信息与接收信息者可以同时互动；网络化，形成多种传递方式互联互通。信息的功能和价值改变信息资源禀赋，促成区域经济发展差异。

信息通了就是开放，信息不通就是封闭，"通"与"不通"就是"开"与"不开"的关系。信息是流动的，是实时变化的，信息是情报，信息是商机，信息是情况的具体描述。信息通、情况明、商机有、发展快，通信讲究的是真、准、快、灵，信息才能活起来，信息才有价值。中西部地区信息贫困，急需通信现代化，只有通信通了才能代表开放，只有通信通了才能促进开放。

**6. 在信息空间开放中让好品质讯息惠及每一个村寨**

推进西部开放，必须着力解决西部信息贫困问题。

一是继续加强现代通信系统"硬件"建设。扩充带宽，加快传输速度，增加覆盖广度，尽可能覆盖所有乡村，覆盖道路沿线。提高城市"信息高速公路"建设水平，加快"三网合一"（电话网、电视网、互联网）。统一铁塔资源共用系统建设，公共信息资源统一使用，减少同业不良竞争，降低通信资费。

二是加强现代通信系统"软件"建设。规范公共信息系统建设，精化网络空间，加强移动互联网管理，加强公共信息平台建设。建立信息等级筛分制度，建立特色网站，功能分工，防止公共网络信息同质化。杜绝不良信息上网，反对新闻媒体将个人不良信息上网。网络平台资源应该彰显正面信息，传播知识、发布政策、新闻资讯、健身保健等正面信息。加强网管部门工作，不断创新技术，提高管理水平，及时屏蔽不良信息，遏制有害信息，打击制作传播有害信息的人和事，净化网络空间，传播正能量。

三是鼓励积极使用信息。听广播、看电视、打电话、上网等方式都是信息现代化的方式，"一键"就可以沟通世界，听、看、读、写传递资讯沟通信息非常方便。海量的信息资源目不暇接，形成了大数据，生产信息、加工信息、传播信息、消费信息更加频繁。信息资源分享，信息跨越大山大河，成为西部边远地区对外开放的最直接方式，闭塞的小山村融入了大世界。以人和物的流动为主要方式的古典开放形态，被以信息交流为主要方式的现代开放形态所取代，出现了信息空间开放形态。迅速转入信息空间开放形态，利用信息平台让每一个村寨都能融入到现代社会中来，分享公共资讯，建立起来 C2P 模式（公共与个人）、P2C 模式（个人与公共）和 P2P 模式（个人与个人），扩大信息消费能力，增强信息生产能力。让信息开放成为撬动其他领域开放的杠杆。

## 4.1.2 道路延伸到最后一千米

改善中西部地区交通状况的过程就是实施开放的过程，路通了才能实现货物流动和人员流动，才能实现区内与区外沟通和联系。建设现代交通网络系统，东、中、西部地区需要协调协同发展，彼此互联互通，对于中部和西部地区而言，主要集中在公路（特别是高速公路）网络系统建设、铁路（特别是高速铁路）网络系统建设和民航网络系统建设。这三个网络建设需要大量投资，需要长时间投资，困难颇多，任务艰巨。主要解决三个方面问题：区内与区外的联通问题、区内大城市与中小城镇联通问题以及农村通路建设问题。

**1. 建设公路、铁路和民航三网联动的大路网系统**

促成道路畅通，要集中解决两个大问题——"路通"和"路畅"。一方面解决"路通"，使村村寨寨都通路，把道路延伸到最后一千米，扫尽盲区，实现道路全国覆盖。另一个方面解决"路畅"，织密中心城市（地区）之间的路网密度，主要指省会级城市之间，以及省会级城市与地区级城市之间的路网密度，将公路网、高速公路网、铁路网、高速铁路网、民航网彼此之间互补，公路、铁路和民航三网联动，发挥各自优势。

**2. 优先发展西部地区公路网络**

公路运输仍然是中西部地区的主要运输方式，当前和今后时期公路建设重点是落实好国家有关路网建设规划。骨干公路应当以高速公路为主要形式，路网并入到国家大网络体系中，形成区内与区外联通的基本路网。

将内陆地区融入到国家规划建设的 12 条长 35 000 千米"五纵七横"国道主干线中来，联通到国内重要城市、工业中心、交通枢纽和主要陆路口岸，连接所有 100 万以上人口的城市和绝大多数 50 万以上人口的中等城市，建成高等级公路（高速、一级、二级公路）国道主干线系统。大都市与中小城镇路路联通，省区内联通主要建设国道、省道、县道、乡道以及村道，将骨干网与分支网连接起来，做到"村村通公路""乡乡有大道"。优化路网配置，合理安排建设，尽可能提高公路建设等级，提高公路质量，为长远发展超前设计、超前建设，为支撑后来的经济发展奠定基础。

发挥基础设施建设投资乘数效应，拉动区域内公路运输行业以及相关行业发展。主要体现在方便运输、快捷运输，节省运输时间，提高交通运输安全性，减少公路交通运输成本，优化区域产业结构，促进区域经济空间合理布局，促进区域经济之间相互联系。

**3. 增强中部地区铁路枢纽辐射力**

至 2013 年 12 月 29 日，全国铁路营运里程突破 10 万千米①，其中时

---

① 人民日报，2013 年 12 月 29 日，第二版。

速 120 千米及以上线路超过 4 万千米，时速 160 千米线路超过 2 万千米。在铁路网图中，西部地区铁路由 20 世纪 50 年代不足 1 000 千米跃升到 3.8 万千米，在全国路网中比重上升到 36.9%。2013 年，中国高速铁路总营业里程达到 11 028 千米[①]，在建高速铁路规模 1.2 万千米，成为世界上高速铁路投产运营里程最长、在建规模最大的国家。但是，西部地区仍然是铁路覆盖密度最小、运营里程最短的地区。

分析各个省会之间铁路列车开行情况（2013 年指标），自东部三大中心城市北京、广州、上海开往中西部省会城市日铁路班次总数排序，频次高低顺序呈现为：郑州、长沙、武汉、合肥、南昌、西安、太原、兰州、呼和浩特、重庆、贵阳、成都、南宁、昆明、银川、西宁、乌鲁木齐、拉萨依次递减趋势。开往郑州、长沙、武汉三地的每日铁路班次总和，是余下的 15 个省会城市日铁路班次总和的 1.5 倍多。

自中西部省会城市开往北京、广州、上海日铁路班次总数排列，频次高低顺序呈现为：长沙、武汉、郑州、合肥、西安、南昌、太原、呼和浩特、重庆、贵阳、兰州、成都、南宁、昆明、银川、西宁、乌鲁木齐、拉萨的递减趋势。同样，由郑州、长沙、武汉始发的铁路班次数量也是余下的 15 个省会城市铁路班次的 1.4 倍多。

由铁路运输班次总数的升序排列来看，中部城市长沙、武汉、郑州三地的铁路运输密度较高且稳定，其绝对数据为：日出站 131，128，110；日进站 127，125，75；西部城市中西安、呼和浩特、重庆三地的铁路运输密度较高且稳定，其绝对数据为：日出站 28，17，16；日进站 29，17，16，其指标远低于中部城市日铁路班次数量。

由此可以证明：中部地区已经成为全国铁路交通枢纽，铁路运输在中部地区发挥重要作用，形成以中部地区为骨架，辐射全国的铁路网络，有利于改善路网布局，提高运输效率。特别是开通高速铁路，可以通过郑州、武汉、长沙、沈阳形成枢纽城市；带动沿线地区，连通南北、辐射东西，有力提高路网畅通能力。

### 4.1.3 多渠道筹措农村修路资金

道路建设农村是短板，缺少建设资金是短板中的短板。西部地区和边

---

① 新华社，国际在线消息 2014 年 3 月 5 日报道。

远山区，农村公路等级低、路网通达深度不够、行车条件差、断头路多、交通不畅、交通闭塞，不通公路的地方仍然存在。修路困难的主要原因是：资金短缺、筹措困难、分布不均衡、过度依赖国家投入、地方资金供给能力弱，转移支付资金供给缓慢，村集体投资能力不足。

2010 年以前修路资金来源主要是国家投资，地方自筹资金、银行贷款，以及民间资金四种渠道。骨干道路多半是由国家投资兴建（中央财政专项资金、财政预算内资金、用于扶贫的"以工代赈"资金）。支线道路有些是国家投资，大部分是地方自筹资金，地方交通部门资金和地方财政资金。地方财政资金又包括两部分，地方财政拨款和地方财政专项资金。地方财政拨款中主要包括各级政府的财政预算内资金。对于农村公路建设而言，预算内资金占据了重要份额。地方财政专项资金是指由国债安排的分配给地方财政使用，由地方政府负责偿还的资金。农村道路修建银行贷款为多（利用外资和国内银行贷款，国内贷款主要由政策性银行提供）。

资金难题长期困扰农村公路建设，谁来出钱修路，怎样收回投资成本，长期以来都没有很好解决。现在看来需要拓宽资金渠道，多种办法解决资金不足问题，采用"上下投资组合"和"内外投资组合"，投资主体多元化，投资方式多元化。

**1. 改善资金供给宏观政策**

增加政府财政投入。道路建设初始时期需要国家资金投入，社会资本难以成为农村公路建设的主要资金来源，中央政府安排投资公路建设的车辆购置税时，加大对西部地区公路建设支持力度，大幅度提高投资比重，加大对筹资能力低的边疆省区的投入（青海、西藏等地区）。

实行优惠贷款政策。国家对西部地区公路建设融资活动应给予优惠政策。国家开发银行的政策性贷款以及国际金融组织贷款和外国政府贷款优先安排在西部地区；优先安排公路建设债券发行，优先安排西部地区资金使用。国家政策性银行适当放宽西部地区建设专用资金贷款评审条件，增加贷款份额，延长贷款使用时间（由 15 年延长至 20 年），降低贷款利率（低于世界银行贷款利息或低于亚洲开发银行贷款利息），对于商业银行贷款，中央财政适当贴息。国家有关部门政策引导国际金融组织和外国政府优惠贷款优先投入西部地区。使用积极的财政政策和货币政策，中央基本建设投资资金、长期建设国债资金等资金项目，适当增加比例用于西部地区，增加中央财政对西部地区一般性转移支付和专项资金补助。

成立西部公路交通基础设施投资基金。优先使用债券，发行全国公路建设债券，钱主要用于西部公路交通建设。对于安排到西部地区农村公路建设的财政债券全部作为国家资本金投入，不再还本付息。捆绑使用专项资金，国家拨付以工代赈资金，在近几年内重点用于西部公路建设，特别是贫困、民族地区的通道建设（如青海、西藏等地区），并提高公路建设补助标准。继续实行东部地区与西部地区对口帮扶。

**2. 改善资金供给地方政策**

用资源建设公路。开矿就需要行路，路通才能开矿，从资源开发收入中征收公路建设附加费，中西部广大农村地区矿产资源丰富，干线公路通达不到的山区、边远地区，县、乡支线路为主的农村，从资源开发收入中征收。公路建设附加费专项用于农村公路建设，将资源开发与公路建设捆绑在一起，"用资源建公路，用公路运资源"，增加农村公路建设投入。

公路收费"大路带小路"。西部地区尚未取消二级公路收费，可以采取"大路带小路"的办法获取资金。一种办法是将重点干线公路或收费公路与一条农村公路捆绑在一起进行收费权转让，农村公路作为整体的一部分进行整体评估，评估后确定收费权转让费中包括对一条农村公路在一定期限内建设和养护费用。另一种办法是收费还贷完毕的干线公路，适当延长收费期限，其收入用于补助农村公路建设和养护。

财政增加投资用于农村修路。各级财政应当安排一定资金用于农村公路建设。例如：自 2000~2008 年，青海省农村公路建设总投资 136.73 亿元，其中，中央投资为 59.75 亿元，占 43.72%；省交通厅补助投资 57.65 亿元，占 42.16%；地方和群众"投工投劳"形成资金 19.33 亿元，占 14.12%。这一做法缓解了资金压力。

动员非政府力量修路。鼓励社会各方集资、出款修建农村公路。有钱出钱，有力出力，有技术出技术，有设备出设备。鼓励公民、法人和其他组织（公路沿线受益单位和扶贫挂钩单位）以多种方式支援农村公路发展。允许以农村公路冠名权、路边土地和其他资源开发权、路边绿化权等方式融资，用于农村公路建设和养护。

罚没款收入用于修路。专项使用重车使用税和超载罚款收入用于修路。车辆超载问题必须严加管控，罚没款专用。高速公路施工路段附近的农村公路，公路上"超重"车辆（实际承载能力或轴重超过标准轴重的车辆）增多，对道路危害十分严重，必须严加管控。罚款是强迫遵守交通规则，罚款用于修路。

发行债券融资。政府可以通过发行债券来筹集资金，用于农村公路建设。

### 3. 利用民间资金修路

本着"谁投资，谁受益"的原则，动员民间力量修路。西部地区农村公路除二级以上可以进行收费还贷方式外，三、四级农村公路建成后如何进行投资偿还，是一个迫切需要解决的问题。可以兼顾投资者利益，给予适当政策。如地方税收优惠，对投资建设农村公路项目的业主，根据不同情况，经营期内实行不同的所得税、营业税等税收优惠政策，从优从宽征收地方税；"以地换路"或"以资源换路"，即对不具备收费条件或经济效益低的公路项目，可以将道路两旁的开发用地和资源或适宜开发的城镇土地和资源，优先、优惠供应给公路建设投资商开发使用，允许投资者在公路两侧适当的地方，划出一块土地，让其经营地产、加油站、餐饮业等第三产业，进行综合开发，或以优惠价格划拨给投资者与农村公路造价相适应的城镇土地，供其开发作为投资补偿。

### 4. 利用国外资金融资

利用外资修路，争取国际组织和发达国家援助性项目，包含农村公路建设资金，政府相关部门及民间公益组织，与世界银行、亚洲开发银行、联合国开发计划署以及其他国际组织合作，拓宽农村公路建设的低成本资金来源渠道。世界银行贷款项目是国家一揽子工程进行贷款，再转贷给地方。农村修路世界银行只负责提供项目工程费的35%，其余65%以及征地、拆迁等前期工作费用均由国内承担，所以要落实好项目配套资金。

### 5. 发行农村公路建设彩票

探索发行农村修路彩票方式，考虑到公路建设和体育、福利等事业相比，也带有公益性质，发行农村公路建设彩票，既可以像福利彩票和体育彩票那样为农村公路建设筹集资金，又没有发行债券、银行贷款、吸收民营资本等融资方式所面临的还本付息或获取经济回报的压力。如果发行300亿元农村公路建设彩票，扣除发行费用和返还奖励部分至少能筹集到150亿元，用于西部农村公路建设，可以作为一种筹资的创新方式进行试点。

## 4.1.4 织密空中航线网

机场是外开放的重要窗口，航线是对外开放的空中之路，有没有窗口，有没有空中之路，空中之路通往何处，路网密度如何，这些都是对外开放的重要指标。

根据国家民航总局发展计划司资料，截至 2013 年末，中国境内民用航空（颁证）机场共有 193 个①，其中，定期航班通航机场 190 个，定期航班通航城市 188 个。全国各地区机场旅客吞吐量分布：华北地区占比 16.9%，东北地区占比 6.3%，华东地区占比 29.1%，中南地区占比 24.0%，西南地区占比 15.6%，西北地区占比 5.5%，新疆地区占比 2.6%。全国各地区机场货物运输吞吐量分布：华北地区占比 18.0%，东北地区占比 3.5%，华东地区占比 24.5%，西南地区占比 9.6%，西北地区占比 2.2%，新疆地区占比 1.3%。截至 2015 年年末，国内机场网点已到达 244 个（包括在建机场）。

**1. 机场资源分布情况分析**

从机场分布数量、旅客吞吐量、货物吞吐量三个参数指标的分布情况可以看出，空港资源分布表现为明显的非均衡状况，西部地区仍然处于弱势地位。

根据国家民航局 2013 年全国民航机场生产统计公报②：自 2008 年以来民航机场客运吞吐量逐年增长，2008 年为 4.06 亿人次，2009 年为 4.86 亿人次，2010 年为 5.64 亿人次，2011 年为 6.21 亿人次，2012 年为 6.80 亿人次，2013 年为 7.54 亿人次。其中，2012 年航空吞吐量东部地区为 3.89 亿人次，占比 57.21%，东北地区为 0.43 亿人次，占比 6.32%；中部地区为 0.67 亿人次，占比 9.85%；西部地区为 1.81 亿人次，占比 26.62%（见图 4 – 1 和图 4 – 2）。

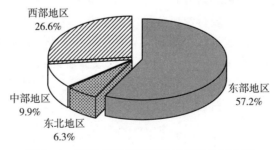

**图 4 – 1　2012 年机场旅客吞吐量按地区分布**

①② 中国民航报，2014 年 3 月 28 日，第 3 版。

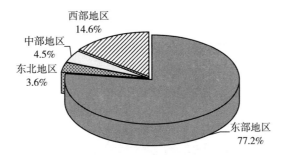

图 4-2　2012 年机场货物吞吐量地区分布

**2. 国内航线资源分布情况分析**

2012 年 7 月中旬的周航班数据显示，从北京、广州、上海飞往中部 6 省以及西部 12 省区省会城市的航班数分别为 4 853 次、3 909 次、4 227 次，共计 12 989 次；自中部 6 省、西部 12 省区的省会城市飞往北京、广州、上海的航班数分别为 5 280 次、4 079 次、4 321 次，共计 13 680 次。北京上海广州往返于中西部省会城市的航班次数表现为：北京 > 上海 > 广州。

从详细数据（航班总数）的升序排列来看，由北京、广州、上海出港飞往中西部省会城市的航班架次升序：成都、西安、重庆、昆明、长沙、武汉、乌鲁木齐、南昌、郑州、贵阳、南宁、银川、太原、呼和浩特、合肥、兰州、西宁、拉萨依次序递减趋势（见图 4-3）。

由中西部省会城市飞往北京、广州、上海的航班架次升序：成都、西安、重庆、昆明、长沙、武汉、乌鲁木齐、南昌、贵阳、郑州、南宁、银川、兰州、呼和浩特、合肥、太原、西宁、拉萨依次序递减趋势。

由航班班次总数升序排列显示来看，西部城市成都、西安、重庆的航班总数稳居前三，其绝对数据分别为：出港 1 325，1 188，1 127；进港 1 334，1 201，1 143，中部省会城市长沙、武汉、南昌的周航班总数位居前三位，其绝对数据分别为：出港 827，809，741；进港 861，810，714。远低于西部三城的绝对数量（见图 4-4）。

**3. 国际航线资源分布情况分析**

中西部地区省会城市（国际机场）离港国际航线（含中国港澳台地区）共计 374 条（2015 年底数据），分布情况：成都 50 条，武汉 37 条，重庆 30 条，南宁 27 条，西安 26 条，长沙 26 条，乌鲁木齐 25 条。沈阳

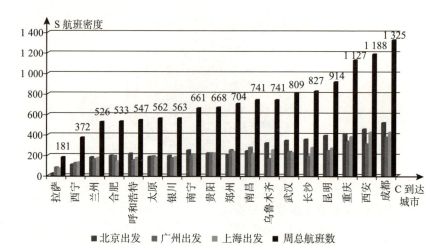

**图4-3　北京、上海、广州飞中西部地区省会城市航班密度分析**

注：根据北上广飞往中西部省会城市航班架次实际数据采集整理绘制，2012年7月23日。

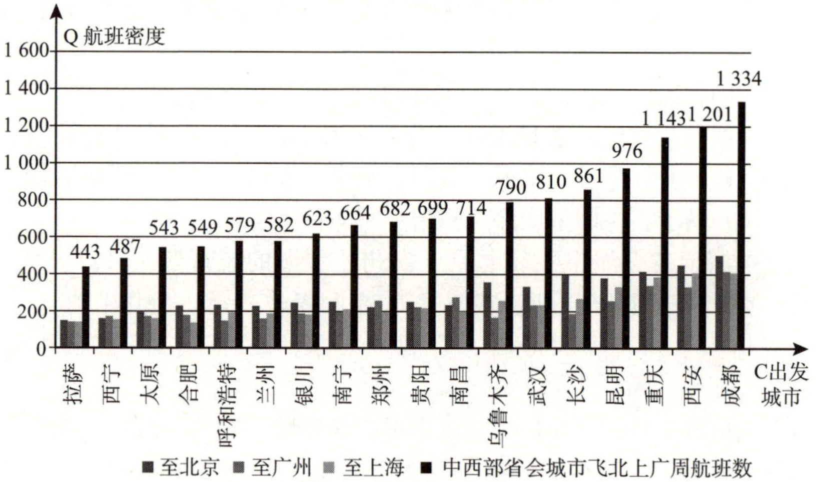

**图4-4　中西部地区省会城市飞往北京上海广州航班密度分析**

注：根据中西部省会城市飞往北上广的航班架次实际数据整理绘制，2012年7月23日。

24条，哈尔滨22条，郑州21条，贵阳15条，长春12条，兰州11条，合肥11条，太原11条，银川9条，南昌8条，呼和浩特4条，西宁4条，拉萨1条。

北京首都机场离港国际航线（含港澳台地区）共计140条，上海浦东机场离港国际航线共计115条，广州白云机场离港国际航线共计76条，三座机场的国际航线资源共计 331 条，几乎相当于其他机场国际航线资源的总和。

通过上述分析可以看出，无论是机场密度，还是航线资源密度，都呈现严重非均衡，特别是国际航线资源分布，几乎都集中于国际枢纽机场，地面辐射半径均在 1 000 千米左右。需要加大中西部地区机场航线密度。

**4. 未来时期新机场资源分布分析与建议**

西部地区地形复杂，山高沟深，修路肯定桥涵很多，修建高速公路和高速铁路的成本很高。所以，建设支线机场就非常重要，在铁路网无法覆盖的中西部边远地区，交通方式的基本结构应该是以公路和民航为主，民航事业尤为重要，直线机场建设具有战略意义。

北方机场群。将北京首都机场建设成为具有国际竞争力的国际枢纽机场，新建北京新机场（第二机场）。发挥哈尔滨、沈阳、大连、天津机场的区域枢纽作用，培育哈尔滨机场成为东北亚地区门户功能。发挥石家庄、太原、呼和浩特、长春等机场区域骨干作用。发展漠河、大庆、二连浩特等支线机场，新增边境地区支线机场。

华东机场群。培育上海浦东机场成为具有国际竞争力的国际枢纽机场。发展上海虹桥、杭州、南京、厦门、青岛等区域枢纽机场，服务于"长三角"地区、海西地区和山东半岛区。发挥济南、福州、南昌、合肥等机场区域骨干作用，新增旅游景区支线机场。培育青岛机场为日韩地区门户机场。

中南机场群。培育广州机场成为具有国际竞争力的国际枢纽机场。完善深圳、武汉、郑州、长沙、南宁、海口等机场区域枢纽功能，服务于"珠三角"地区、华中地区、广西地区、海南地区，增强三亚、桂林等旅游机场功能，发展地级城市支线机场。

西南机场群。强化成都、重庆、昆明机场的区域枢纽机场功能，培育昆明机场面向东南亚、南亚地区的门户机场。提升拉萨、贵阳等机场的骨干功能。新增重要节点地区支线机场。

西北机场群。强化西安、乌鲁木齐机场区域枢纽机场，服务于西北地区。培育乌鲁木齐机场为西亚、中亚地区的门户机场。提升兰州、银川、西宁等机场区域骨干功能。加快建设新疆地区支线机场。

增加航班和航线密度，调整飞行时间。一方面要增加对等飞行的航点，例如：北京飞往拉萨之间，无锡飞往佳木斯之间等，尽量减少航点盲区。另一方面，增加航班密度，两个航点之间（同一个航线），增减航班次数，一天一班，增加到两班或更多。同时，需要调整直线机场的航班时间，不要都安排的早上或者夜里飞行，选择合适的时间段，合理分配起飞时间。设计飞行计划需要科学设计，科学调配。

对于不赚钱的航线，航空公司要不要安排飞行，的确是个难题；支线机场不赚钱要不要建，的确也是个难题。要么航空航空公司赔钱，要么地方政府赔钱。

本书认为：机场建设是战略事件，不能仅仅单一考虑经济问题。

一是美国只有 3 亿多人口，有 1 万多个机场；中国有 13 个亿人口，才有 240 多个机场，相比之下，中国的机场不是多了，而是太少了。需要继续建设机场。

二是高速公路、高速铁路和民航，三个网络是互补的，不是互斥的。活动半径 200 千米以内、高速公路最为方便；活动半径 600 千米范围内，高速铁路最为方便；活动半径 600 千米以上，飞机最为方便。

三是机场经济是全方位的经济体，除了促进经济发展，还促进社会进步，文明提高，有直接效益，也有间接效益；有显性效益，也有隐性效益；有短期效益，还有长期效益；有机场效益，还有周边效益；有平时效益，还有战时效益，机场建设是战略行为。

四是机场的功能可以多元化，既可以作为民用机场，还可以作为军用机场；既可以作为平时的商业性飞行之用，还可以作为训练机场、备用机场、物流枢纽之用。

因此，建设机场对于当地发展是极为重要的事件，发挥积极的促进作用。

## 4.2　创建内陆都市经济增长极带动开放

城市是区域的经济中心、交通枢纽、政治中心和文化中心，经济学家佩鲁和布代维尔把城市看成区域经济的"增长极"，具有汇聚资源的能力，具有创造局部大市场的能力，形成"极化作用"和"扩散作用"。中国东部地区改革开放事业是以经济特区建设（深圳、珠海、汕头、厦门）和 14 个沿海城市开放来带动的，分别是大连、秦皇岛、天津、烟台、青岛、连云港、南通、上海、宁波、温州、福州、广州、湛江和北海，说明城市开放是地区开放的龙头，只要城市开放，城市所在地区开放的大门就打开了。因此，中西部地区的开放改革事业也将会如此，只要中西部地区的城市开放，这些城市所在地区开放的大门也就打开了。新的开放战略需要创建内陆地区都市经济"增长极"带动中西部地区开放。

创建内陆地区都市经济"增长极"带动中西部地区开放。

一是中西部地区远离出海口，特别西部地区距离东部最近的沿海口岸也要 1 000 千米以上，远远超过了沿海口岸 370 千米的辐射范围，利用效率受到严重影响，远远不及东部沿海地区具有优势。

二是内陆地区本身人口众多，有条件形成相对独立的大市场，形成相对独立的市场群落，支持本地产业发展，形成以城市为中心的产业布局结构，形成以城市为中心的区域市场空间结构，促进城市化建设，促进市场体系建设。

三是通过现代交通网络和现代通讯网络将各个相对独立的大市场联通起来，可以形成以中心城市为点，交通干线为路的网格化城市布局系统，形成系统化对外开放的大格局。将内陆地区和边疆地区包容到全国对外开放的大系统中来，形成整体开放格局包罗中西部地区协同东部地区，共同形成大开放态势。

## 4.2.1　都市经济功能与特征分析

区域经济发展，一方面需要生产要素在一定程度的空间集聚，才能形成专业化分工，社会联合化生产，才可以形成一定范围的基础设施条件；另一方面区域之间的相互作用力是人口与距离的函数，作用力与区域中人口的数量及密度成正比，与区域之间的距离成反比。因此，发展都市经济是现代区域经济的重要形态。都市经济具有增长极功能、规模经济功能和势力经济功能。

**1. 增长极功能**

都市对区域经济发挥"增长极"功能，具有"集聚功能"和"扩散功能"。一方面，都市如同一块巨大的"磁石"，吸纳、汇集、凝聚相当数量的流动资源于一地，凝聚流动资源密度，这些资源相互交织，人、财、物等生产要素相互荟萃、耦合、集成、回荡，产生了内部聚合反应，使社会分工细化，彼此互补，极大地提高了生产效率，产生了不同类别的经济组织形态和生产组织形态，为公民创造了大量就业岗位，提供了谋生和赚钱的机会，吸引了大量外地的人财物进入，反过来又加强了都市的吸纳力和汇集力。另一方面，都市也如同一个"水塔"，居高临下，具有强大的势能，向周边释放能量，释放生产出来的产品和劳务，输出资本和技术，联动周边产业发展，带动周边地区进步。都市经济影响力与都市内的人群数量成正比，与都市之间的距离成反比。作用力随着距离的远近而增减，距离越近作用力越强；距离越远作用力越弱。

城市之间的作用力函数关系表达式为：$T_{ij} = P_i P_j / d_{ij}$

$T_{ij}$ 为两个城市之间的作用力，$P_i$ 为 i 城市人口，$P_j$ 为 j 城市人口，$d_{ij}$ 为两座城市距离。

**2. 城市规模经济功能**

都市在一个特定的区域内汇集了大量生产力（工厂/公司），获得内部节约效应，降低内部管理成本，分摊广告费和非生产性支出，从而获得长期平均成本降低和劳动生产率提高的好处，从而取得生产性规模经济效应。同时，大量人口在一个地方居住，便于城市功能的布局和完备，包括基础设施建设和生活设施建设。例如，道路、桥梁、给排水、供电等，以及医院、学校、消防、银行、交通等，形成城市配备设施的规模经济效应。

由于：规模经济是产出量与成本的函数，$Fx = f(Q, C)$

则有：城市规模经济函数关系表达式：

$$C = F(P, Q, R, T)$$

C 为城市建设与运营综合成本，P 为城市生产性设施数量，Q 为城市生活性设施数量，R 为城市占地面积，T 为时间。

**3. 城市势力经济功能**

都市中汇集了大量社会组织，生产型组织、科研型组织、教育型组织、文化型组织、政府型组织、非政府型组织等，这些组织的社会影响力巨大，具有庞大的外溢效应，其影响力可以延伸到很远的地方，空间上远远超出本地区的物理边界，一个点的力量可以影响到一个片的力量，从而取得势力经济效应。同时，都市集中了大量高技术人才和高素质人口，具有一定范围的社会资源分配，具有通过市场机制动员社会资源的能力。因此，都市具有势力经济效应。

由于：势力经济是控制力与成本的函数，$Fx = f(P, C)$

则有：城市势力经济函数表达式：

$$P = f(C, R_2 / R_1)$$

C 为城市建设与运营综合成本，P 为城市影响力，$R_1$ 为城市占地面积，$R_2$ 为城市影响力覆盖面积。

**4. 增长极就是发展极，就是窗口，就是磁石，就是灯塔**

"增长极"理论强调区域经济非均衡发展，希望把有限的资源集中配置到发展潜力大、规模经济效益和势力经济效益明显的地区或者部门，使"增长极"的实力更加明显，与周边地区形成一个势差，并通过市场机制的传导机制引导整个地区发展。这对于欠发达的中西部地区在短时期内实现经济发展提供了一个行之有效的战略选择。

在国家财力有限的情况下，如果把有限的资源和资金投放到整个中西部地区平均分配，显然这样的想法可以理解，但是做法是不可行的，既不能解决根本问题，也不能解决全部问题，恐怕收效不尽如人意。如果将这些有限资源集中投放到发展潜力大、成长条件好、规模经济效益和势力经济效益明显的地区或者部门，则可以在中西部地区形成一个一个的"增长极"，然后再通过"极化效应"和"扩散效应"，使增长极地区与周边地区形成"势差"。优先发展"增长极"地区，形成"发展内核"，再带动周边落后地区进步，从而在短期内使这些欠发达地区发展起来。中西部地区缺少的就是这样的"发展内核"或者"增长极"，特别是纵深于内陆的西部地区更加需要这样的"发展内核"或"增长极"。

在西方工业化国家中具有建设都市"增长极"的成功案例。美国在开发西部地区时曾经制定了"增长中心战略"，在西进运动中，西太平洋沿岸形成了旧金山、洛杉矶、西雅图等增长极，带动了西部地区的发展。法国制定了"在经济薄弱地区发展中心计划"，带动了欠发达地区的发展。英国"企业区""科研—工业综合体园区"计划，带动了周边地区发展。

中国改革开放初期，东部沿海地区也是采用创建"增长极"拉动整体开放事业的，以深圳等为代表的经济特区建设就是范例，将深圳一个小渔村发展成为一个世界级大都市，带动了周边地区发展，东莞、惠州、珠海、中山、顺德、佛山等地区也相应成长起来，形成了整个珠江三角洲经济群。

**5. 中西部地区需要若干个大都市群**

内陆地区距离沿海地区一般都超过 500 千米以上，西部地区距离沿海地区更远，由于地区之间的相互影响力是与人口数量成正比，与相互距离成反比，西部地区直接接受东部沿海地区辐射力量较弱。因此，必须在区内形成以都市为代表的"发展内核"或者"增长极"。

首先，形成以大都市为内核的"核心区"，强化核心区的成长动力，扩大规模，创造出局部"内循环大市场"，启动消费经济，并通过市场机制传导作用，拉动本地区生产经济，提高本地企业的生产力，鼓励投资，形成本地产业群，建立基本工业基础，建立起区内供给和消费循环。鼓励城市建设，鼓励基本建设投资，扩大城市规模，完善城市生活体系，提高社会保障能力，形成都市生活综合体，创造服务业发展的产业空间，提高社会文明程度。

其次，大都市成长过程中，必然与周边地区互换能量，包括人、财、物的互换，生产与消费的互换，形成"极化效应"和"扩散效应"，带动周边地区的产业发展，带动周边地区人口就业和素质提高，并将这种作用由城市内核向周边蔓延、渗透、扩散。

最后，大都市周边地区呼应大都市的成长，生成资源供给区、产品消化区、产业配套区、企业关联区、生活保障区、宜居休闲区，从而创造出在周边地区投资的商机和题材，诱导都市投资外溢，发挥扩散效应，发挥势力经济影响力，带动周边地区发展。

让一部分地区先发展起来，再通过示范作用和带动作用，极化和影响周边地区。

## 4.2.2 形成都市经济条件分析

形成都市经济必须具备相应条件，首先应当有都市，然后才可以伴随生成都市经济，没有都市则都市经济就无从谈起了。生成都市的条件很多，包括自然条件和人工条件、"硬件"条件和"软件"条件、不可以改造的条件和可以改造的条件以及直接条件和间接条件等。而都市最大的特征就是人口聚集，人多才生成都市，人是第一要素，人口数量在空间聚集才生成都市。因此，生成都市经济的基本条件是地缘条件、资源条件、生态条件和人口条件。

### 1. 区位条件

都市是从"居住点"由小到大逐步演变而来的，形成都市内核的最早形态就是居住点。在古老的农耕社会里，人们为了找到适合居住生存的地方，都是选择生态条件好、土质肥沃、水源充沛、地势平坦的地方，基本上都是"依水而居"，靠近江河、大海。水，不仅仅生物物种生存繁衍所必需的，也是交通运输的主要道路，舟船是主要运输工具。居住点逐步演变成部落，部落逐步演变成村镇，逐步扩大，逐步演变成都市。

在现代社会，交通方式以公路、铁路、航空为主，而建设这些人造装备，自然地理条件、区位条件、地缘特征仍然是最重要的约束条件。中国古代部落选址就有"看风水"的习俗，这对古代时期城市选址影响很深，至今仍然在流传，可见区域条件多么重要。

**2. 城市规模效益**

城市规模就是城市的大小，衡量城市大小的指标一般有人口数量、空间面积、生产力水平等。城市规模多大为好？自古至今几乎所有的城市发展都不是提前设计好的，而是在发展中不断调整的、不断完善的，甚至还要经历荣辱兴衰的惨烈变迁过程，人们往往难以估计百年以后的事情，无法准确预测未来。虽然有很多理论来描述城市大小的设计，但是真正准确规划好建设好的城市案例并不多。例如，深圳作为中国最早设立的经济特区（城市），当时仅仅作为一个特区来考虑建设，边施工、边设计、边发展、边完善，根本没有想到会发展成为一个拥有 1 400 多万人口的都市，如今再从现代都市的要求来看深圳，城市落后了，基础设施落后了，难以支撑这座大都市的发展。这些情况说明，城市经济理论研究和实践研究都需要深入，需要完善理论、指导实践，在城市设计和城市建设过程中尽可能避免出现战略性错误。

中西部地区相对于东部地区而言人口密度较低，特别是西部边疆地区，地广人稀，在人口密度分界线以西地区（从东北的黑河到云南的腾冲直线），人口分布更加稀少。因此，西部地区城市规模不经济的问题表现出来了。实际上，城镇体系发育时间越长越成熟，不同规模的城市人口增长率相关系数就越大。根据城市首位优势生长模型，顶级城市作为区域增长极应首先增长，超前增长，并带动其他次级城市增长。经济学家戴哥（Diego，1996）认为："以交通运输成本、规模报酬递增、劳动力跨部门与地区流动等因素建立了一个数学模型，运算结果表明，人口具有向顶级城市优先集中的倾向"。[1] 因此，在西部地区扩大单一城市规模，提高人口相对集中度是必要的。只有单一城市规模足够大，城市基础设施建设才能相对完善，才能降低城市运营成本，提高城市管理水平。例如：机场建

---

[1]　魏后凯主编：《现代区域经济学》，经济管理出版社 2006 年版，第 323 页。

设、车站建设、影剧场馆、体育场馆、医院、银行、学校、城市交通体系、给排水系统建设、城市道路与交通系统等，在经济技术方面，这些系统的建设和使用都存在规模经济要求。

**3. 资源供给**

城市发展需要各种资源来维系，也需要资源来从事工业化生产，发展相关产业，这是两个需要——生活性需要和生产性需要。

将资源分为自然类资源和人工类资源。自然类资源就是出自于本地的各种天然资源，以及由天然资源加工出来的制成品，自然资源的具体形态包括水、燃料（煤、石油、天然气、太阳能等）、土地、矿物资源、农业资源、生物资源等。人工资源就是人类体力劳动和智力劳动形成的加工品，包括智力产品。人工资源具体形态包括：基础设施建设、交通、通信、资本、人才、信息、教育、管理制度与运行机制、法律、文化、习俗、宗教、理念等。

资源具有稀缺性，不会无限供给，也不会无穷供给。有些自然资源长途运输困难，运输成本很高，使用范围具有一定的地域限制，超过这个范围就不经济了。因此，城市选址必须基于这个限度，城市规模扩大也必须基于这个限度，超过了这个限度就会造成城市运行效率下降，甚至无法运行。

## 4.2.3 大都市经济圈建设

根据中国城市发展历史经验，根据全国人口分布的地理特点，以及未来可预期的时间内国家总体发展规划安排，中西部地区城市布局以及城市规模扩大的成长潜力来看，确立以省会级城市为局部区域发展中心（增长极）是可行的。并以省会级城市为地区中心（增长极）扩展城市群，建立卫星城，率先培植出区域经济增长极，再沿着骨干交通线向周边延伸，最终形成以中心城市为点，以交通干线为路而联通起来的网络结构布局。

根据区位条件、资源供给，以及城市规模效应来设计，中西部地区总体布局并发展七大城市群：西南城市群、西北城市群、东北城市群、中原城市群、华中城市群、新疆城市群、西藏城市群。

**1. 西南经济区及城市群建设**

西南经济区中心城市包括重庆、成都、昆明、贵阳、南宁。西南经济区地处西南地区，东起"第二台阶"边缘，西至"第三台阶"边缘，北自秦岭南坡、大巴山、武当山南麓，南至广西国际边界和云南国际边界，东西宽为东经 100 度～110 度之间，南北长为北纬 28 度～48 度之间，包括四川盆地和云贵高原。这一地区地处内陆，覆盖的行政省区市有：重庆、四川、云南、贵州、广西。这一地区人口数量多、密度大，具有足够强的市场吸纳能力和消费能力，相对完备的产业体系和丰富的自然资源、生态资源和农业资源，气候特点冬无严寒、夏无酷暑，古代时就称呼四川为"天府之国"，是区域大市场。将这一地区列为相对独立的战略经济区符合当地实际情况。

**2. 西北经济区及城市群建设**

西北经济区中心城市包括西安、兰州、西宁、银川、呼和浩特。西北经济区地处西北，远离沿海地区，东起山西省西部地区、河南省西部地区，西至甘肃省西部地区；北起中蒙边界线中段，南至四川北部地区、秦岭北坡。东西宽为东经 95 度～110 度，南北长为北纬 33 度～43 度，东起"第二台阶"边缘的吕梁山，西至甘肃敦煌，属于"第二台阶"范畴。覆盖的行政省区有内蒙古中西部、陕西、宁夏、甘肃、青海东中部，这一地区生态环境相近，自然资源丰富，产业门类齐全，地域文化和生活习性相近，具有西安、兰州、西宁、银川、呼和浩特、包头等城市群，完全有条件成为区域大市场，将这一地区列为相对独立的战略经济区符合当地实际情况。

**3. 东北经济区及城市群建设**

东北经济区中心城市包括沈阳、大连、哈尔滨、长春。东北经济区分布范围涵盖东北地区，涵盖的主要行政区包括辽宁、吉林、黑龙江三省地区，以及内蒙古东部地区。需要指出的是，辽宁濒临渤海，属于沿海经济地带，但是其地理位置处于北纬 40 度以上，冬季寒冷，其气候特点辽宁、吉林、黑龙江三个省区相近，因此将三个省区列为一个经济区范围，而且吉林和黑龙江两个地区其地理位置处于内陆，不在沿海线基线内纵深 300 千米覆盖的范围之内，其生态特点和经济特点与中部地区十分相近，具有中部内陆地区相近的属性，因此，又可以将吉林和黑龙江两省区列为中部地区的范畴。整个内蒙古地区是一个行政省区，即内蒙古自治区，由于内蒙古自治区地理面积走向东西呈狭长的地理分布，其气候特点处于北纬 50 度～40 度之间，西部地区接壤新疆、甘肃、陕西、宁夏，西北部接壤蒙古国，中部地区接壤陕西、河北，东部地区接壤东北三省区。因此，可以将内蒙古东部与吉林和黑龙江相接壤的区域，看成为整个东北经济区的范畴，是符合当地经济发展实际情况的，参照这样的发展战略定位将有利于当地经济发展。

**4. 中原经济区与城市群**

中原经济区中心城市是郑州。中原经济区地处中原，黄河流向呈东西走向，覆盖黄河以南，长江以北地区，东起山东西部和安徽西北部，西至陕西东部，北起山西南部，南至湖北北部，中心地域是河南省。

这个地区的生态环境、地域文化和经济基础不同于长江流域的华中地区，从过去长期实施的经济发展政策来看，中原地带被认为是属于华中经济区的范畴。国家实施"中部崛起"战略以来，中部各个省区都在思考本地区发展的地位和题材，在京广经济带上究竟哪座城市会成为经济中心呢？是武汉、郑州、长沙还是太原、合肥、南昌？给出回答最终还是要依据发展的结果。从地缘交通优势来看，处于京广经济带上的地区具有明显的地缘优势，因此，武汉、郑州、长沙三个位于京广经济带上的城市，要比没有位于这条经济带的城市（太原、合肥、南昌），具有更明显的地缘优势。

从地区地缘分布特点来看，太原距离北京较近，受到"京三角"经济区辐射明显，难以成为更大范围的独立的区域经济增长极。合肥和南昌距离上海较近，受到"长三角"经济区辐射明显，难以成为更大范围的独立的区域经济增长极。长沙距离广州较近，受到"珠三角"经济区辐射明显，难以成为更大范围的独立的区域经济增长极。而武汉和郑州距离"长三角""珠三角""京三角"三地都较远，难以直接接收三地的辐射，只能自己"自立自强""开荒辟地""另立门户"，开辟属于自己势力范围的"地盘"，这是这两个地区的地缘特点决定的，区域发展战略选项要尊重这个客观事实和特点。湖北属于长江文明孕育出来的属地，河南是黄河文明孕育出来的属地，两种文明各具自己独到的生态特点和生活习性，以武汉为中心的湖北地区具有足够大的空间发展，以郑州为中心的中原地区有足够大的空间发展。因此，以河南为中心扩展开来的中原地区单独列为一个经济发展战略区划是符合当地实际情况的。以湖北为中心扩展开来的华中地区单独列为一个经济发展战略区划是符合当地实际情况的。这样的战略安排有利于当地经济发展和政策协调。

**5. 华中经济区及城市群建设**

华中经济区中心城市是武汉。华中经济区地处华中地区，以长江水道中段为主要地段，覆盖行政省区有湖北、湖南、江西、安徽南部地区，这一地区处于北纬 30 度线地带，以长江两岸为辐射地带。东起江苏西部，西至重庆西部和贵州东部地区，北自湖北北部地区，南至湖南南部地区和江西南部地区。这一地区依托于长江水系，生态环境相近，气候特点相近，经济特点相近，因此可以列为同一经济区，其中心地段是长江中段城市群，武汉市位居长江水道和京广铁路交叉的交通枢纽地区，是该地区的重要中心城市。

### 6. 新疆经济区及城市群建设

新疆经济区中心城市是乌鲁木齐。新疆地区只有一个行政省区，即新疆维吾尔自治区，过去长期以来都被看做是属于西北经济区范畴。但是，新疆经济区地处远西北地区，距离东部沿海基线 3 000 千米以上，新疆都市乌鲁木齐距离中部都市西安也要 2 000 千米，从兰州、西安、西宁出发向西直达乌鲁木齐近 1 500 千米地段没有大都市，仅仅一条河西走廊连通，沿途人烟稀少。进入新疆以后就出现了哈密、吐鲁番、乌鲁木齐、伊宁、库尔勒、喀什、阿勒泰、克拉玛依、石河子、阿克苏等城市群，人口开始稠密。这一地区生态环境独特，气候特点鲜明，地域文化和生活习惯具有浓郁民族色彩，且地处中亚腹地，周边有哈萨克斯坦、俄罗斯、蒙古、吉尔吉斯斯坦、塔吉克斯坦、阿富汗、巴基斯坦等国家，属于西部边境地区。新疆地区与其他内陆地区和沿海地区无论是产业结构还是社会生活都具有独特的区情。因此，将新疆作为一个独立的经济区设计战略规划符合当地实际情况。

### 7. 青藏经济区及城市群建设

青藏经济区中心城市是拉萨、西宁。青藏经济区地处青藏高原，地理位置位于整个"第三台阶"上，东起第三台阶东缘，西至西藏边境线，北起第三台阶北缘，南至喜马拉雅山边境线。这一地区行政省区覆盖西藏自治区和青海省。这一地区位于喜马拉雅山脉北坡和昆仑山脉，地势海拔高，为"世界屋脊"，长江、黄河、澜沧江三江发源之地（三江源），生态环境原始、脆弱，空气稀薄，人烟稀少，地域文化和生活习惯具有鲜明的藏民族特点，这一地区远离沿海地区，深入内陆，由于人烟稀少，产业门类简单，生产力水平低，除了拉萨和西宁之外，很少有大都市，无法形成城市群，无法形成局部区域大市场。因此，将青藏地区列为一个独立的经济区来谋划发展战略符合当地实际情况。

### 4.2.4 城乡统筹带动农村开放

农村开放问题怎么解决？实际上农村开放问题是最困难的问题。

第一，农村不便于实施社会化大生产。以大企业带动的开放平台在农村不存在，一家一户的小农经济本身就是自给自足的生产方式，自古以来几千年未变，至今在广大的西部地区仍然存在。土地、小农经济、山高路远锁住了农民。解决农村开放问题不仅仅是发展生产提高收入的经济问题，而且是共同享受小康社会，提高文明程度的社会问题；是保证国家长治久安，促进安定团结，民族和睦的政治问题。

第二，农业生产具有属地性。农业是在土地上作业的产业，土地不能移动，农业现场生产也不能移动，现代社会经济活动中心是在城市，并不是在农村，农业生产的属地特点和季节特点约束了农民与外界交流，走不出大山，也走不出田园，必须将外界的资讯、资源、资金、物资等注入到农业生产中。因此，只能以城市带动农村，以城市文明带动农村文明，以城市活力带动农村活力。

第三，农民是弱势群体。无论是动员社会资源的能力，还是参与社会大生产的组织能力，农民都是弱势群体，在充分竞争的市场经济活动中，个体农民是没有竞争优势的，要么采用社会化大生产的方式，形成集体力量，增强组织竞争能力；要么接受城市辐射，参与到城市经济活动的大系统中来，接受这个大系统带来的影响力。

城乡统筹是带动农村开放的战略举措。

一是在全国开放的大格局中，防止农村被边缘化，中国农村分布面广，村落分散，远离主要交通干线，远离大都市区，存在被边缘化的危机。

二是以城带乡、以工补农来带动农村开放，城镇化带动中小城市开放，城乡统筹带动农村开放，通过城市辐射，覆盖包容到大经济区中来，发挥农村地缘条件，促进农民流动，促进农产品流动，参与到社会化大生产当中来。

三是农村开放是以农民工流动为主要载体，居住在农村的人口活动半径延伸，从业领域扩大，个人技能增多，谋生能力增强，主动进入市场能力增强，而非是固守田园。

四是信息空间开放成全了农村开放，农业生产空间不能移动，农村居住社区相对封闭，传统贸易型开放不是农村开放的基本形式，信息不便

（甚至不通）才是农村闭塞的症结，现代通信系统的建立提供了边远地区与外界沟通的条件，信息开放是最基础的开放形式，农民流动是最主要的开放形式。

## 4.3　创建跨国特区带动开放

凡是移民的地方都是经济活跃的地方；凡是年轻人向往的地方都是有希望的地方。

在市场经济条件下，只要有商机就有人来，只要有发展就有人来。怎样才能吸引外来人口在边远的西部发展？怎样才能吸引企业到边远的西部投资？战略措施和有效办法有两个：一个是发展都市经济；另一个是发展特区经济。

创建西部特区带动西部开放发展的条件已经成熟。创建西部边疆跨国特区，创建西部脱困政策特区，缔造西部地区发展创新点，为西部开放改革事业提供新动力。

### 4.3.1　创建西部特区意义重大

**1. 西部特区是开放改革的窗口、试验田、排头兵**

从 1991 年起，国家逐步开放沿边城市，形成周边对外开放态势，形成了东北、西北、西南延边开放地区，以口岸边贸为主要形式，外贸经济逐步活跃起来。但是，发展到今日，西部地区并没有出现如同深圳、珠海、厦门、汕头为代表的特区发展的活跃场景，没有形成足够的边境城市规模，也没有形成大有影响力的发展极。其原因很复杂，其中，顾忌边境安全，基础设施建设投入力度不够，城市规模不大，跨国管理政策不到位等问题是主要原因。这些问题不是地方政府所能解决的，如果这些问题得不到解决，西部开放难有新起色，如果开放不够，经济发展还是难有新起色。今后就应当从国家战略高度来规划西部开放，从顶层设计，进行综合统筹安排。

1984 年 1 月 26 日，邓小平视察深圳时题词："深圳的发展和经验证明，我们建立经济特区的政策是正确的"①。"把经济特区办的更快些更

---

① 　高同星等主编：《中国经济特区大辞典》，人民出版社 1996 年版，第 12 页。

好些"①。"特区是个窗口，是技术的窗口，管理的窗口，知识的窗口，也是对外政策的窗口"②。改革历程已经证明建设经济特区是成功的。

西部地区也需要"特区"这样的对外开放"窗口"或"平台"，这个"窗口"是直接对外开放的载体，也应当是西部对外开放的"试验田""排头兵"，发挥先行先试作用，发挥引领作用和示范作用。创建西部特区是十分有必要的，而且条件已经成熟，应该尽快启动。

**2. 创建西部特区纳入国家战略西进的重要组成部分**

将西部特区纳入国家战略西进的重要组成部分，特别是创建西部边疆跨国特区，对于提高国际形象具有重大战略意义。发展同西亚地区、中亚地区、中东地区，以及欧洲地区的关系，深化经济往来，发展外交关系，促进文化交流，发挥开放前沿阵地的功能（对西开放）。既发挥示范作用，又是交流的平台；既是国际贸易的大市场，又是开展多元合作的舞台；既发挥"护国戍边"作用，又是通向欧亚腹地的桥梁纽带作用。从地理位置上拉近中国与西亚地区国家、中亚地区国家、中东地区国家，以及欧洲地区国家的距离，一直向西延伸、扩散，通过陆路打开通向西方国家的西部出境通道，打通走上世界的西部出国通道，延续陆路丝绸之路和海上丝绸之路的辉煌。

**3. 创建西部特区发挥对周边国家经济影响力**

创建西部边疆跨国特区，发挥中国与周边国家（地区）的经济外交作用，密切经济往来，互通有无，起到安邻、睦邻、惠邻、富邻的作用，拓展国家"安全边界"，将国家版图的"硬边界"，扩展延伸为国际利益版图的"软边界"，以国家"硬边界"为基线，将"软边界"前移，将国家边界的范畴由"物理边界"转变为"利益边界"，扩展更大范围的国家安全面积。

**4. 创建西部特区缔造区域经济发展新增长极**

创建西部特区的过程实际上就是集聚资源的过程，就是创造商机的过程，就是将人、财、物汇集在一起发挥有效作用的过程，就是创建西部边疆城市的过程。只要出现城市，就具备了发展成为区域经济新增长极的基础。直到21世纪初，在西部边疆地区还没有中等以上规模水平的大都市出现，补上这个短板是十分必要的。城市规模不够，人口数量不多，经济总量就难以增长，无论是消费型经济，还是生产型经济，都需要适度规模

---

① ② 高同星等主编：《中国经济特区大辞典》，人民出版社1996年版，第12页。

的城市为载体。创建西部边疆跨国特区，就会为创造中等以上规模城市奠定基础，提供契机。

**5. 西部需要两类特区需要分类指导**

西部地区的发展同时面临两类难题。一类是，面对东部地区经济基础雄厚，发展水平较高，改革开放经验丰富，国际化势头汹涌澎湃的压力，需要追赶，任务艰巨；另一类是，自然环境受限，远离经济繁荣地区，特困贫穷地区连片，亟待解决吃饭问题，提高人口素质，任务艰巨。这两类问题反差甚大，南辕北辙，根本不在同一条路线上。因此，必须通盘考虑协同解决这两类问题。既要兼顾吃饭，还要兼顾发展，两条腿走路，不能因为全力解决吃饭问题而忽略国际化的发展机遇；也不能因为仅顾及经济特区建设而忽略贫困人口吃饭。

西部地区可以考虑设立两类特区。第一类是直接面向国际开放的"边疆跨国特区"，解决发展问题，这是攸关全局性的问题；第二类是直接面向极度贫困地区的"脱困政策特区"，解决吃饭问题，这是攸关社会稳定的问题。二者之间权重，全局性问题可以影响局部性问题。因此，按照优先序列要重点做好第一类特区，兼顾做好第二类特区。

## 4.3.2　创建边疆跨国特区

纵观世界版图，各个国家之间接壤的边界线划分，其走向基本上是以高山、河流、湖泊、海洋等自然界形成的天然痕迹为父界，这个现象说明国家之间用战争获得领土。在冷兵器时代，抵御对方进攻的最好手段，也是成本最低的手段，就是利用自然界形成的天然屏障，造成人活动困难，这个屏障就是高山、河流、湖泊、沼泽、戈壁、海洋。国家首都坐落的地址也往往是国家版图中最安全、自然环境最好、活动最方便的地点。

到了近代，由于汽车、火车、飞机等运输方式大量取代了水路运输，即使在山高路远的边境线上也出现了都市，国家之间的贸易往来，也都是通过边境线上的城市之间交流来实现的，边贸经济活跃也助长了城市规模的扩大。在边境线附近成对出现城市群的情况并不罕见，两国之间法律差异、语言差异、标准差异、政治立场差异、文化背景差异、经济水平差异、产业结构差异等，时而互斥，时而互吸。这样就需要建立起能够互相交流的机制、管道或平台，具体实现形式就是"跨国特区"。在"跨国特区"内两国之间可以使用相互认可的货币，可以开办企业，生产出口产品，开展各种社会经济活动。

**1. 区位地点选择条件与候选地区**

"边疆跨国特区"选址需要具备双方国家共有的条件。一是地缘生态条件，生态环境较好，适合建立城市，纵深腹地辽阔。二是交通运输条件，交通便利，包括公路系统、铁路系统、航空系统，以及海陆空联运系统。三是国际贸易条件，具有口岸，具备发展边贸口岸经济的地区。四是经济基础条件，城市承载力强，产业配套。五是开放经验积累，具有两国之间的贸易往来历史，而且不断活跃，在未来可预期的时间内具有发展潜力。

按照这上述五个方面条件要求，在边境线中国一侧的西南地区、西北地区和东北地区都具备陆路出境通道的基本条件。其中，具有潜在条件的地区和城市是：广西东兴、云南瑞丽、内蒙古满洲里、新疆喀什、新疆霍尔果斯、吉林延吉（珲春）。从对外开放战略要求应力求将这些地区提升为国家级"边疆跨国特区"。

**2. 边疆跨国特区运作模式与特点分析**

创建"跨国特区"是新鲜事物，需要创新，包括体制机制、管理理念、运行方式、组织模式等方面。可以借鉴经济特区的管理经验和自由贸易区的管理经验。兼容东部地区"经济特区"具有的模式，但是不同于"经济特区"模式，其不同点在于"口岸窗口，经济搭台，边贸唱戏，前店后厂，龙头带动，纵深发展"（六种形态）。这一特点是东部经济特区所不具备的。比较分析二者之间大致有六个方面不同特点。

一是开放的目标不同。东部"经济特区"是以经济区建设为目标；西部"边疆跨国特区"是以城市建设为目标。这里一定强调是城市建设，不是一个小区的建设，不是一个工业园区的建设，是城市。

二是开放模式不同。东部地区"经济特区"的模式是依靠"外引内联"促进经济开发，以工业为主，兼营商业对外贸易、金融、房地产、旅游业和农业等，发挥各自优势，实行特殊经济政策和特殊经济管理体制的综合模式；西部"边疆跨国特区"的模式应当是以边境贸易为主要内容，拉动物流、保险、运输、交通、金融、城市服务、仓储、房地产、基础设施建设、商贸、休闲观光、城市工业、加工工业等发展，文化交流，国家之间战略协作等混合形态。

三是开放的方向不同。东部地区的改革开放事业是以"经济特区"建设启动的，开放的方向是面向东、南、面向海外；西部边疆跨国特区是向西开放，向大陆纵深开放，是陆路开放，沿着公路、铁路、飞机航线开放。

四是开放的性质不同。以深圳、珠海、汕头、厦门为代表的经济特区建设，其主要特点是经济特区，是国内特区，面向中国港澳台地区，没有语言困难，民族文化背景相同；西部边疆跨国特区是综合性特区，向外国开放，是真正的国际开放，民族不同，语言不同，法律不同，文化背景差异较大，需要跨文化管理。

五是开放的内容不同。东部地区特区是"经济特区"突出经济为主轴；西部特区不仅仅是经济贸易往来，还伴随国家外交关系，文化交流，战略协作等深层次合作，内容更加丰富，领域更加宽广，作用更加深远。

六是开放的物理边界不同。东部经济特区濒临中国港澳台地区，属于国内开放；西部特区地处国家边界，是跨国界、跨文化、跨法律（三个跨越）的开放，应该是水平更高，管理难度更大，示范效应更强，国际影响力更广，后滞效应更深远。

## 4.3.3 创建西部脱困政策特区

贫穷与封闭是相伴而生的，落后与愚昧是相伴而长的，贫困造成地方经济对内封闭无法形成良性的内循环，贫困也造成地方经济对外封闭难以形成良性的外循环，解决西部边远地区贫困是长时间历史过程。破解这个难题的唯一办法就是"开放扶贫""开放脱困"，运用政府调控和市场调解两种力量，综合施力。

**1. 西部地区贫困原因——要素贫困**

西部地区贫困地主要分布在老区、山区、丘陵地区、少数民族地区、边疆穷困地区，这些地方人口贫困的主要原因在三个方面：

一是自然生态资源天然性短缺。海拔高，山地高原，自然资源不足，生态环境脆弱，土地贫瘠，西北地区严重缺水，高海拔地区和东北地区无霜期很短，虽然矿产资源丰富，但是分布不均，开采困难，运输困难，产销两地距离很远，难以形成规模性产业。

二是发展资本流动性短缺。物资资本形成不足，人均实际收入低，储蓄能力极弱，生产力水平低，难以形成良性的扩大再生产，生产性投资和生活性投资有限，基础设施建设落后，路、电、通信、交通等方面供给严重不足，生活条件简陋，教育资源稀缺，人口受教育程度普遍较低，劳动技能缺乏。

三是体制机制制度性短缺。世界银行 2000 年发展报告指出:"贫困不仅仅是物资上的匮乏和较低的健康和教育程度、贫困还包括多方面内容,比如:无法对影响自己生活的决策施加影响,受到政府机构粗暴对待,以及由于社会障碍和准则形成的障碍等,贫困还包括人们面对不利冲击、自然灾害、疾病和个人暴力时的脆弱性。这种广义的贫困概念,可以使我们更深入地了解贫困产生的原因,了解对贫困做斗争的广泛的行动。"① 联合国开发计划署 1999 年人类发展报告也认为,贫困远不止是人们通常所说的收入不足问题,贫困实际上是人类发展所必需的最基本的机会和选择权的被排斥,恰恰这些机会和选择权才能把人们引向一种长期、健康和创造性的生活,使人们享受体面生活、自由、自尊和他人的尊重。而保障这种机会和选择权的,正是有关的制度安排。

**2. 通过制度性安排和政策性安排解决贫困**

在一个开放的社会经济系统中,只要具有经济发展所需要的制度安排,就可以运用制度所形成的激励机制,促进各种生产要素有效流动,促进合理有效配置,提供资本供给,提高经济主体的发展能力,坚持一浪一浪阶段性推动发展,逐步改变贫困状况。

创建"政策性特区"就是办法之一,通过安排一些特殊政策的配套组合,施加综合性影响,来弥补生态资源短缺和资金短缺问题。这些政策组合是属于给予性的、帮扶性的,而不是索取性的。即:通过政策性力量发挥杠杆作用,撬动社会各个方面的积极性,注入到贫困地区一系列发展资源中,推动脱贫脱困。自 2014 年以后,中央政府实施精准扶贫就是一项有力的政策安排。

**3. 实施"开发扶贫"策略与"开放脱困"策略两种力量**

施加"救济扶贫"——"开发扶贫"——"开放扶贫"三种综合力量,并适时转换。反贫困进程已经走过了两个发展阶段,即"救济扶贫"和"开发扶贫",下一步要进入到"开放扶贫"。

"救济扶贫"就是对生活困难贫困人口施与生活救济的扶贫方式,这是一种在消费领域中的扶贫,让老百姓直接受益,解决最基本生活问题,先保证能吃上饭,可以缓解贫困人口的一时困难,但不能使贫困人口摆脱贫困。

---

① 世界银行:《2000/2010 年世界发展报告》,中国财政经济出版社 2001 年版,第 29 页。

"开发扶贫"是通过开发当地自然资源、经济资源和人力资源，依靠科技进步，以市场为导向调整经济结构，发展商品经济，提高贫困人口摆脱贫困的能力，以及贫困地区自我发展的能力，构筑地区内部自循环生产生活体系。

"开放扶贫"是将贫困地区纳入整个大区域中谋发展，通过先发展地区的社会经济能力从政策上来包容和化解贫困地区的困难，让贫困地区尽快融入到社会经济发展的大循环中来，同时施加"推力"和"拉力"，同时操作"引进来"和"走出去"。通过修路、架桥、通电、通水、通邮、通信息的办法逐步化解贫困地区的"物理边界"，通过中央转移支付和对口支援向贫困地区注入资金、项目、人才、企业，提高当地生产能力，通过政策规制有针对性地增加当地民众到外地就学机会和就业机会，让当地民众走出去到外地读书学习、就业创业，逐步减少在贫困地区居住的人口数量，逐步减少在不适宜生存的地方的人口数量，实施"走出去脱困战略"。

**4. 不能改变环境就改变人生，走出去求发展**

"愚公移山"还是"愚公搬家"？对于通过人工力量可以改善或者能够根本性改变生存条件的地区，可是实施"愚公移山"的策略，注入一定的外部资源，经过几代人不懈努力，搬走困难或者化解困难，获得新生。

对于通过人工力量不能改善生存条件的地区，以及不能根本性改变生存条件的地区，可以实施"愚公搬家"的策略，实施走出去发展战略，甩掉困难，获得新生。浙江温州地区的发展经验已经证明实施走出去发展战略是有效的、成功的、正确的。温州模式是典型的开放性经济发展模式，现在有将近 1 000 多万浙江人遍布在国内外发展，投资兴业，居住生活，发财致富，有尊严又体面，真正彻底改变了人生。温州发展模式是"开放脱困"的鲜活例证。

西部边远地区有些地方生态环境恶劣，不适合人们居住生活，也不适合生产发展，十分有必要搬迁移民、异地发展。过去时期，地方政府也尝试这种方式，动员当地老百姓下山、出沟，也采取了措施支持这项事业，努力设法改变穷困。但是，实际上效果并不十分明显，甚至出现移民回迁情况，实际上是政府搬迁移民工作不够细致、安排不够周密、软环境建设欠缺，今后就应当在这些方面弥补和改进。

### 4.3.4 西部特区建设需要硬启动

两类特区建设属于完全不同的两个领域，涉及的管理范围不同，管理领域不同，管理变量不同，管理难度也不同，需要分类指导，协同推进。

**1. 明确领导分工**

对于"脱困政策特区"建设，应当以地方政府为主要领导力量，负责协调各种关系，分配资源，动员群众，解决具体问题。中央政府指导地方政府，调动各方面力量支持地方政府工作。对于"边疆跨国特区"建设，应当以中央政府为主要领导力量，负责协调各种关系，分配资源，动员社会力量，解决具体问题。地方政府支持中央政府，调动地方力量，动员群众支持中央政府工作。

**2. 实施一揽子方案"硬启动"**

怎样创建特区，效仿当年经济特区建设的做法，给政策是"软启动"，1979 年 4 月，在中央工作会议期间，邓小平同志对广东省委主要领导同志说："划出一块地方，叫做特区，陕甘宁就是特区嘛。中央没有钱，你们自己搞，杀出一条血路来"①。当时国家并没有给深圳多少钱，给的只是一个"名分"，给了一个政策，30 年后深圳变成了国际大都市，政策启动对于深圳特区建设是有效的，可见当时深圳的主要约束是"软约束"，是制度安排问题，改变了制度就换来了市场机制，通过市场机制就换来了投资、换来了企业入住，换来了生产力，就创造了深圳的辉煌。

但是，西部地区相对于东部地区生态环境、基础环境、社会环境都差很多，在西部地区创建特区仅仅给政策，给"名分"是不够的，还要给投资、给管理、给服务、给项目，是"硬启动"，而不是"软启动"。西部特区建设从一开始就要上升到国家战略布局中来，是国家在办特区，是国家级特区，而不是地方办特区，需要"居高临下"大力度启动，特别是"跨国特区"建设是创举，是新时期国家开放改革进程中少有的大亮点，应该有大胸怀、大智慧、大韬略、大政策，精心设计，积极推进，认真抓好落实。

**3. 以建设国际城市为目标来建设边境跨国特区**

要创造"特区与城市捆绑，建设特区就是建设城市"的做法，不要将

---

① 高同星等主编：《中国经济特区大辞典》，人民出版社 1996 年版，第 9 页。

"区"与"城"分离。西部特区建设要吸取东部特区建设的经验和教训，区域规划一开始就要考虑到五十年、一百年以后这个地方的情况，基础设施设计和建设要适当超前。例如：道路、空间规划、城市设计、给排水、市政服务设施建设等。要留有足够的发展空间，极力避免重复建设，极力避免今年建成明年落后的情况出现。"特区"的概念要从单纯的"经济特区"的概念中跳出来，站在大区域发展格局中看待特区，站在国际化潮流中看待特区建设，站在空间整体开放中来认识特区、设计特区。一开始就是设计国际化城市，是以城市建设来表现特区建设，而不是以经济区建设来表现城市建设，本末不能倒置。深圳建设的教训就在于此，是经济区定位来建设深圳，而不是深圳都市来建设经济特区，结果造成整个城市体系严重滞后国际化大都市发展的要求。

**4. 处理好国际关系**

城市建设将不断汇聚庞大人口数量，汇聚不同国家的人群，都会出现管理上的难题。所以，边疆跨国特区建设要重点防范三个大问题：一是维护国家边境安全问题，恐怖主义、分裂主义、极端宗教主义，防范敌对势力借机入侵，造成社会安全问题；二是防范跨国犯罪问题，商贸活动，人群杂乱增加了出现跨国犯罪的可能性；三是正确处理边境国家外交关系问题，虽然是小地点，却是牵动两国关系，一个小小的经济问题，就可能酿成外交事件。因此，需要组建统一的特区管理行政组织，在管理上由国家统调，外交部门、商贸部门、海关部门、检疫部门、安全部门、经济部门、民政部门、宗教部门等合成管理，统一指挥。建设跨国特区的城市需要升级地区的行政级别（本书建议：定义为地级直辖市，计划单列市，由中央统一协调管理），由国家统一协调组织。

**5. 包容和创新是关键点**

创立"西部特区"的困难在哪里？当年深圳创立特区，人们不知道什么是特区，不知道怎样建设特区，从改革试水，"摸着石头过河"，走走看看，不断试，不断闯，不断改革，不断开放，汇集了来自全国各地的人、财、物，汇集了来自全国各地的投资者、创业者、打工者，是外地来的移民成就了特区的成功和辉煌，是外来的文化汇集了新的当地文化。开放就是一个包容的过程，开放就是一个汇集的过程，开放就是一个不断创新的过程。

在西部地区创立特区，能否也如同深圳当年那样汇集来自全国各地的人财物、能否汇集来自全国各地的投资者、创业者、打工者，这也将决定

"西部特区"能否成功。

在民族特色鲜明的西部地区创立特区，在多国文化共存的边境地区创立特区，在气候环境独特的生态地区创立特区，"包容"和"创新"至关重要，能否汇聚庞大的外部资源、人才、资金、技术、项目，这也将是取得"西部特区"成功的法宝。

## 4.4 创建区际合作平台带动开放

从开放的空间领域来看，中西部地区对外开放包括区际开放和国际开放两个方面。国际开放属于跨国开放，一般意义上解释为一个国家（地区）与另外一个国家（地区）或几个国家（地区）的开放，实现货物贸易、经济往来、人员交流、文化交流的便利化或自由化。区际开放属于国内开放，是一个国家内部各个行政区或经济区之间的开放，一般意义上解释为交通互联互通，通信互联互通，政策相同相近，市场要素自由流动的情况。区际开放与国际开放紧密相关，彼此支撑，区际开放是国际开放的基础，国际开放是区际开放的要求；通过区际开放支持国际开放，通过国际开放带动区际开放。

中国内陆地区按照区位特点分工，可以分为西南区、西北区、东北区、华中区和中原区五大板块，分别担纲不同方向开放的极点地区，并将这些地区与国家对外开放的国际合作平台链接，担纲国际合作的窗口，实现内陆地区外向化、西部地区国际化。全面融入到"一带一路"建设中。

第一，西南区战略指向是："面向东盟开放口、海上丝路始发站"，建设"三沿一临"（四位一体）的开放平台，即：沿路开放、沿边开放、沿海开放、临空开放"四位一体"的开放平台。

第二，西北区战略指向是："西入地中海、北进俄罗斯、东联蒙日韩"，建设沿路开放、沿边开放、临空开放平台。

第三，东北区战略指向是："东北亚枢纽、远东区核心"，建设沿路开放、沿边开放、临空开放平台。

第四，华中区战略指向是："长江水道京广陆路交汇枢纽经济增长极"，建设沿路开放、沿江开放、临空开放平台。

第五，中原区战略指向是："亚欧路桥京广路桥交汇枢纽经济增长极"，建设沿路开放、临空开放平台。

### 4.4.1　西南地区战略指向东南亚开放

"面向东盟开放窗口，海上丝绸之路始发站"。这是西南经济区对外开放的战略定位。根据这样的战略布局要求，需要建设"三沿一临"的开放平台，即：沿路开放、沿边开放、沿海开放、临空开放"四位一体"的开放平台。

西南区由六个省（市、区）构成，分别是云南省、贵州省、四川省、重庆市、广西壮族自治区、西藏自治区，"一市""三省""两区"。其中，广西、云南、西藏是边境省区，广西又是沿海地区，四川、贵州、重庆是内陆省（市）。因此，西南区同时具有沿海经济、内陆经济和沿边经济的特征，省区市之间地缘条件、生态环境、自然环境、经济水平、民族分布差异很大。

按照地理位置和自然状况可以分为四大生态结构地区：一是广西地区，广西地区地理位置处于沿海地区，直接面对北部湾，俯视南海周边国家，具备发展沿海经济的条件；二是云贵地区（云南和贵州），云贵地区地理位置处于云贵高原，云南又是边境地区，具备发展沿边经济的条件；三是川渝地区（四川和重庆），川渝地区地理位置处于四川盆地，成都和重庆是内陆大都市，具有发展都市经济的条件；四是西藏地区，西藏地区地理位置处于青藏高原，又称为世界屋脊地区，地理位置独特，同时也是西南边境地区，具备发展沿边经济条件。

广西区位特点：广西壮族自治区位于中国华南地区西部，面积 23 万多平方千米，人口 4 645 万人（国家统计局 2012 年初指标），东部与广东紧挨，南濒北部湾、面向东南亚，西南与越南毗邻，广西从东至西分别与广东、湖南、贵州、云南四省接壤。广西是西南地区最便捷的出海通道地区，沿海线长约 1 595 千米。广西是"中国—东盟博览会"举办地。

云南贵州区位特点：云贵（云南和贵州）地区处于云贵高原，具有生态多样性和民族多样性特点。云南省位于中国西南，与越南、老挝、缅甸为邻，面积 39 万平方千米，占全国面积 4.11%，总人口 4 631 万人（国家统计局 2012 年初指标）。云南省相邻的省区有四川、贵州、广西、西藏。贵州省位于中国西南的东南部，面积 17 万多平方千米，人口 3 469 万（国家统计局 2012 年初指标），东毗湖南、南邻广西、西连云南、北接四川和重庆市。贵州地处云贵高原东部，平均海拔在 1 100 米，素有"八山一水一分田"之说,是全国唯一没有平原的省份。

川渝地区区位特点:川渝地区处于四川盆地,属于同一个地缘板块,西南腹地,长江上游,与云南、西藏、重庆、甘肃、贵州、青海、陕西交界。面积48万平方千米,人口8 050万人(国家统计局2012年初指标)。是"中国西部综合交通枢纽""中国西部经济发展高地"。四川经济总量多年居西部第一位,其综合实力居西部地区首位,省会成都是西南部地区中心城市。重庆是四大直辖市之一,长江上游地区经济中心,南临贵州,东联湖南,西北接四川,面积8.23万平方千米,人口2 919万人(国家统计局2012年初指标)。重庆是内陆出口商品加工基地,现代制造业基地和高新技术产业基地,长江上游科研成果产业化基地和生态文明示范区,国家统筹城乡综合配套改革试验区。

西藏区位特点:西藏处于青藏高原,北邻新疆维吾尔自治区,东连四川省,东北紧靠青海省,东南连接云南省,南与缅甸、印度、不丹、尼泊尔等国家毗邻,西与克什米尔地区接壤,陆地国界边境线长4 000多千米,南北最宽900多千米,东西最长达2 000多千米,全区面积120多万平方千米,在全国各省、市、自治区中排名第二位,仅次于新疆,平均海拔在4 000米以上,全区常住人口总数为303万人(国家统计局2012年初指标)。

**1. 战略定位:面向东盟开放窗口、海上丝绸之路始发站**

西南部地区其地理位置背依大陆,面向东南亚国家和南亚国家,具有对外开放条件,特别是广西、云南和西藏,是边境省区,对外开放的条件更加优越。因此,西南部地区是对外开放的前沿高地,建设成为"面向东盟开放窗口,海上丝绸之路始发站"是必然选择。为什么要确立这样的战略定位,其主要原因如下:

一是毗邻越南、缅甸、老挝、尼泊尔、印度的区位特点决定战略定位。在西南区地理位置图当中,有6个行政区,其中广西、云南、西藏是边境省区,毗邻越南、缅甸、老挝、尼泊尔、印度等国家,具备对境外直接开放的自然地理条件,具备从陆路通道开展国际贸易往来和交流的条件,具备发展陆路口岸经济的条件,可以实施沿边开放战略;广西虽然被规划到西部地区的范畴,但是也是沿海省区,具有出海港口,具备发展沿海口岸经济的条件,可以实施沿海开放战略;西南地区陆路交通网密集,公路网和铁路网基础较好,可以进行沿路布局实施沿路开放战略。

二是面向东南亚开放目标区决定战略定位。西南地区开放目标区有两个方向选择，一个是国际目标区，另一个是区际目标区。从国际开放目标区及其特点分析来看，西南地区毗邻的是东南亚国家和南亚国家，可以直接通过陆路和海路通商，这种地缘条件决定了西南地区对外开放最直接的目标区是面向东南亚国家开放和面向南亚国家开放，出海后还可以延伸到海湾国家、中东地区，可以延伸到非洲以及欧洲。从区际开放目标区及其特点分析来看，广西、云南、西藏腹地是广东、湖南、贵州、重庆、四川，向东可以深入到"珠三角经济区"，向东北可以延伸到"华中经济区"，向北深入到"西北经济区"，这样一个地缘条件完全可以接受辐射成为开放目标区。一方面，接受"珠三角"地区的科技、资本、人才、产品、企业等经济资源，产业结构互补，经济结构互补，提高本地经济水平；另一方面，提供给内地与东南亚国家的出境通道，提供交通运输和物流服务，发展过境贸易。流通的过程本身就是开放的过程，可以将本地的产品销售到内地去，以物流承载开放；人员到内地去工作、学习、生活，以人流承载开放；不断开展信息交流，以信息流承载开放。

因此，从全国区域经济特点以及功能分工来看，西南地区对外开放的战略定位应当是：面向东盟，融入海上丝路。

**2. 沿路开放、沿边开放、沿海开放、临空开放、跨国特区建设"五位一体"开放**

根据开放方向"面向东盟开放、融入海上丝路"战略要求，西南经济区需要建设"三沿一临"的开放平台。即：沿路开放、沿边开放、沿海开放、临空开放，跨国特区承载物流、人流、资金流和信息流。这样布局安排的目的就是要突出西南地区具有沿海临海的区位优势，这是内陆其他地区所不具备的独特优势。

一是沿海开放。以广西为中心，确立并建设"海上丝绸之路始发站"，发展沿海经济，突出"北部湾经济区"建设，形成沿海开放平台。广西与广东同为沿海地区，为什么广东的经济发展好于广西？为什么广东是沿海经济而广西却不是沿海经济？论其原因很复杂，既有地缘条件的原因，也有历史原因、政策原因、国家安全原因、基础条件原因等。但是，最根本的原因是开放程度不够，边境线变成了"堡垒线"，边境线是"一堵墙"，而不是通道，造成了广西的产业基础薄弱，区内市场活力不强，消费能力不强。北部湾是非常好的优秀良港，北部湾港群由钦州港、防城港和北海港三港组成，完全具有对外开放窗口的优势条件。国家实施改革开放以来成长很快，2012 年，广西北部湾港吞吐量达到 17 437 万吨，2013 年防城港港口货物吞吐量完成 1.06 亿吨。但遗憾的是过去多年的发展，北部湾并没有发挥出龙头作用，对腹地拉动影响有限（贵州、云南、重庆、四川）。实际上，广西对外开放的地缘条件是非常优越的，关键问题就在于北部湾经济区建设，这个题材一定要从战略高度认真抓好、用好、建设好，这将决定整个西南地区对外开放经济发展的命运。

二是沿边开放。以广西、云南为中心，确立并建设"面向东盟开放"，发展沿边经济，突出"跨国特区"建设，形成沿边开放平台。广西、云南、西藏是边境省区，毗邻越南、缅甸、老挝、不丹、尼泊尔、印度，具有沿边境线分布的口岸群，分别与缅甸、越南、老挝 3 国接壤；与泰国和柬埔寨通过澜沧江—湄公河相连，并与马来西亚、新加坡、印度、孟加拉等国邻近，具备发展边贸口岸经济的条件。广西有口岸 6 个，主要面向越南开放，分别是龙邦公路口岸、水口公路口岸、凭祥铁路口岸、友谊关公路口岸、江山港海路口岸、东兴公路口岸。云南省与邻国的边界线总长为4 060 千米，有国家一类口岸 13 个①、二类口岸 7 个，主要面向越南、老挝、缅甸开放及东南亚国家和地区开放，是毗邻周边国家最多的省份之一。西藏有口岸 3 个，主要面向尼泊尔和印度开放。口岸分布分别是樟木（聂拉木）口岸（尼泊尔）、吉隆公路口岸（尼泊尔）、普兰公路口岸（印度）。充分发挥口岸经济的带动作用，兼顾通商、贸易、金融、物流、人员往来、文化交流等功能，可以将口岸建设成为综合性开放窗口和平台，形成口岸经济。

三是沿路开放。沿路开放主要是沿干线公路（高速公路）和干线铁路（高铁）走向形成的开放经济带。交通枢纽城市发挥区域中心的作用，从全国公路网和铁路网的分布情况看，西南地区的交通枢纽城市是成都、重庆、昆明、贵阳、南宁，以这些城市为中心形成放射状路网系统，承载交通运输和物流人流，以此构成了沿路开放平台。广西路网系统以南宁为中心，铁路网和公路网为骨干网，构成交通网络。贵州路网系统以贵阳为中心，铁路网和公路网为骨干网，构成交通网络。云南路网系统以昆明为中心，铁路网和公路网为骨干网，形成公路、铁路、航空和水运"四网联运"的运输网络。四川路网系统以成都为中心，铁路网和公路网为骨干网，构成交通网络。西藏路网系统以公路网为骨干网，以青藏铁路为支柱，以航空网为支撑，构成交通网络。

---

① 《云南年鉴》，2012 年第 27 卷，云南省政府官方网站颁布。

四是临空开放。西南六省（区、市）至 2012 年年底，共有 43 个机场，开通 31 个，其中枢纽机场 6 个，分别是重庆国际机场、四川成都国际机场、云南昆明国际机场、广西南宁国际机场、贵州贵阳机场、西藏拉萨机场。国家计划到 2020 年再新增 21 个机场，届时将拥有 52 个机场，枢纽机场航线直达国内主要城市，联通国内外航空网络，具备发展空港经济条件，特别是在没有铁路、没有高速公路的内陆地区，支线机场建设是当地唯一与外界快速沟通的交通方式，机场网络形成临空开放平台。

广西以南宁吴圩国际机场为中心构成机场群，共 6 座机场（其中 2 座国际机场，桂林国际机场和南宁国际机场）。云南以昆明为中心构成机场群，共 12 座机场（其中有 1 座国际机场，昆明长水国际机场）。贵州以贵阳为中心构成机场群，共有 14 座机场（其中有 1 座国际机场，贵阳龙洞堡国际机场）。以重庆和成都为中心构成川渝机场群，有机场 12 座（其中 2 座国际机场，重庆江北国际机场，成都双流国际机场）（成都天福机场正在施工，4 条跑道，将成为西南地区最大国际机场）。西藏自治区有机场有 4 座，拉萨是距离国内大都市最远的省会城市，拉萨距离北京 4 648 千米，距离上海 5 535 千米，距离广州 5 007 千米，距离成都 2 410 千米，距离昆明 3 639 千米，距离西安 3 377 千米，如此之远的距离，陆路交通（铁路或公路）用时很长。因此，航空运输发挥重要作用，发展空港经济十分重要。西藏 4 个机场彼此距离也很远，分别是拉萨贡嘎机场、昌都邦达机场、林芝米林机场、阿里昆莎机场。

五是跨国特区建设。广西东兴和云南瑞丽是沿边跨国特区建设的重要题材。在发展西南地区口岸经济过程中，有两个重要的发展题材，要建设好、培育好，发挥其"龙头"作用。一个是重点建设好广西"东兴国家重点开发开放试验区"，另一个是重点建设好云南"瑞丽国家重点开发开放试验区"。东兴试验区建设成为中国与东盟战略合作的重要平台、沿边地区重要的经济增长极、通往东南亚国际通道重要枢纽和睦邻、安邻、富邻示范区。瑞丽试验区建设成为中缅边境经济贸易中心、西南开放重要国际陆港、国际文化交流窗口、沿边统筹城乡发展示范区和睦邻、安邻、富邻示范区。

**3. 建设北部湾面向东南亚国际经济合作平台**

"北部湾"是位于广东雷州半岛以西的至越南东部沿海线的海域，北部湾的北岸是我国广西壮族自治区，坐北朝南，面向南海，由南宁、北海、钦州、防城港四市所辖行政区域组成，陆地国土面积 4.25 万平方千米。2008 年，国家提出把广西北部湾经济区建设成为重要国际区域经济合作区，这是全国第一个国际区域经济合作区。北部湾具有下列区域优势：

一是北部湾是面向东南亚地区的重要出海通道。"中国—东盟自由贸易区"（China – ASEAN Free Trade Area，CAFTA），是中国与东盟 10 国组建的自由贸易区，即"10 + 1"。"中国—东盟自贸区"地理覆盖面积 1 300 万平方千米，成为惠及 19 亿人口的大区域国际合作平台，目前世界人口最多的自贸区，也是发展中国家间最大的自贸区。"自由贸易区"（Free Trade Area，FTA），简称自贸区，其含义是指区域内多个经济体，在 WTO 承诺基础上，相互开放市场，扩大贸易和投资合作，取消绝大多数产品关税和非关税措施，开放货物贸易、服务贸易市场和投资市场，实现贸易自由化和投资自由化。

"中国—东盟自由贸易区"空间距离最近的区域就是中国的西南部地区，特别是广西、云南、广东等沿海沿边地区，其中北部湾是西部地区进出东南亚国家和地区的最重要港口群地区。因此，北部湾经济区的战略定位应当是：建设成为重要国际区域经济合作区。背靠大陆，纵深整个西南地区，直接牵动广东、云南、贵州、重庆、四川、湖南等省区。南宁距离广州 714 千米，距离昆明 1 350 千米，距离贵阳 897 千米，距离成都 1 768 千米，距离重庆 1 395 千米，成为内地进入东南亚地区的出海口岸，发挥着连接多区域的重要通道、交流桥梁和合作平台作用，成为中国—东盟开放合作的物流基地、商贸基地、加工制造基地和信息交流中心，成为带动、支撑西部开放的战略高地。

二是国家已经从战略上明确了北部湾建设的战略任务。2009 年，国务院颁布《国务院关于进一步促进广西经济社会发展的若干意见》，明确了广西在未来时期发展的战略要求。"广西要打造区域性现代商贸物流基地、先进制造业基地、特色农业基地和信息交流中心。初期将建设重点集中在城市建设、基础设施建设、港口群建设和物流中心建设"。① 因此，要将沿岸港口布局统一筹划，既要考虑历史沿革，也要考虑现代化发展的需要，发展产业集群，政府出面整合港口资源，协调利益关系，集中财力、物力、人力，力争做"大港口"，集中服务西南地区的货源，分流广东地区的物流，发挥区位优势，真正成为面向世界的国际港口。

**4. 建设中国东盟经贸博览平台**

"中国—东盟博览会"（CHINA – ASEAN Exposition，CAEXPO）是国

---

① 《国务院关于进一步促进广西经济社会发展的若干意见》，国发〔2009〕42 号文件，2009 年 12 月 7 日。

家级、国际性经贸交流盛会，每年在广西南宁举办。博览会发挥中国—东盟自由贸易区建设促进作用。博览会涵盖了经济论坛、商品贸易、投资合作内容，是中国与东盟扩大商贸合作的重要形式，到 2013 年 9 月 3 日已成功举办十届，促进国际区域合作。2003 年 10 月 8 日，时任中国国务院总理温家宝在第七次中国与东盟（10＋1）领导人会议上倡议，从 2004 年起每年在中国南宁举办"中国—东盟博览会"，同期举办"中国—东盟商务与投资峰会"，这一倡议得到了东盟 10 国领导人的普遍欢迎。博览会具有互动功效，要继续建设好、维护好。

## 4.4.2 西北地区战略指向中西亚开放

"西出地中海、北通俄罗斯、东联蒙日韩"。这是西北经济区对外开放的战略定位。根据这样的战略要求，需要建设沿路开放、沿边开放和临空开放平台。将西安和乌鲁木齐建设成为面向西亚开放的国际区域经济增长极，将两地空港建设成为国际枢纽空港。

西北区由陕西、甘肃、青海、宁夏回族自治区、新疆维吾尔自治区、内蒙古自治区等 6 个行政省区构成，"三省"、"三区"。其中新疆、内蒙古、甘肃（边境线没有口岸）是边境省区，陕西、宁夏、青海是内陆省区，省区之间地缘条件、生态环境、自然环境、经济水平、民族分布差异很大。

按照地理位置和自然状况西北区可以分为四种类型地区：一是新疆地区，新疆地区地理位置处于远西北地区，地形复杂，属于沿边地区；二是内蒙古地区，内蒙古地区地理位置处于内蒙古高原，地形狭长，属于沿边地区；三是甘肃、陕西、宁夏地区，"陕甘宁"地区地理位置处于河西走廊地区，属于内陆地区；四是青海地区，青海地区地理位置处于青藏高原北端，属于内陆地区。

陕西省位于内陆腹地，横跨黄河和长江两大流域中部，总面积 20.58 万平方千米，人口 3 743 万（国家统计局 2012 年初指标），是连接东部地区、中部地区和西北、西南的重要枢纽。

甘肃省东通陕西境内，南瞰巴蜀之地、青海省，西达新疆，北到内蒙古、宁夏，西北出蒙古国，可辐射到中亚西亚，总面积 45.37 万平方千米，人口 2 564 万（国家统计局 2012 年初指标）。

宁夏回族自治区处在黄河上游地区，总面积为 6.6 万多平方千米，人口 639 万（国家统计局 2012 年初指标）。

青海省面积为 72 万平方千米，人口 568 万（国家统计局 2012 年初指标）。青海北与甘肃接壤，南与西藏接壤，西与新疆接壤，青海是长江、黄河、澜沧江三江发源地，被誉为"三江源"。

内蒙古自治区位于北部边疆，东西直线距离 2 400 千米，南北跨度 1 700 千米，横跨东北地区、华北地区、西北地区三大区。内蒙古土地总面积 118.3 万平方千米，人口 2 482 万（国家统计局 2012 年初指标）。

新疆维吾尔自治区位于中国西北边陲，面积 166 万平方千米①，是陆地面积最大的省级行政区，人口 2 209 万（国家统计局 2012 年初指标）。陆地边境线 5 600 多千米长，周边与蒙古国、俄罗斯、哈萨克斯坦、吉尔吉斯斯坦、塔吉克斯坦、巴基斯坦、印度、阿富汗等 8 个国家和地区接壤，是"古丝绸之路"的重要通道，现在又成为第二座"亚欧大陆桥"的必经之地，"新丝绸之路"重要通道，战略位置十分重要。

**1. 战略定位：西出地中海、北通俄罗斯、东联蒙日韩**

西北地区是进出中亚和西亚的战略要道，自古以来就有"丝绸之路"要地的称呼，西安作为 13 个朝代的首都，是中国历史上建都朝代最多、时间最长的都城，有着 7 000 多年文明史、3 100 多年建城史和 1 100 年多的建都史，与雅典、罗马、开罗并称世界四大文明古都，是古丝绸之路的起点。因此，西北地区的对外开放战略安排应当是："西出地中海、北通俄罗斯、东联蒙日韩"。这样战略布局的理由如下：

一是毗邻八个边境邻国的区位特点决定战略定位。西北区版图涵盖 6 个行政省区，内蒙古、新疆、青海、陕西、宁夏和甘肃。其中内蒙古和新疆是边境省区，毗邻蒙古国、俄罗斯、哈萨克斯坦、吉尔吉斯斯坦、塔吉克斯坦、巴基斯坦、印度、阿富汗等 8 个邻国，具备对境外直接开放的自然地理条件，经陆路开展国际贸易往来和交流，具备发展陆路口岸经济的条件，可以实施沿边开放战略。同时，陆地交通线发达，具备沿铁路和高速公路布局的条件，可以实施沿路开放战略。

二是面向中亚西亚开放目标区决定战略定位。西北地区开放目标区有两个方向选择，国际目标区和区际目标区。从国际开放目标区及其特点分析来看，西北地区毗邻的是中亚国家、西亚国家和东北亚国家（蒙古国），可以直接通过陆路通商，这种地缘条件决定了西北地区对外开放最直接的

---

① 《中国地图册》，地址地质出版社 2006 年版，第 210 页。

目标区是面向中亚国家开放、面向西亚国家开放和面向东北亚国家开放，并可以延伸到地中海、中东、海湾国家，以及欧洲和非洲。从区际开放目标区及其特点分析来看，西北地区东邻山西、河南，以及京津冀地区、环渤海湾经济圈。向东深入到"京三角经济区""中原经济区"，向东北深入到"东北经济区"，这样一个地缘条件完全可以接受发达地区的辐射，成为开放目标区。一方面，接受"京三角地区"的科技、资本、人才、产品、企业等经济资源，产业结构互补，经济结构互补，提高本地经济水平；另一方面，提供给内地通往中亚国家和西亚国家的出境通道，提供交通运输和物流服务，发展过境贸易，流通的过程本身就是开放的过程，同时也将本地的产品销售到内地去，以物流承载开放；人员到内地去工作、学习、生活，以人流承载开放；不断开展信息交流，以信息流承载开放。

三是区域功能决定战略定位。西北地区是重要战略资源富集区，煤炭、稀有金属、非金属矿物、石油、天然气、农作物等都是主要产地，西北地区也是国家地理分布的腹地，幅员深远，地形复杂，气候多样，边境绵长。中国历史上的战乱大多祸起北方，由西北向东南而下，西北地区是国家陆路安全的屏障，西北地区也是国家西进战略的陆路出境通道，打通西进中亚、直入地中海的重要通道，形成"东部出海通道"和"西部出境通道"共生联动的国际开放态势。

因此，从全国区域经济特点以及功能分工看，西北地区对外开放的战略定位应当是：西出地中海（欧洲），北通俄罗斯，东联蒙（蒙古）日（日本）韩（韩国），东西联动，陆海互通，海疆开放和陆疆开放齐动，共同构成大开放战略格局。

**2. 建设沿路开放沿边开放临空开放平台**

古代时期运输靠水路，以河道、舟船为载体，西北地区的主要河道是黄河，从青藏高原而下，自西向东一路孕育了诸多城市，西宁、兰州、银川、石嘴山、乌海、巴彦淖尔、包头、呼和浩特、太原、天水、宝鸡、西安、洛阳、郑州、开封、济南，最后经山东流入渤海，黄河文明是中华文明的发祥地，沿黄河形成了开放经济带。进入现代社会，陆路交通工具发展起来，航空交通工具发展起来，黄河的运输功能被取代了，形成了沿路开放平台（铁路和公路）、沿边开放平台（边境线）、临空开放平台（空港经济）。

一是沿边开放。"大西北地区"，东起内蒙古满洲里，西至新疆红旗拉莆达坂，边境线长达 9 800 千米①，其中内蒙古段 4 200 千米，新疆段 5 600 千米，分别与蒙古国、俄罗斯、哈萨克斯坦、吉尔吉斯斯坦、巴基斯坦、塔吉克斯坦 6 国接壤。如此之绵长的边境线，分布了 25 个陆路边境口岸，其中内蒙古 10 个，新疆 15 个，众多的口岸提供了与国外交往的条件，具有良好的陆路沿边开放条件，依托口岸，发展口岸贸易，建立以口岸为核心的中小型城市群，形成口岸经济带，从而形成沿边开放平台。

二是沿路开放。西北地区联通东部地区的大通道可以分为三条：第一条是东起连云港，向西行经过徐州、郑州、西安、乌鲁木齐，再向西出境；第二条是东起青岛，向西经过济南、石家庄、太原、银川、乌鲁木齐，再向西出境；第三条是东起天津，向西经过北京、呼和浩特、包头、额济纳旗、哈密、乌鲁木齐，再向西出境。这三条大通道将西北地区与中部地区和东部地区连接起来，形成了沿路开放经济带，构成沿路开放平台。在这三条陆路开放平台上，中心节点城市是郑州、石家庄、太原、呼和浩特、西安、兰州、银川、嘉峪关、哈密、乌鲁木齐。东部端点沿海中心城市分别是连云港、青岛、天津，西部端点沿边中心城市是乌鲁木齐。形成了以中心城市为节点，以交通干线为陆路，以通疆达海为端头，横贯东西大陆的开放平台。形成以高速公路和国道、货运铁路和高速铁路，"两路"（铁路/公路）互联互通的沿路开放平台。支撑"亚欧大陆桥"和陆路"新丝绸之路"开放经济带。

三是临空开放。西北六省区拥有机场 55 个，覆盖所有省会城市，以及主要地级城市，形成以枢纽机场为中心，支线机场为延伸，联通所有国内中心城市机场的航空网络。陕西拥有运营机场 3 个，大型国际机场 1 个西安咸阳国际机场。甘肃拥有机场 10 个，国际机场 1 个兰州中川国际机场。宁夏拥有机场 4 个，银川河东机场（位于银川市东南，黄河东岸）。新疆拥有 22 个机场（含新建、迁建），新疆是拥有机场数量最多的省区，其中乌鲁木齐地窝堡国际机场已成为中国第四大国际航空港。青海拥有 6 个机场，大型机场西宁曹家堡机场。内蒙古拥有机场 10 个（其中运营 9 个，在建 1 个），大型机场呼和浩特白塔机场。形成以省会城市为中心，连接区内外骨干机场和支线机场，连接国内枢纽机场，辐射省会城市新格局，并通过国际枢纽机场联通世界各国枢纽机场，形成内陆地区联通国际的临空开放格局。

**3. 建设新疆中西亚经济中心平台**

要将新疆设成面向中亚西亚地区开放的国际经济区，要将乌鲁木齐建

---

① 《中国地图册》，地质出版社 2006 年版，第 5 页。

设成面向中亚西亚地区开放的国际都市经济增长极，这是由新疆的地理位置、资源条件、民族文化、发展历史以及现实发展要求决定的。

一是新疆的地理位置决定其会成为中西亚经济中心。新疆陆地边境线5 600 多千米，周边与俄罗斯、哈萨克斯坦、吉尔吉斯斯坦、塔吉克斯坦、巴基斯坦、蒙古、印度、阿富汗 8 个国家接壤，是"古丝绸之路"的重要通道，是"亚欧大陆桥"的必经之地，战略位置十分重要。西亚位于亚洲西南部，位于亚洲、非洲、欧洲三洲交接地带，在阿拉伯海、红海、地中海、黑海和里海之间。是联系欧洲、亚洲、非洲、印度洋和大西洋的枢纽地带。西亚地区面积约 718 万平方千米，人口约有 3 亿人（中华人民共和国驻沙特阿拉伯大使馆资料，2007 年 9 月数据）。主要国家有沙特阿拉伯、也门、阿曼、阿联酋、卡塔尔、巴林、科威特、以色列、巴勒斯坦、黎巴嫩、约旦、叙利亚、塞浦路斯、土耳其、阿塞拜疆、格鲁吉亚、伊拉克、伊朗、阿富汗等。由于西亚地区是著名的石油产区，也是多民族汇聚区，民族矛盾、宗教矛盾、历史问题、发展问题交织在一起，是国际政治冲突地区，也是局势最动荡的地区之一，既存在商机，也存在危机。中亚地区位于亚洲中部，国家主要包括哈萨克斯坦、吉尔吉斯斯坦、土库曼斯坦、乌兹别克斯坦和塔吉克斯坦五国，外延也涵盖阿富汗，中亚国家矿产资源丰富。新疆与中亚和西亚具有天然的地理链接区域，是古代时与欧洲交往的必经之地，这种天然联系必定成为现代交往的基础，中亚国家资源丰富，但毕竟地处内陆，只有两条道路，要么向东经中国出海，要么向西经欧洲出海，这样就决定了新疆在这个地区中的战略地位，即经济中心的地位。

二是新疆的经济发展水平决定其会成为中西亚经济中心。新疆是自然资源丰富的省区，可以发展以资源深加工为链条的产业，形成具有地区特色产业结构。新疆地表资源丰富，种植业特色鲜明，可以发展以农产品生产和加工工业为特色的地区产业。2013 年，新疆工业企业 5 万多家，分布于矿产资源开发和农副产品深加工两大领域，包括石油天然气开采、石油化工、钢铁、煤炭、电力、纺织、建材、化工、医药、制糖、造纸、皮革、卷烟、食品等，已经形成了门类基本齐全、具有一定规模的现代工业体系。2013 年，新疆实现生产总值 8 510 亿元，人均 38 113 元。全社会固定资产投资 8 148 亿元，社会消费品零售总额 2 039.15 亿元①，全年农村

---

① 《新疆维吾尔自治区 2012 年国民经济和社会发展统计公报》，统计信息网 2013 年 3 月 1 日。

居民人均纯收入 7 394 元；城镇居民人均可支配收入 19 982 元。

三是新疆的民族文化决定其会成为中西亚经济中心。新疆是多民族聚集区，与中亚国家具有天然的文化相似之处，语言、民族文化、生活习俗相近。中亚地区人口特点是人口密度很小；人口分布极不均匀；出生率普遍在 30‰以上；城市化率达到 40% 左右。新疆多民族汇集，这些民族的生活习惯、宗教信仰和文化背景与中亚地区国家中的民族相近，具有天然的交往亲和力，这些条件铸就了新疆天然就是中亚地区的经济中心。

四是新疆的开放格局决定其会成为中西亚经济中心。2010 年 5 月，中共中央、国务院召开新疆工作座谈会，明确了未来发展目标任务是全面推进经济建设、政治建设、文化建设、社会建设以及生态文明建设和党的建设，国家将继续给予新疆政策支持。

五是新疆的交通地位决定其会成为中西亚经济中心。新疆已经初步形成了以公路为基础，铁路为骨干，包括民用航空、输油气管道等四种运输方式相配合，区内联系各个地（州、市）和县，区外联系国内西、中、东部地区以及周边国家的综合运输网络。

**4. 建设宁夏中阿合作平台**

中国有 1 000 多万回族人口，大部分居住在西北地区，其中宁夏是主要居住区，回族人口为 219 万人（2010 年第六次人口普查指标），占全区人口的 34.77%，具有与阿拉伯国家民族天然的生活习俗和文化认同感，宁夏也就成为中国与阿拉伯国家开展国际合作的平台。

"中国—阿拉伯国家博览会"（原名为"中阿经贸论坛"）于 2013 年 9 月在宁夏首府银川开幕，旨在加深与阿拉伯国家乃至世界伊斯兰地区的经济合作和文化互通，博览会将成为中阿合作的政策磋商平台、经贸合作平台、文化交流平台。博览会前身是中国（宁夏）国际投资贸易洽谈会暨中国·阿拉伯国家经贸论坛，是由商务部、中国国际贸易促进委员会、宁夏回族自治区政府每年定期在宁夏举办。这是中国和阿盟国家经贸领域最高级别和最具影响力的双边、多边国际合作盛会，也是继"中国—东盟博览会""中国吉林—东北亚投资贸易博览会"之后第三个区域性对外开放合作平台。

"中国—阿拉伯国家博览会"这一平台建设，将主要围绕高端论坛、商品展览和投资合作三大功能展开活动。论坛功能以"传承友谊、深化合作、共同发展"为主题，围绕贸易、经济、投资、金融、文化等多个议题深入交流，为中阿政府要员、工商企业和专家学者提供经贸对话平台，成为商品展销平台，将国内外有关回族人民使用的产品进行展示和销售。商品展览活动设置中阿国家专题展和中阿国家商品展，促进双方商品贸易。展会具有投资合作、投资洽谈、项目招商、技术推介和合作促进等功能。

**5. 建设内陆特区带动开放事业**

2012 年 9 月，国务院批准建立"宁夏内陆开放型经济试验区"、设立"银川综合保税区"，支持宁夏与阿拉伯地区加强经贸往来和文化交流，培育中阿合作新平台。"宁夏内陆开放型经济试验区"是内陆地区首个也是全国唯一覆盖整个省级区域的试验区，其宗旨就是欲将宁夏建设成面向阿拉伯国家及世界伊斯兰地区开放的窗口，推动深化中阿经贸交流、投资合作和友好往来。搭建中阿博览会这一国际合作平台，以经贸合作为先导，逐步推进中阿经贸向更深层次、更宽领域发展，这是中阿博览会肩负的重要历史使命。

## 4.4.3 东北地区战略指向东北亚开放

"大东北区"的概念是根据东北地区经济发展的实际情况提出来的，是按照山川流域、自然生态、气候特点、交通运输、地缘条件、周边环境来划分的，包括黑龙江、吉林、内蒙古东北部、辽宁四个省区的地域。"大东北"区位于北纬 40 度 ~ 54 度之间，东经 120 度 ~ 135 度之间的区位，属于高纬度地区，气候特点相近，冬日长而寒冷，无霜期短。

从东北各省区的区际联系情况分析来看，吉林省和黑龙江省属于内陆地区，其气候特点和经济水平具有与中部地区相似的特征，这两个省区同时都具有陆路边境线，分别与朝鲜、俄罗斯、蒙古国接壤，具有与其他西部沿边省区相似的特征。辽宁省虽然属于沿海地区，但是地理位置和地缘条件，仍然位于东北板块范畴，除了辽南地区（大连）具有沿海地区的特征以外，辽西靠近内蒙古，辽北靠近吉林，辽东靠近朝鲜，为陆路边境地区，辽东地区、辽西地区、辽北地区仍然具有明显的内陆经济特点，实际上经济特征属于内陆地区。内蒙古整个版图是一个狭长的地带，很像一个弯弯的香蕉，东北部地区靠近吉林和黑龙江，特别是东北角区域已经接近到了黑龙江的黑河，满洲里距离黑龙江省齐齐哈尔市要比距离呼和浩特市（内蒙古首府）近得多，这个地区的经济交往更多是黑龙江省而不是内蒙古的中部地区。因此，对外开放构架和总体布局，需要从大经济区视角来安排，需要从流域区和经济区、生态区、功能区的视角来安排，将黑龙江、吉林、内蒙古东北部、辽宁四个省区的地域作为一个整体设计对外开放战略符合当地实际情况。

从国际与周边国家联系情况分析看，大东北经济圈周边国家有蒙古国、俄罗斯、朝鲜，与韩国、日本隔海相望，整个东北亚大区域东西方向需要贯通，南北方向需要贯通，跨区域联合是必然选择，将黑龙江、吉林、内蒙古东北部、辽宁四个省区的地域作为一个整体设计也符合当地实际情况，符合国家开放战略布局。

黑龙江省区特点：黑龙江省是中国最东和最北的省份，北部和东部以黑龙江和乌苏里江与俄罗斯接壤，西部和南部分别与内蒙古自治区和吉林省相邻，面积47.3万平方千米①，是东北地区面积最大的省区，人口3 834万（国家统计局2012年初指标）。

内蒙古东北部地区特点：内蒙古自治区是一个东西狭长的版图，按照地理位置和区域经济特点可以划分为三段，东段、中段和西段，分别以乌海市和霍林郭勒市为界。西段，以乌海市为界向西为西段，直至与新疆交接的额济纳旗；中段，西起乌海市，东至霍林郭勒市；东段，西起霍林郭勒市向东北至吉林、黑龙江，最北端与黑龙江漠河接壤。西段地区和中段地区与京津冀地区距离较近，彼此往来密切，相互影响较大。东段地区与辽宁、吉林、黑龙江省区距离较近，彼此往来密切，相互影响较大。因此，从地缘条件来看，将内蒙古东段地区与东北三省地区通盘考虑，按照一个整体来分析情况符合实际，将这一地区与东北三省地区一起综合研究、整体设计和系统安排对外开放战略布局符合实际情况。

吉林省区特点：吉林省面积为18.74万平方千米②，人口2 749万（国家统计局2012年初指标），北接黑龙江省，南接辽宁省，西邻内蒙古自治区，东与俄罗斯接壤，东南部以图们江、鸭绿江为界，与朝鲜民主主义人民共和国隔江相望。由于吉林省地处东北亚地理中心位置，在联合国开发计划署积极支持的"图们江地区国际合作开发"中居于重要地位，发展东北亚区域合作区位条件优越。

辽宁省东部、西部和北部地区特点：辽宁省是重要的工业基地，也是最早实行对外开放政策的省份之一，位于东北地区南部，哈（尔滨）大（连）陆路通道南端，南临黄海、渤海，大连是重要的北方出海口，辽东

---

① 《中国地图册》，地质出版社2006年版，第62页。
② 《中国地图册》，地质出版社2006年版，第57页。

地区与朝鲜仅鸭绿江一水之隔，丹东是最大的陆路边境口岸城市，辽宁是东北地区唯一既沿海又沿边的省份，也是东北及内蒙古自治区东部地区对外开放的门户。因此，将辽宁北部地区、东部地区和西部地区纳入到内陆地区来考虑符合实际情况，与内蒙古和吉林的发展通盘考虑符合实际情况。辽南地区又是整个东北地区（包括内蒙古东部地区）最重要的出海口，也是连接蒙古国和俄罗斯远东地区的过境出海通道，因此，将辽宁、吉林、黑龙江和内蒙古东部地区通盘考量符合当地实际情况。

**1. 战略定位：东北亚枢纽、远东地区核心**

"大东北区"的区位优势和地理特点决定了区域开放发展的战略定位，即：东北亚地区枢纽、远东地区经济中心。

一是毗邻朝鲜、俄罗斯、蒙古国的区位特点决定战略定位。"大东北区"地理位置处于东北亚腹地，腹地中心城市哈尔滨市距离出海口城市大连 1 032 千米，具备联通东北亚各国的地缘条件。内蒙古东北部地区、黑龙江北部和东部地区、吉林东部地区、辽宁东部地区都是边疆地区，分别与蒙古国东部地区、俄罗斯远东地区、朝鲜西部地区等 3 个邻国接壤，具备对境外直接开放的自然地理条件，经陆路开展国际贸易往来和交流，具备发展陆路口岸经济的条件，可以实施沿边开放战略；陆地交通线发达，具备沿铁路和高速公路布局的条件，可以实施沿路开放战略。

二是面向东北亚开放目标区决定战略定位。"大东北区"开放目标区有两个方向选择——国际目标区和区际目标区。从国际开放目标区及其特点分析来看，"大东北区"毗邻的是东北亚国家，包括蒙古国、俄罗斯远东地区、朝鲜、韩国、日本，可以直接通过陆路通商，以及陆海联动通商，这种地缘条件决定了"大东北地区"对外开放最直接的目标区是面向东北亚国家开放，并可以通过陆路通道向西延伸到中亚、地中海以及欧洲；通过陆海联运通道向东可直达韩国、日本以及东南亚国家和地区。从区际开放目标区及其特点分析来看，"大东北区"是一个整体，当地气候特点相近，都处于大陆季风气候，冬季冷而长，夏季温而短；地形地貌相近，以平原和丘陵为主，西部有大兴安岭，东部有小兴安岭，两山夹一平川；地域文化相同，人们饮食习惯、风土人情、生活习俗等均相同或相近，彼此之间的经济合作和文化沟通都十分活跃，天然构成了一个彼此互动的大经济区。

"大东北区"区际开放的核心区是北京。从北京到大东北区的最远点空中直线距离为 1 700 千米，飞机空中航线时长约 2 小时，具备 2 小时经济圈的条件，从北京到大东北地区最北边黑龙江省城哈尔滨市的高速铁路时长 4 小时（设计速度 350 千米/小时），到吉林省城长春时长 3 小时，到辽宁省城沈阳时长 2 小时，"哈大线"（哈尔滨—大连）与"京哈线"（北京—哈尔滨）联通，且高速公路网密集，哈尔滨到大连 1 032 千米，哈尔滨到北京 1 358 千米，长春到大连 764 千米，长春到北京 1 090 千米，这样一个空间范围具备链接京津冀地区和环渤海湾经济圈的条件。这样一个地缘条件完全可以接受辐射，成为开放目标区。一方面，接受"京三角地区"（京津冀）的科技、资本、人才、产品、企业等经济资源，产业结构互补，经济结构互补，提高本地经济水平；另一方面，提供给内地与东北亚国家的出境通道，提供交通运输和物流服务，发展过境贸易，也将本地产品销售到其他地区去，以物流承载开放；人员到外地去工作、学习、生活，以人流承载开放；不断开展信息交流，以信息流承载开放。

三是区域功能决定战略定位。"大东北区"是重要的工业基地以及战略资源富集区，煤炭、石油、森林、粮食均为主产区，装备制造业、石油化工业、农产品加工业及食品加工业均为主导产业。来自于俄罗斯和蒙古国的资源产品，如木材、煤炭、石油等进入中国，国内轻工产品、纺织品、机电产品销往国外，包括蒙古国、俄罗斯、朝鲜，以及日本、韩国。因此，"大东北区"是链接东北亚地区的核心区，成为东西方向联通的桥梁（蒙古国、俄罗斯与日本、韩国），即：蒙古国/俄罗斯—中国大东北区—朝鲜/日本/韩国。也是沟通南北方向开放的通道，面向远东地区，即：北京—沈阳—长春—哈尔滨—哈巴洛夫斯克（伯力）（俄罗斯）、符拉迪沃斯托克（海参崴）（俄罗斯）、共青城（俄罗斯）、赤塔（俄罗斯），联通俄罗斯境内泛亚铁路经济带（"一带一路"北线）。

**2. 建设沿边开放、沿路开放、临空开放平台**

一是建设沿陆路区际开放平台。大东北区有"三横三纵"交通网络，"三横"是东西向通道，"三纵"是南北向通道。天然构成了沿陆路流通大通道，构成沿路开放平台。

"三横"东西走向通道，按照由北及南的排序，分别是：北通道、中通道、南通道。

北通道以黑龙江省哈尔滨市为中心，向东向西两个方向延伸，向东经牡丹江、绥芬河，出境俄罗斯，链接符拉迪沃斯托克（海参崴）（俄罗斯）出海；向西，经大庆市、齐齐哈尔市、呼伦贝尔市、满洲里，链接赤塔（俄罗斯），形成东西向跨国大通道，形成沿路经济走廊，构成亚欧大陆桥北路东段的重要组成部分，横跨亚欧大陆，陆海联运可由日本、韩国直通欧洲。由此形成沿路跨省区开放平台（内蒙古自治区与黑龙江省），以及沿路跨国开放平台（俄罗斯—中国—朝鲜、韩国、日本），国内途经黑龙江、内蒙古 2 个省区，东部连接俄罗斯远东地区，西部连接俄罗斯中部地区。

中通道以吉林省长春市为中心，向东向西两个方向延伸，向东经吉林市、延吉市，珲春连接朝鲜清津、罗先，出海；向西，经松原市、白城市，进入内蒙古乌兰浩特市、阿尔山市，出境蒙古国，形成东西向跨国大通道，形成沿路经济走廊，构成东北亚次区域合作重要组成部分，横跨中、蒙、朝三国，陆海联运可由朝鲜罗先港直通东北亚其他地区，由此形成沿路跨省区开放平台（内蒙古自治区与吉林省），以及沿路跨国开放平台（蒙古国—中国—朝鲜）。国内途经吉林、内蒙古 2 个省区，东部连接朝鲜，西部连接蒙古国。

南通道以辽宁省会沈阳市为中心，向东向西两个方向延伸，向东经本溪、凤城、丹东，出境，可进入朝鲜新义州；向西经彰武、阜新，可进入内蒙古，延伸至通辽、霍林郭勒、赤峰、锡林浩特、二连浩特，出境，可进入蒙古国，国内途经辽宁、内蒙古 2 个省区，东部连接朝鲜，西部连接蒙古国。

"三纵"是南北走向通道，按照由东及西的排序，分别是东通道、中通道、西通道。

东通道，由港口城市大连为起点向北，经边境城市丹东，向北沿边境线行走，经通化、白山、延吉、牡丹江、鸡西、双鸭山、佳木斯、同江，途经辽宁、吉林、黑龙江 3 个省区。中通道，由北京或大连为起点向北，经沈阳、长春、哈尔滨，途经北京、河北、辽宁、吉林、黑龙江 5 个省区。西通道，由北京为起点向北，经赤峰、通辽、松原、大庆、北安、黑河，途经北京、河北、内蒙古、吉林、黑龙江 5 个省区。

二是建设沿边国际开放平台。大东北区沿边境线地区有 28 个对外通商口岸，有两个国家改革开放试验区（内蒙古满洲里和吉林延边），有一个国际经济合作区（图们江国际合作区）。由此形成了以满洲里改革开放试验区、延边改革开放试验区、图们江国际经济合作区、口岸分布区为载体的沿边国际开放平台（见图 4 - 5）。

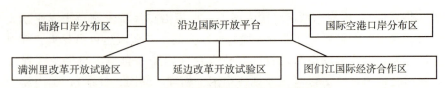

图 4-5　大东北地区对外开放窗口地区分布

三是建设临空开放平台。大东北区有机场 27 个，形成以沈阳、大连、哈尔滨为枢纽机场的航空网络，联通国内外航线，形成临空开放平台。辽宁省内有 10 个机场，其中 3 个国际机场（沈阳桃仙国际机场、大连周水子国际机场、丹东浪头国际机场）。吉林省内有机场 4 个，以长春为中心。黑龙江省内有机场 9 个，哈尔滨太平国际机场为中心。内蒙古东部地区有机场 4 个。

**3. 建设泛图们江经济区（跨国特区）平台**

国务院办公厅 2012 年 4 月 13 日下发关于支持中国图们江区域（珲春）国际合作示范区建设的若干意见，正式批准设立"中国图们江区域（珲春）国际合作示范区"（以下简称珲春国际合作示范区），并印发了《关于支持中国图们江区域（珲春）国际合作示范区建设的若干意见》（以下简称《意见》）①。《意见》以加强与东北亚周边合作为主线，以构建跨境经济合作新模式为目标，明确了珲春国际合作示范区的功能定位、总体要求、发展目标、建设布局和支持政策。在政策上国家从财税、土地利用、产业布局、投资、海关监管及口岸建设、境外基础设施建设、通关便利、金融创新、人才引进和培养、专项资金支持等方面赋予了特殊支持政策，十分有利于该地区建设开放型经济。

自 1992 年以来，中国、俄罗斯、朝鲜、韩国、蒙古国 5 个国家共同启动图们江区域合作开发项目。2009 年，国家批准了实施《中国图们江区域合作开发规划纲要——以长吉图为开发开放先导区》战略，中朝两国共同开发共同管理的罗先经济贸易区项目启动，中俄陆港通道建设项目实施，中蒙大通道项目建设逐步落实。图们江区域（珲春）国际合作示范区的设立，对扩大陆路沿边开放开发具有重大意义。但是，由于朝鲜半岛不确定因素颇多，图们江地区又是远东地区敏感地带，存在国际环境的不稳

---

① 国务院办公厅，国办发〔2012〕19 号文件，《国务院办公厅关于支持中国图们江区域（珲春）国际合作示范区建设的若干意见》，新华网北京 2012 年 4 月 25 日电，中国政府网发布消息，为提升我国沿边开发开放水平，国务院已同意在吉林省珲春市设立中国图们江区域（珲春）国际合作示范区。

定性。

明确了立足珲春市、依托长（春）吉（林）图（门）、面向东北亚、服务大东北，建设面向东北亚合作与开发开放的重要平台，东北亚地区重要的综合交通枢纽和商贸物流中心，经济繁荣、环境优美的宜居生态型新城区，发展成为东北地区经济增长极和图们江区域合作开发窗口的四大定位。明确了基础设施建设和产业发展重点，按照对外贸易合作、国际产业合作、中朝经济合作、中俄经济合作四大功能，进一步完善基础设施，畅通人流、物流、信息流。发展对外贸易，深化产能合作，构建与图们江区域合作开发相适应的现代产业体系。

**4. 建设泛满洲里经济区（跨国特区）平台**

2011 年 6 月，内蒙古自治区人民政府将《满洲里重点开发开放试验区建设实施方案》及相关政策建议上报国家发改委（内政字〔2011〕174号），2012 年 4 月，该方案由国家发改委上报国务院，2012 年 7 月 9 日，国务院办公厅下发《国务院办公厅关于同意广西东兴、云南瑞丽、内蒙古满洲里重点开发开放试验区建设实施方案的函》（国办函〔2012〕103号），2012 年 7 月 25 日，国家发改委正式印发了 3 个试验区的《实施方案》文件，至此，广西东兴、云南瑞丽、内蒙古满洲里三个国家重点开发开放试验区正是启动，将逐步建设成为面向西部开放的沿边跨国特区，成为重要的西部开放支点和平台。

加快建设满洲里开发开放试验区的总体思路是：实施"链接俄蒙，融入东北，承接全国，走向世界"战略，把"满洲里开发开放试验区"建设成为扩大向北开放的领军城市、东北亚国际经贸的核心城市。

加快建设"满洲里沿边开发开放试验区"，既是国家布局试验区的需要，也是国家深入实施开放战略、促进区域协调发展、维护边疆繁荣稳定的需要，让满洲里等沿边口岸城市成为西部地区经济增长点，起到示范带动作用。

一方面，有利于扩大对外开放，提升口岸的战略地位。满洲里是首批沿边开放城市，率先在边疆少数民族地区实施对外开放，随着中俄合作升级、东北振兴，以及"一带一路"建设，满洲里在向北开放中发挥更大作用，扩展对外开放深度和范围，这样的"试验区"实际上就是"边疆跨国特区"。"边疆跨国特区"的设立十分有利于国际互联互通，促进铁路、公路、航空三大口岸基础设施建设和完善；十分有利于《中国东北地区和俄罗斯远东和东西伯利亚地区合作规划纲要》涉及满洲里项目的落实；有利于满洲里综合保税区、跨境经济合作区等开放载体建设，对于吸引投资、承接产业转移、提升区域竞争实力；对于进一步提高对外交往话语权，提升口岸战略地位，增强辐射功能等方面都具有重要意义。

另一方面，有利于城市建设，完善城市功能，提升城市发展层次。一开始就将地区建设锁定为"边境中心城市"建设的目标，按照"国际化都市"要求来设计和建设这个地方，国家加快建设满洲里开发开放试验区，将使城市发展大幅提升，对于加快解决城乡二元结构问题；扩张城市发展框架，拓展发展空间，提高城市承载能力；打造国际品牌，提升城市知名度、美誉度和影响力，促进城市功能完善和环境优化都具有重要意义。

### 4.4.4 华中地区战略指向中南跨区域开放

华中区是以长江为东西轴线、京广通道为南北轴线交汇处为中心，沿线经济区范围涵盖湖北、湖南、江西、安徽4个行政省区，其中湖北和安徽位于长江之北，湖南和江西位于长江之南，周边与江苏、浙江、福建、广西、贵州、重庆、陕西、河南、山东9个省区接壤，空间位置处于国家版图的中南部地区，属于内陆地区，这一地区的开放形式主要是区际开放，以及跨区域国际开放。

湖北省区情特点：湖北位于长江中游，面积18万多平方千米①，人口5 758万（国家统计局2012年初数据）。东连安徽，东南邻江西、湖南，西连重庆，西北与陕西为邻，北接河南。是国家实施"中部崛起"战略中心区，也是交通航运枢纽地区。

湖南省区情特点：湖南省位于江南，东南腹地，属于长江中游地区，东临江西，西接重庆、贵州，南毗广东和广西，北与湖北相连。土地面积21.18万平方千米②，人口6 596万（国家统计局2012年初指标）。

江西省区情特点：江西省东邻浙江、福建，南连广东，西接湖南，北毗湖北、安徽而共接长江，面积16.69万平方千米，人口4 488万（国家统计局2012年初指标）。

安徽省区情特点：地处长江下游，是近海内陆省区，跨长江、淮河中下游，东连江苏、浙江，南邻江西，西接湖北、河南，北靠山东。总面积

---

① 《中国地图册》，地质出版社2006年版，第132页。
② 《中国地图册》，地质出版社2006年版，第140页。

13.96 万平方千米，人口 5 968 万人（国家统计局 2012 年初指标）。

**1. 战略定位：长江水道与京广陆道交汇枢纽增长极**

华中区对外开放的战略定位是：长江水道与京广陆道交汇枢纽增长极，是以都市经济牵动，以交通路网为平台，建立区际往来关系，实施纵深区际开放，实施跨区域国际开放，实施内陆经济外向化。

一是位于长江水道与京广陆路交汇枢纽的区位特点决定战略定位。华中区的地理位置以湖北省为轴心，省会武汉距离沿海港口区约为 1 300 千米。可以向南对接南部沿海地区，经广东出海；也可以顺长江而下经上海出海；也可以走西南通道，经云贵、广西从陆路通道出境，面向东南亚。从区域行政版图来看，区际开放是主要方面，国际开放只能实施间接对外开放。因此，沿陆路开放是主要开放方式，区内开放、区际开放是主要内容；国际开放是次要内容，经陆路开展国际贸易往来和交流，陆路交通网密集，可以进行沿路布局，具备实施沿路开放战略的地缘条件；可以进行沿长江布局，具备实施沿长江开放战略的地缘条件。

二是面向华南、华东、西南、中原、西北开放目标区决定战略定位。由于华中区地处内陆，这样的地缘条件决定了开放目标区只有一种选择方向，即内陆区际开放，国际开放在陆路只能实施间接开放，国际目标区只能是间接目标区。

从区际开放目标区及其特点分析来看，省会武汉距离广东广州 1 343 千米，距离上海 1 298 千米，距离北京 1 208 千米，距离重庆 1 370 千米[①]，距离成都 1 827 千米，距离陕西西安 1 058 千米，从区域影响力的实际情况看，一旦两座城市的直线距离超过了 1 000 千米，彼此的相互影响力会因为距离过远而减弱（影响力与距离成反比）。可以看出"华中经济区"是一个相对独立的经济区，省内拥有 5 758 万人口，本身就是一个局部大市场，建立以省城武汉为中心的区域经济增长极具备条件。限于地缘条件和气候条件，华中经济区与华南经济区和华东经济区的经济往来相对密切，"华中经济区"与"长三角地区"和"珠三角地区"经济影响关系相对强于"京三角地区"。

武汉距离湖南长沙 456 千米，距离江西南昌 408 千米，距离安徽合肥 636 千米，距离郑州 493 千米，湖北省与湖南、江西、安徽三省区的距离最近，符合飞行 1 小时经济圈的条件，符合高铁 1.5 小时经济圈的条件，

---

① 《中国地图册》，地质出版社 2006 年版，第 2 页。

集聚效应和扩散效应相对明显。可以形成"大区域联盟体",形成具有 2.281 亿人口的大区域市场(安徽人口 5 968 万 + 江西 4 488 万 + 湖南 6 596 万 + 湖北 5 758 万),并且这些地方地缘条件相近,气候特点相似,文化习俗相近,经济水平相似,可以相互联动、彼此促进。因此,建设华中经济区的开放目标区第一是周边地区,按照辐射力梯度递减原理推算,1 小时经济圈内影响力最大,华中经济区首先接受辐射的是中部省区;第二是沿京广陆路通道(铁路和公路)向南北两个方向延伸,向南直达广东沿海地区出海;向北延伸到中原经济区,与郑州联通;第三是沿长江走廊向东西两个方向延伸,向东直入江西、安徽、江苏、上海,出海;向西直达重庆、四川、贵州、广西、云南,出境;第四是沿陆路走西北方向,进入山西省、甘肃省以及新疆维吾尔自治区,经过西安、兰州、乌鲁木齐,并入亚欧大陆桥经济带,沿陆路丝绸之路,向西出境。

三是开放功能决定战略定位。安徽更多是接受"长三角经济区"的辐射,与"长三角"的亲和力较大,经济往来更为密切,安徽省会合肥距离江苏省城南京 185 千米,距离上海 555 千米,在陆路交通 1 小时经济圈范围。从区域经济发展战略以及开放经济发展战略的布局走势分析来看,向东开放的力量较大,向东部沿海开放的力量较大;向西开放的力量较小,向内地开放的力量较小;向西开放是过渡性开放,向东开放是主动性开放。以省城合肥为中心,形成东、西、南、北四个方向经济带,向南,过长江,直入江西境内,经安庆、景德镇,与南昌对接;向北,经蚌埠、经苏北、入山东,途径徐州、济南,并入京沪经济带,直达北京;向东,进入江苏,经南京,并入京沪经济带,直达上海;向西,进入河南,经信阳,并入京广经济带,或者进入湖北,与武汉对接。

江西和湖南两省更多是接受"珠三角"和"长三角"地区的辐射,与"长三角"地区与"珠三角"的亲和力较大,经济往来密切。湖南省城长沙与江西省城南昌的距离是 385 千米,南昌距离广州 970 千米,长沙距离广州 887 千米,处于飞航 1 小时经济圈,处于高铁 2.5 小时经济圈,具备区际开放条件。江西经京九线铁路和公路可直达广东,南下出海。湖南经京广线铁路和公路可直达广东,南下出海。向西经贵州省进入云南、广西,走陆路通道,可直达西南边境线,出境。向东,进入浙江,直达宁波、舟山,通过海路出境。

江西和湖南两省,一方面接受"长三角"地区的科技、资本、人才、产品、企业等经济资源,产业结构互补,经济结构互补,提高本地经济水平；另一方面，提供给内地与东南亚国家的出境通道，提供交通运输和物流服务，也将本地产品销售到内地去，以物流承载开放；人员到沿海地区工作、学习、生活，以人流承载开放；不断开展信息交流，以信息流承载开放。从全国区域经济特点以及功能分工看，华中地区对外开放的战略定位应当是：长江水道与京广路道交汇枢纽经济增长极，武汉为区域内中心都市，其极化有效作用主要在湖北省内。

**2. 建设沿路开放、沿江开放、临空开放平台**

华中区坐落于长江水道两侧，京广大通道和京九大通道两侧，具有得天独厚的沿江和沿路交通优势，分布有 31 个飞机场，具有良好的陆路交通条件、水路交通条件和航空交通条件，可以实施沿江开放战略，可以实施沿路开放战略，可以实施临空开放战略。

一是建设沿江开放平台，长江经济走廊东起上海、西至重庆，中心站为武汉。湖南处于长江中段江南区位，沿长江南岸生成了许多大中城市，株洲、湘潭、长沙、岳阳、益阳、常德、张家界等，诸多城市连片构成经济带，其中长沙、株洲、湘潭构成"长株潭三角洲"。湖南省有 1 个吞吐量 1 亿吨以上的国际贸易口岸——岳阳港，也是中国内陆省区最大的国际航运港口，直航中国香港地区、中国台湾地区、日本、韩国的港口。安徽处于长江中段江北区位，长江流经安徽境内，沿岸两侧生成许多大中城市，马鞍山、芜湖、铜陵、池州、安庆、宣城、巢湖、合肥、黄山、滁州等，诸多城市连片构成经济带，称为"皖江经济带"。"皖江经济带"是安徽省经济发展最为活跃地区，也是长江经济走廊上最为活跃地段之一。江西处于长江中段江南区位，沿长江南岸生成了许多大中城市，上饶、鹰潭、抚州、景德镇、九江、南昌、新余、宜春、萍乡等，诸多城市连片构成经济带，这一区段是江西省经济发展最为活跃地区，也是长江经济走廊上最为活跃地段之一。江西水路运输发达，九江市为重要内河港口。湖北处于长江中段江北区位，沿江北岸生成许多大中城市，黄石、黄冈、鄂州、武汉、孝感、荆门、宜昌、恩施等，诸多城市连片构成经济带，这一区段是湖北省经济发展最为活跃的地区，也是长江经济走廊上最为活跃的地段之一，形成了武汉阳逻港、宜昌云池，荆州盐卡、黄石棋盘州四大港口综合运输体系。

二是沿路开放。华中地区交通路网密集，铁路、公路设施条件较好，通行便利，形成了以高速公路网和铁路网（高速铁路网）为骨干的交通系统平台，支撑沿路经济发展以及社会经济开放事业，形成沿路开放格局。

湖北省高速公路 4 006 千米（湖北省国民经济和社会发展统计公报 2012 年数据），形成了密集的高速公路网。省内骨干铁路有 8 条线，铁路总营运里程达到 3 463.33 千米（湖北省国民经济和社会发展统计公报 2012 年数据）。湖南省国家高速公路 8 条，高速公路通车里程已达到 5 084 千米（湖南省国民经济和社会发展统计公报 2013 年数据）。省铁路交通已形成了以长沙、株洲、衡阳、怀化 4 大铁路枢纽，辐射省内及周边地区，铁路营运里程 3 840.7 千米（湖南省国民经济和社会发展统计公报 2013 年数据），形成铁路运输网。江西高速公路通车里程 4 335 千米（江西省国民经济和社会发展统计公报 2013 年数据），省内有 5 条铁路干线。安徽省公路网络密集，南北方向有 3 条主干道，东西向有 3 条主干道。形成了沿路布局的经济带和经济区。

三是临空开放平台。华中四省区共有机场 31 个，其中枢纽机场 4 个，国际机场 7 个。通航国内外主要枢纽机场，形成与国内各省区联系空中通道，并通过国内大型枢纽机场（主要通过北京、上海、广州）联通世界各地，形成空中开放网络。湖北省有机场 7 个，其中一个国际机场（武汉天河国际机场）；湖南省有机场 8 个，国际机场 2 个（长沙黄花国际机场、张家界荷花国际机场）；江西有机场 8 个，国际机场一个（南昌昌北国际机场）；安徽省有机场 8 个，国际机场 2 个（合肥新桥国际机场、黄山屯溪国际机场）。

**3. 建设以武汉为中心的枢纽经济平台**

华中地区最大的城市是武汉市，地理位置处于"京广经济大通道"和"长江经济大通道"交汇之处，武汉是华中地区的交通枢纽，具有水、陆、空立体交通网络；武汉是华中地区最具有经济活力的极点；武汉城市规模足够形成大市场，具有 1 000 多万人口，占地幅员辽阔；武汉具有创新聚力的条件，大学数量多，科研院所数量多；武汉辐射范围可达 1 000 千米，因此，武汉具备成为华中地区经济中心的条件，建设以武汉为中心的枢纽经济平台，形成经济发展和对外开放的重要载体。

一是武汉是华中地区的交通枢纽。武汉市是"长江经济走廊"中四个大都市（上海、南京、武汉和重庆）之一，这四座城市都同时具备水陆空运输条件，都是在交通枢纽之地。武汉同时具备沿江、沿路、临空三大优势。武汉处于京广经济带之上，京广经济带的活力要比贵西经济带的活力强，武汉相对于重庆而言其沿路优势明显，相对于南京的优势也明显。武汉也是高铁客运专线网主枢纽区。武汉天河国际机场是国家公共航空运输体系确定的全国八大区域性枢纽机场之一。武汉是重要内河港口城市，是长江中游航运中心。2013 年，武汉新港港口货物达到 13 237.8 万吨和集装箱吞吐量 85.28 万标箱，成为长江中上游首个"亿吨大港"。因此，武汉在华中地区的比较优势最为突出，庞大的物流、人流、信息流足以促成武汉中心城市地位，其地缘优势相近于美国的芝加哥。

二是武汉是华中地区具有经济活力的极点。武汉市 2012 年全年地区生产总值 8 003.82 亿元①。2013 年（GDP）生产总值达到 9 051.27 亿元，在全国 15 个副省级城市中位居第四位。武汉是重要的工业基地，规模以上工业总产值达到 9 018.88 亿元（2012 年指标），2012 年末企业数量 18.82 万户②，分布在造船、制造、医药、钢铁、汽车、光电子、化工、冶金、纺织等领域，国家级经济技术开发区有 3 个（武汉经济技术开发区、武汉东湖新技术产业开发区、武汉临空港经济基数开发区）。2012 年，全年社会消费品零售总额到达 3 432.43 亿元。武汉是金融市场、金融机构、金融产品同时汇聚的城市，银行密度较高，有上市公司 57 家（武汉统计局 2012 年指标），是除"上交所"和"深交所"之外唯一合法的场外交易市场"新三板"的全国首个扩容试点城市。

三是武汉城市规模足够形成大市场。武汉市 2012 年统计指标显示，当年常住人口 1 012 万人③，户籍人口 821.71 万人，全年城市居民人均可支配收入 27 061 元，人均消费支出 18 813.14 元。从上述指标分析可以看出，武汉具有足够的区内大市场条件，人口数量多，人均消费能力强（人均 GDP 接近 15 000 美元），消费潜力巨大，在方圆半径 120 千米范围内可以汇集超过 2 000 万人口的市场容量，对于临近省区的省会城市来说，武汉具有区域市场优势（见表 4-1）。

表 4-1　　　　华中地区五个省会级城市主要经济指标对比

| 项目 | 武汉 | 长沙 | 南昌 | 合肥 | 郑州 |
|---|---|---|---|---|---|
| 城市性质 | 湖北省会 | 湖南省会 | 江西省会 | 安徽省会 | 河南省会 |
| 距离武汉市（千米） | 0 | 456 | 408 | 636 | 493 |
| 面积（平方千米） | 8 494 | 11 819.5 | 7 402.36 | 11 408.48 | 7 446.2 |
| 人口（万人）（2013 年） | 1 012 | 722.14 | 504.3 | 761.1 | 903.1 |

①②③　武汉市统计局，《2012 年武汉市国民经济和社会发展统计公报》，2013 年 3 月 7 日。

| 项目 | 武汉 | 长沙 | 南昌 | 合肥 | 郑州 |
|---|---|---|---|---|---|
| 经济总量 GDP（亿元人民币） | 9 051.27（2013 年） | 7 153.13（2013 年） | 3 336.52（2013 年） | 4 672.9（2013 年） | 6 201.90（2013 年） |
| 人均 GDP（元人民币）（美元） | 89 439 14 758 | 99 054 16 345 | 66 616 10 992 | 61 500 10 141 | 68 673 11 332 |

资料来源：根据 2013 年度湖北省、湖南省、江西省、安徽省、河南省统计局颁布统计数据整理绘制。

四是武汉具有创新聚力的基础条件。武汉市 2012 年统计指标显示，武汉拥有中等职业技术学校 129 所，在校学生 13.23 万人，高等院校已发展到 85 所，在校大学生和研究生总数已达到 118.33 万人[1]，占全国在校大学生和研究生总数 2 473.1 万人的 4.78%，在全国 15 个副省级大城市中名列第一。拥有政府部门所属科研机构 104 所[2]，国家级工程技术研究中心 23 个，国家重点实验室 20 个，国家实验室 1 个，国家工程实验室 3 个，国家级企业技术中心 19 个，具有科技研究的技术基础。

五是武汉辐射范围可达 600 千米。按照"3 个 1 小时"经济圈半径测算，陆路汽车交通 1 小时经济圈半径为 120 千米，陆路高铁交通 1 小时经济圈半径为 350 千米，飞机交通 1 小时经济圈半径为 800 千米，以武汉为中心可以形成两个覆盖范围，陆路交通 1 小时可达范围和航空交通 1 小时可达范围。第一级商圈范围，以武汉为中心，方圆半径 120 千米范围内汇集了 6 个大中城市，武汉、黄石、鄂州、黄冈、孝感、咸宁，汇集人口 2 700 万（根据 2010 年 11 月 1 日第六次全国人口普查主要数据计算，湖北省常住人口有 5 723.77 万人），足以形成区域大市场，足以形成经济中心的功能。第二级商圈范围，以武汉为中心，方圆半径 600 千米范围内汇集了 5 个省会级都市，湖北省会武汉、湖南省会长沙、江西省会南昌、安徽省会合肥、河南省会郑州，武汉距离长沙 456 千米，武汉距离南昌 408 千米，武汉距离合肥 636 千米，武汉距离郑州 493 千米。

本书认为：由于"长三角"地区、"珠三角"地区、"京三角"地区体量较大，极化作用较强，安徽、河南受"京三角"和"长三角"的影响大于武汉，湖南、江西同时受到"长三角"和"珠三角"的影响大于

---

[1] 中国新闻网，武汉在校大学生数量全球城市第一，2013 年 1 月 5 日。
[2] 武汉市统计局：《2012 年武汉市国民经济和社会发展统计公报》，2013 年 3 月 7 日。

武汉。因此，武汉作为区域经济增长极的"极化作用"实际上会打折扣，极化影响力在半径 300 千米范围内有效，半径在 400 千米范围内较为有效，半径在 600 千米的范围内略微有效，超过 600 千米极化作用力微弱。因此，将武汉作为局部区域中心的战略定位是可行的。

## 4.4.5　中原地区战略指向华北跨区域开放

中原区属于内陆地区，主要以河南省为主要省区，外围扩展到山西，向西延伸到山西全境和陕西东部，向南延伸到湖北北部，向东延伸到安徽境内，以及山东西部地区，向北延伸到河北省南部地区，是以亚欧大陆桥经济带（丝绸之路经济带）和京广陆路经济带交叉地为中心所形成的经济区，属于"沿黄（河）经济区"的中下段部分。这一地区距离东部出海口最近距离也要 700 千米，周边省区交错，相互包容，古时以黄河为载体，从内蒙古包头市向南流，切割吕梁山，形成两岸省区，东岸为山西，西岸为陕西，流至陕西潼关、山西永济和河南故县之处，黄河与渭河汇合，改道向东流去，形成三省交界，黄河南岸为河南省，黄河西岸为陕西省，黄河东岸为山西省，自此步入中原。现代交通是公路、铁路和航空，黄河的运输功能衰弱，中原地区的人流、物流、信息流交汇之处是依托"京广陆路大通道"和"陇海陆路大通道"。因此，河南省为中原地区经济中心，省会郑州为中心城市，以此为中心向周边地区渗透，形成跨区域发展平台。

河南省区特点：位于中国版图中东部，分布于黄河中下游河段两侧，国土面积 16.7 万平方千米[①]，人口 9 388 万人（国家统计局 2012 年初数据）。

山西省区情特点：地处黄土高原东部，全省总面积 15 万多平方千米[②]，总人口 3 593 万（国家统计局 2012 年初数据），是煤炭产量大省。

### 1. 战略定位：亚欧大路桥与京广大通道枢纽增长极

中原地区属于内陆地区，对外开放只能借助陆路交通方式，实施区际开放战略，国际开放只能借助区际开放为平台实施间接开放，依托区内外的通道就显得十分重要，恰好中原区位于亚欧大陆桥（陆路丝绸之路）通道之上，同时也位于京广大通道之上，处于两个大通道的交汇之处，这是

---

①② 《中国地图册》，地质出版社 2006 年版，第 122 页。

中原地区得天独厚的条件。因此，中原地区对外开放战略的定位应当是：亚欧大路桥与京广大通道枢纽增长极，中部地区的经济中心。

一是位于亚欧路桥与京广路桥交汇枢纽地的区位特点决定战略定位。中原区地理位置以河南省为主，省会郑州为中心。战略指向向东对接沿海地区，从陆路到沿海出境，只能间接对外开放；战略指向也可以向西沿亚欧大陆桥，向陕西、甘肃、宁夏、新疆延伸，通过西部新疆口岸进入欧洲，从陆路也只能间接对外开放。因此，沿陆路开放是主要开放方式，区内开放、区际开放是主要内容，国际开放是次要内容，经陆路开展国际贸易往来和交流，陆路交通网密集，可以进行沿路布局，具备实施沿路开放战略的地缘条件。

二是面向华北、华东、华中、西南、西北开放目标区决定战略定位。由于中原地区地处内陆，这样的地缘条件决定了开放目标区只有一种选择方向，即：内陆区际开放，国际开放在陆路只能实施间接开放，国际目标区只能是间接目标区。

从区际开放目标区及其特点分析来看，省会郑州距离首都北京 747 千米，距离天津 778 千米，距离上海 1 177 千米，距离广州 1 836 千米[①]，郑州距离湖北武汉 493 千米，距离陕西西安 565 千米，距离山西太原 546 千米，距离山东济南 448 千米，距离青岛 844 千米，距离河北石家庄 411 千米。对比分析可以看出，"中原经济区"与"京三角经济地区"（京津冀）的距离最近，符合飞行 1 小时经济圈的条件，符合高铁 2.5 小时经济圈的条件，集聚效应和扩散效应最为明显，主要出海口是天津和青岛；其次是衍射到山东济南、日照、烟台，第三是延伸到江苏连云港，以及上海港。

因此，中原经济区的开放目标区首先是周边地区，按照辐射力梯度递减原理推算，3 小时经济圈内影响力最大，中原经济区接受辐射首先是"京三角"地区；其次是沿陇海铁路和公路向东直达以山东半岛为边界的东部沿海地区；再次是沿陆路向南与湖北武汉链接，进入华中经济区；再其次是沿亚欧大陆桥向西深入到陕西，进入陆路"丝绸之路"经济带，再向西经新疆出境；最后是向西北辐射到山西境内。

三是开放功能决定战略定位。中原区的开放内容首先是本地资源的外运，然后是外来商品的进入，河南省是农业大省又是人口大省，两个方面都有出省的内在要求。一方面，接受"京三角"地区的科技、资本、人

---

① 《中国地图册》，地质出版社 2006 年版，第 2 页。

才、产品、企业等经济资源，产业结构互补，经济结构互补，提高本地经济水平；另一方面，提供给内地与西亚和东北亚国家的出境过路通道，提供交通运输和物流服务，发展过境贸易，同时也将本地的产品销售到其他地区去，以物流承载开放；人员到外地工作、学习、生活，以人流承载开放；不断开展信息交流，以信息流承载开放。因此，从全国区域经济特点以及功能分工看，中原地区对外开放的战略定位应当是：亚欧路桥与京广路桥交汇枢纽经济增长极。

**2. 建设陆路区际开放平台**

中原经济区能够担纲"亚欧路桥与京广路桥交汇枢纽经济增长极"战略定位，需要建设两大开放平台："沿路开放平台"和"临空开放平台"。沿路开放是指以郑州为中心形成增长极，发展沿路开放型经济，突出"郑州枢纽"地位，沿京广线南北辐射，沿陇海线东西辐射，发展沿路经济带。

本书认为：中原经济区对山西的影响力较弱，主要接受京津冀辐射。

山西省交通网络是华北地区交通网向西延伸的部分，省内形成以铁路、公路为主，航空为辅的交通运输网络。2012 年，全省铁路营运总里程达到 3 773.7 千米，全省公路线路里程 13.8 万千米，高速公路 5 011.1 千米。山西的交通运输网络主要通过东西方向进出省区，有两条主要通道，一条是向东经山西省会太原、河北石家庄进入东部地区；另一条是经山西大同、河北张家口、北京进入东部地区，两条主干线通道均不通过河南。

山西虽然是属于中部地区，但是直接接受以北京为中心的"京三角"地区的地缘辐射明显，实际往来情况也是如此，经济、贸易、物流、文化、教育、人员往来等方面，都与北京的联系为多，可以认为山西是"京津冀"经济圈的外围部分，而与河南的相互影响力较弱。

临空开放是指以太原武宿国际机场和郑州新郑国际机场为区域枢纽机场，形成辐射，河南和山西两省区共有机场 11 个，其中 2 个国际机场，直飞国内各个枢纽机场，链接国内外航线。需要关注的是，随着高速铁路贯通，从太原、郑州到北京的交通方式将以陆路为主，航空主要转变为远距离运输，"临空开放"的主要内容是服务于跨省区开放和跨国开放。

**3. 建设以郑州为中心的枢纽经济平台**

郑州是整个中原地区地理中心和交通枢纽，东西"龙海线"和南北"京广线"两条骨干交通线交汇于郑州，是国家举足轻重的铁路、公路、航空、水利、通讯、管道、能源、物流枢纽。郑州是国家铁路货运中心、国家公路物流中心、中南邮政物流中心、国际航空货运中心，具有公路港、铁路港、航空港"三位一体"的物流体系，是综合交通枢纽，是亚欧大陆桥和进出西北六省的门户，这一独特地理位置成为发展枢纽经济的条件。

一是具有十字交叉的公路网和铁路网系统。河南省内公路交通网络发达，截至2013年年底，河南高速公路通车里程达5 858千米，居全国第一位。具有17条国家高速公路及50余条区域地方高速公路。中原城市群地区是中国高速公路网密度较大的区域之一。郑州、商丘、洛阳、南阳、信阳等都是国家铁路交通十字枢纽。截至2013年年底，河南省客运和货运铁路营业里程5 165千米，居全国第一位。郑州站是国内交通最为繁忙的客货运国家综合交通枢纽站。郑州北站是亚洲最大的铁路客货运编组站，郑州东站是国内最大的铁路运输业务中转站。郑州东站是亚洲首座规模最大设计时速350千米国家高速铁路特大型综合交通枢纽。截至2013年年底，河南高速铁路通车里程居全国第一位。郑州成为国内普通铁路网和高速铁路网中唯一的"双十字"中心，形成以郑州为中心的中原城市群，高铁"半小时经济圈"、中原经济区"1小时经济圈"和辐射外围"3小时经济圈"。

二是具有郑州国际空港。至2012年年底，国家民航总局将郑州航空港列为全国八大航空枢纽之一，"郑州航空经济综合实验区"是首个国家级航空港经济综合实验区，国务院将郑州定位为"国际航空物流中心、国际化陆港城市"。郑州铁路枢纽、公路枢纽和航空枢纽"三纽联动"，完全具备发展枢纽经济的条件，形成以郑州为中心，以铁路网、公路网、民航网为平台，服务整个中原地区的发展极，并牵动周边地区。

三是郑州极化效应具有相对独立性。郑州的经济影响力主要服务于河南省，以及周边与河南交界的省区，包括河北南部、山东西部、安徽西部、湖北北部、山西东部、陕西东部。郑州距离湖北武汉493千米，距离陕西西安565千米，距离山西太原546千米，距离山东济南448千米，距离河北石家庄411千米，距离安徽合肥622千米。这些城市之间均在影响力的范围之内，即半径1 000千米范围内。但是，陕西西安是独立经济增长极，极化效应辐射在陕西省内；湖北武汉是独立经济增长极，极化效应辐射在湖北省内；安徽省主要受到"长三角"地区极化效应影响，省会合肥不具备独立经济增长极的条件，对周边地区极化效应影响较弱，主要发挥区域副中心作用；山西省主要受到"京三角"地区极化效应影响，省会太原不具备独立经济增长极的条件，对周边地区极化效应影响较弱，主要发挥区域副中心作用；山东省属于沿海地区，主要受到"京三角"和"长三角"地区极化效应影响，省会济南不具备独立经济增长极的条件，对周边地区的极化效应影响较弱，主要发挥区域副中心作用；河北省属于沿海地区，主要受到"京三角"地区极化效应影响，省会石家庄不具备独立经济增长极的条件，对周边地区的极化效应影响较弱，主要发挥区域副中心作用。

从上述分析可以得出结论，郑州作为中原地区的"极地"具备条件，极化效应辐射半径在 500 千米之内，中心区半径在 300 千米左右，形成以郑州为中心，以京广沿线和陇海沿线为纽带，东西南北四个方向发展的区域经济增长极，形成中原枢纽经济平台（见表 4 - 2）。

表 4 - 2　　河南郑州市与周边地区五个省会级城市主要经济指标对比

| 项目 | 郑州 | 太原 | 石家庄 | 合肥 | 武汉 |
|---|---|---|---|---|---|
| 城市性质 | 河南省会 | 山西省会 | 河北省会 | 安徽省会 | 湖北省会 |
| 距离郑州市（千米） | 0 | 546 | 411 | 622 | 493 |
| 面积（平方千米） | 7 446.2 | 6 988 | 20 235 | 11 408.48 | 8 494 |
| 人口（万人）（2013 年） | 903.1 | 427.77 | 1 276.37 | 761.1 | 1 012 |
| 经济总量 GDP（亿元人民币） | 6 201.90（2013 年） | 2 412.87（2013 年） | 4 863.6（2013 年） | 4 672.9（2013 年） | 9 051.27（2013 年） |
| 人均 GDP（元人民币）（美元） | 68 673 11 332 | 56 405 9 385 | 42 686 7 102 | 61 500 10 141 | 89 439 14 758 |

　　资料来源：根据 2013 年河南省、山西省、安徽省、湖北省、河北省 2013 年省统计局统计数据整理绘制。

# 4.5　培养国际企业带动开放

经济贸易往来是区域对外开放中最重要的领域。企业是经济活动和贸易活动主体，企业活力就是经济活力，无论是投资活动还是消费活动，都通过企业行为表现出来的。西方发达国家经济成长历史和对外开放历史，都是一部本国企业国际化的历史，都是本国跨国公司发展壮大的历史。国家经济活动通过本国的国际企业开展国际贸易，或采购国外商品，或对外投资，输出产品、输出资本、输出技术、输出商业模式、输出价值理念、输出品牌、输出国家标准，共同构成对外开放内容。

以世界《财富》500 强企业为例：1995 年，中国只有 3 家企业入围（包括中国香港地区、中国澳门地区、中国台湾地区），分别是：中国银行、中国化工和中粮集团。到 2000 年，中国 14 家企业入围（包含中国台湾地区 1 家）。到 2005 年，中国入围企业又增加到 20 家（包含中国台湾地区 2 家，中国香港地区 1 家）。到 2010 年，中国有 66 家企业入围（包含中国台湾地区 8 家，中国香港地区 4 家）。到 2015 年，中国已经增加到 118 家企业入围（包含中国台湾地区 7 家，中国香港地区 5 家）。20 年时间里，中国企业进入世界 500 强增加了 115 家，经历了从无到有、从少到多的发展过程（见图 4 - 6）。

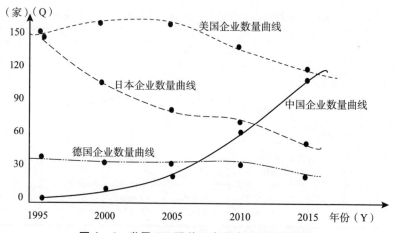

**图 4 - 6　世界 500 强前四个国家企业数量曲线**
资料来源：根据 1994 ~ 2015 年世界《财富》500 强企业历史资料绘制。

同期比较，美国企业数量，1995 年入围 151 家，2000 年入围 179 家，2005 年入围 175 家，2010 年入围 140 家，2015 年入围 128 家，峰值年份 2002 年，入围 197 家，此后呈下降趋势，到 2015 年与 2002 年峰值年份比较，减少了 69 家。日本企业数量，1995 年入围 149 家，2000 年入围 107 家，2005 年入围 81 家，2010 年入围 71 家，2015 年入围 54 家，峰值年份 1995 年，入围 149 家，此后呈下降趋势，到 2015 年已经减少到 54 家，比峰值年份减少了 95 家。由上述情况可以看出，西方发达国家过去长时间稳居世界经济引领地位，在世界 500 强企业中，发达国家企业数量占多数，近些年中国企业数量在增加，正在逐步吃掉西方国家企业所占份额，说明中国企业国际化、规模化、现代化成长势头开始发力。

## 4.5.1  企业生存状况实证分析

随着国家建设事业发展，中西部地区企业同全国企业一道享用改革开放带来的红利，在西部开发、中部崛起以及东北振兴政策惠及中成长受益。总体分析来看，企业处于成长向好态势。但是也存在许多困难，存在诸多问题，存在亟待改进的方面。西部地区企业数量以中小型企业为主，中小企业成长问题集中在政策问题、体制机制问题和自身管理问题，有些是与企业性质有关，长时间存在的问题，有些是近几年经营形势变化突出表现出来的。

2012 年，我们问卷调查了 168 家企业，覆盖了 19 个省（市、区），分别是贵州，湖北，湖南，内蒙古，山东，河北，山西，黑龙江，河南，浙江，青海，陕西，安徽，云南、甘肃、四川、江苏、北京、广东。其中甘肃20 家，江苏32 家，北京16 家，广东50 家，四川20 家，其他30 家。企业资产性质绝大部分是民营企业和股份制企业；企业行业分布于26 个行业门类，包括：市政、电子、贸易、房地产、酒店、制药、轻工、物流、广告、化工、冶炼、医疗、零售、水泥、机械、石油、环保、教育、餐饮、服装、家具、食品、汽车、旅游、电信、拍卖等；企业平均年龄为12.9 年，最短为 5 年，最长为 50 年，企业年龄级差为45 年；企业业主年龄范围在 30 岁以下 12 位，占 7.14%，30~40 岁 87 位，占 51.78%，40~50 岁 50 位，占 29.76%，50~60 岁 16 位，占 9.52%，60 岁以上 3 位，占 1.78%。

**1. 企业自身评价满意度为 45.23%**

调查资料显示企业发展状态自我评价情况，其中总体评价：很满意 3 (1.78%)，满意 76 (45.23%)，无感觉 12 (7.14%)，不满意 12 (7.14%)，很不满意 3 (1.78%)。满意和很满意选项总量超过不满意和很不满意选项总量，权重比为47.01:8.92，量差为38.09，满意度指标为4.7 分（满分为 10 分），说明满意度中等。分区评价东部地区企业满意度较高，中西部地区低于东部地区，甘肃省满意度最低，江苏省满意度最高。敏感度评价：无感觉选项为 12，比重仅仅为 7.14%，说明企业对自己的发展状态指标高度敏感，感应性很强。

**2. 对近期国家宏观经济政策评价满意度为 35.71%**

宏观经济政策评价情况，总体评价（选项）：很满意 4（2.38%），满意 60（35.71%），无感觉 43（25.59%），不满意 56（33.33%），很不满意 5（2.97%），满意和很满意选项总量超过不满意和很不满意选项总量，权重比为 38.09∶36.3，量差为 1.79，满意度指标为 3.8 分（满分为 10 分），说明满意度较低。分区评价：东部地区高于中西部地区，说明东部地区对国家政策惠及度高于中西部地区。敏感度评价：无感觉选项为 43，比重为 25.59%，说明企业对国家宏观经济政策不敏感，感应度较弱。

**3. 对当地政府部门服务质量评价满意度为 36.90%**

地方政府服务质量评价情况，总体评价（选项）：很满意 5（2.97%），满意 62（36.90%），无感觉 35（20.83%），不满意 55（32.73%），很不满意 11（6.54%），满意和很满意选项总量超过不满意和很不满意选项总量，权重比为 39.87∶39.27，量差为 0.6，满意度指标为 3.9 分（满分为 10 分），说明满意度较低，且满意程度不均衡，反差较大。分区评价：东部地区高于中西部地区，说明东部地区对地方政府的服务质量惠及度高于中西部地区，中西部地区企业对政府的服务质量满意程度不如东部地区，当地政府需要提高工作水平和服务质量。敏感度评价：无感觉选项为 35，比重为 20.83%，说明企业对地方政府的服务敏感，感应度较强。

**4. 企业能力弱小、融资困难成为长期存在的突出问题**

中小型企业一开始就长时间处于政策环境不利、产业环境不利、市场环境不利地位。经济理论上倡导规模经济，认为小企业规模不经济，社会关注度低。在产业发展方面，限于资本、技术、政策等因素，中小企业只能进入壁垒低的行业，基本上处于产业链低端，主要分布在劳动密集行业，以手工工业、加工工业、服务业等行业为主，只能赚点儿辛苦钱。在政策方面，地方政府主张"抓大放小"、重视"龙头企业"，地方政策招商引资行动欢迎外地企业，对外资企业有优惠政策，国有企业有国家信誉背景公信力强，大量中小型民营企业开始就处于市场竞争不利地位，企业要求国民待遇强烈。

大部分中小企业创办时间短，基本上处于谋生阶段，市场地位不稳定，即使处于成长阶段的企业也是经营乏力，新生企业与死亡企业数量大，企业进出行业频繁，企业生命周期较短（平均 10 年左右），属于劳动密集依赖和资源依赖，缺少自主知名品牌，融资困难问题长时间未能解决，资金问题仍然是老大难。

自 2010 年以来，市场结构变化，国家实施经济刺激计划以及扩大内需政策，企业以内销产品为主，扩大内需效果明显。外销市场仍然不稳定，欧洲市场仍然低迷，汇率风险仍然存在，企业在观望。2011～2013 年期间有些地区用电紧张，为了完成节能减排指标，拉闸限电，每周只有三天送电，"开三停四"，企业为赶订单无奈只能购买柴油发电机，自己发电，成本很高，也造成柴油紧张。2015 年后进行供给侧结构改革，去产能、去库存、去杠杆、补短板，一批企业先后退出（例如：服装行业、纺织行业、煤炭行业、钢铁行业、传统服务业等）。

由于行业生产环境制约，有些企业家已经"审美疲劳"，不喜欢自己从事的事业，干啥不爱啥，投入研发力量不足，大部分企业没有研发机构，原始创新薄弱，行业发展不稳定。中小企业赚的是辛苦钱，依靠企业家魅力发展，长时间工作以及生活无规律，企业家身心健康状况令人担忧。

### 5. 金融危机后经营环境变化困难增多

中小企业困局在金融危机全面爆发之前就已出现，2007 年底开始严峻，并逐步向内地扩散，最终影响到中西部地区。问题企业空间分布走势是：先沿海、后内地，由沿海经济向内地经济扩散；问题企业行业分布走势是：先外向型出口加工类工业企业、后其他类企业，由加工业向其他产业扩散。

2010 年以来，企业运行成本大幅度升高，过去企业每年调整工资一次，现在有些企业每半年就调整一次，甚至每季度就调整工资一次，否则留不住人，工资上涨约 30%，劳动力成本升高约 30%，原材料成本升高约 30%，市场萎缩压力和成本上升压力令企业雪上加霜，艰难度日。近几年，出现全国性的用工荒、招工难，有相当一部分企业设备闲置，开工不足。一方面企业招工难，另一方面人们就业难，人们（特别是青年人）向往并愿意就业的领域或岗位，与社会提供并需要的就业领域或岗位，无论是产业性质、地域分布，还是岗位数量都反差太大，例如：国家公务员考试百里挑一，甚至千里挑一，劳动力结构性短缺和结构性过剩矛盾十分突出，甚至出现主动失业人群，隐性失业人群。

### 6. 政策环境存在需要改进的问题

政策落后于市场情况，政策出台总慢半年或一年，有些政策是保护穷人的，而穷人往往跑得慢，结果板子还是打在穷人身上；企业国民待遇民营企业感受不多，外资企业有优惠政策，国有企业有政府信誉备书，民营经济在一些行业进入难；有些地方官本位严重对企业家认可不够。当地政府窗口部门存在服务质量问题，地方政策不稳定，一届领导一个做法，政策连续性差；不懂经济的人从事经济管理工作效率低，工作人员素质亟待提高。有些地方政府很少直接提供服务，个别部门卡、查、罚较为严重，口号喊得多实际问题解决不了。企业发展难题增多，例如：人才问题，招工难、用工荒、留不住、高素质人才缺乏；资金问题，贷款难、借钱难、找钱难。

上述研究分析表明：

对于共性问题，东中西部地区企业情况是一致的，相对于国有企业和外资企业而言，中西部地区企业情况不如东部地区，特别是西部地区企业发展更为艰难，无论是企业数量、比重、规模，都不如东部地区。

地方政策环境来看，中西部地区和东北地区，地方政府提供的软环境不如东部地区，服务质量不如东部地区。改进这些情况需要进一步调整政策，加大对企业发展支持力度。

企业国际化要求压力很大，东部地区企业正在转型发展，蜕变性增长能力蓄势待发，产业升级积极推进，西部地区和东北地区后发产业薄弱，原有产业优势正在逐渐消退，存在产业断代的潜在危机。

迫切需要中西部地区提高政府服务质量，改善投资环境，造就国际企业家群体，培植地方龙头企业，倡导规模经济和势力经济，扶持中小企业成长。

## 4.5.2　多种方式推进企业国际化

企业国际化建设进程中，企业业务国际化扩展，企业市场范围国际化扩展，实现方式也会多种多样，设立国际机构实现国际化，到东道国办厂实现国际化，国外直接投资实现国际化，兼并外国企业实现国际化，创建国际网络平台方式，创建联合体方式，创建命运共同体方式等。

**1. 创造多种形式实现企业国际化**

一是设立国际经营机构实现国际化。企业将某些业务部门放到国外去，开辟国际窗口，从而实现国际化经营。一般情况下，企业建立海外经营中心是最常见的国际化做法，企业要开展国际业务，就需要将产品或者服务的展示窗口放到国外去，既作为一个展示平台，也作为一个服务平台；既提供产品展示和销售的柜台，也提供一个售后服务的平台，同时也是收集当地市场信息，分析客户情况的平台，也是探索海外领地的触角。

二是设立国际研发机构实现国际化。企业将研发机构放到国外，选择一些国家或地区，设立研发机构或者研究院（所），这种机构可以与东道国企业合作创立，也可以独立创立，还可以与大学、研究院合作创立。一般情况下，海外研发机构都是建立在科研人才相对集中的地方，科技信息相对密集的地方，科研装备现代化相对集中的地方。

三是东道国办厂实现国际化。对于生产型企业，当企业产品在海外市场销售量足够大时，要考虑运输成本和售后服务对企业影响，可以将工厂外移到销售地，实施全球布局，通过到东道国办厂的方式实现企业国际化。

四是兼并外国企业实现国际化。可以将产品销售到海外市场、可以将技术销售到海外市场、可以将品牌销售到海外市场（OEM）、可以将资本输出到海外市场。输出本国资本是企业国际化重要方式，运用资本在国际市场上进行横向购并或者纵向购并，放大本企业规模，拓展海外业务，拓展国际市场份额，增强企业实力。

五是国外直接投资实现国际化。海外直接投资（FDI）是企业国际化高级形态，通过资本输出，直接到目的地国开发市场，投资办企业，投资办产业园区，投资并购企业或购并品牌，投资开发资源，投资建设基础设施，投资修路、架桥，投资建设公共物产等。国际上跨国公司大部分海外业务扩展都是采用直接投资，以资本输出带动产品输出、技术输出、管理输出、标准输出、品牌输出，将资本输出与其他输出方式相结合，以庞大的资本体量强力推进国际化，对于东道国同类企业发展好的企业，构成潜在竞争对手的企业，就采用合资合作、兼并重组的方式吃掉。

**2. 弘扬民族品牌实现企业国际化**

传承老品牌创造新品牌。塑造企业品牌需要长时间积累，甚至几代人的积累，绝不是一朝一夕的偶发行为，企业声望是一点儿一点儿堆积起来的，表现为信誉的积累、品质的积累、形象的积累，这个积累过程需要企业稳定商品（或服务）标识，稳定商标图案，稳定称呼，不要轻易改动，特别是具有原产地属性的产品或服务，更应该尊重初创时就形成的称呼或者标识，一代人一代人传承下去，一代人一代人积累下去，才会在消费者心目中积累形象和地位，才会形成消费偏好，形成消费者的忠诚度和美誉度，例如劳力士、欧米伽、同仁堂、茅台酒、五粮液酒等名牌，都是从出生至今从来没有改变过牌子。而事实上，企业中也确实存在品牌更换频繁的问题，将老祖宗留下来的老牌子不要了，自己重新设计品牌，甚至将具有原产地的特征都去掉了，如果这样下去怎么能做出来百年品牌？频繁更换商品名称或服务称呼就不可能在消费者心目中形成长久的品牌沉淀。

不断创新产品和技术支撑品牌。不同行业中的产品或服务性质不同，品牌称呼也不尽相同。例如：服装的牌子与电脑的牌子不同，手表的牌子与中药的牌子不同，手机的牌子与花卉的牌子不同，这样做的目的就是要"标新立异"，彼此之间差异性越大越容易表现异质性。因此，实物型产品或服务型产品都是随着科学技术进步不断创新，随着消费者需要的变化而不断出新，只有创新才能做到"标新立异"，才能凸显出来品牌的鲜明特点。即使是具有古老文化内涵的产品，或者具有古典形状的产品，也可以赋予新内容。产品与品牌是共生的，产品与企业是共生的，品牌与企业也是共生的。例如：同仁堂，标度为中药行业中的企业，也标度为中药产品的品牌，具有古典与现代结合的特点，三百多年来产品不断创新，但是品牌名称从来没有变化。再例如：通讯行业是一个现代行业，"iPad"是一个富有全新现代气息的产品，也是一个富有全新现代气息的品牌，从一出生就标度出了该产品的现代性质，即使该产品生命周期如何之短，都含有一个"新"的含义（或者品牌的灵魂）。

品牌传承与产品创新有机结合。现在将品牌的传承性与产品的创新性结合起来，将"不变"与"变"结合起来，赋予二者各自的载体，可以看出来其相互关系。不变的是品牌的称呼，包括企业名称、产品名称或服务名称，这些内容都是标度性的，都不变化，这样有利于形成品牌文化积累，有利于形成消费者认知。变化的是产品或服务，这个"变"，是向好的方面变，包括产品品质提高、产品数量增加、产品规格丰富、产品门类繁荣，都是"变"的具体表现。当然，同类产品中，还会有新品牌出现；同一品牌中，也会有新产品出现，这些都是"变"与"不变"的表现，但是无论如何表现，消费者的认知度、忠诚度、美誉度是评价企业品牌的唯一标准，即市场化标准。市场化标准既是出发点，也是落脚点，既是原则要求，也是检验标准。传承性与创造性共鸣，品牌创造只适用于新产品或新企业，即使是老产品创新也是为了老牌子的传承。

对于中小企业而言，走"小企业""大品牌"的路子，不强求把企业规模做大，而是要强调把品牌做大，企业大小是个组织概念，品牌大小是个市场概念，强调市场规模做大就是企业做大，强调品牌做强就是企业做强。在品牌建设过程中要将品牌创新与产品创新、技术创新、市场创新、经营创新同步，防止出现品牌称呼政治化问题、文化内涵与商品实物形态不匹配问题、商品实物很小而品牌称呼却很大的问题、品牌名称重复使用问题、品牌价值低估问题以及重视产品而不重视品牌问题等，这些问题的存在制约了中国民族品牌走上国际市场。

### 4.5.3　造就企业家群体

中西部地区相对于东部地区更需要企业家，需要一个庞大的企业家群体，既需要数量增长，也需要素质提高。一个庞大的、高素质的企业家群体将担负发展经济的重任，担负开创新局面，开展市场竞争，组织企业生产和经营，创立自主民族品牌的重任，同样也担任着实现对外开放以及国际化的责任和使命。

**1. 企业家群体主要问题分析**

企业家群体总体上存在下列问题：

一是中西部地区和东北地区企业家群体存在创业创新能力不足问题。企业空间分布指标，中西部地区和东北地区明显低于东部地区；到外地创业企业数量分布，中西部地区和东北地区明显低于东部地区；上市公司数量指标分布，中西部地区和东北地区明显低于东部地区。

根据 2016 年各个省（区、市）新三板市场挂牌企业情况分析来看，企业总数量为 7 703 家①（截至 2016 年 6 月底指标），分布情况显示出中西部地区明显不足，总量严重不足，质量严重不足，增量也严重不足。

从总量空间分布情况看：东北地区和西部地区十分落后。其中，东部地区有 5 577 家（北京、上海、天津、浙江、江苏、福建、广东、河北、山东共 9 个省市），占比 72.40%；中部地区有 1 080 家（河南、安徽、山西、湖南、湖北、江西共 6 个省），占比 14.02%；西部地区有 768 家（重庆、广西、云南、贵州、四川、陕西、青海、西藏、新疆、内蒙古、甘肃、宁夏共 12 个省区市），占比 9.97%；东北地区有 278 家（辽宁、吉林、黑龙江共 3 个省），占比 3.61%，

从总量及占比分布情况看：总量排名前 10 位的地区，西部省区市一个都没有。其中，北京 1 175 家（15.25%）、广东 1 103 家（14.32%），江苏 962 家（12.48%），上海 691 家（8.97%），浙江 666 家（8.64%），

---

① 21 世纪经济导报 2016 年 7 月 15 日第 9 版，新三板区域创新版图：北京领衔东西部分化明显。

山东 462 家（5.99%），湖北 278 家（3.60%），河南 264 家（3.43%），安徽 244 家（3.16%），福建 234 家（3.03%），四川 207 家（2.68%），湖南 150 家（1.94%），河北 151 家（1.96%），辽宁 149 家（1.93%），天津 127 家（1.65%），陕西 107 家（1.39%），江西 99 家（1.28%），新疆 84 家（1.09%），重庆 81 家（1.05%），黑龙江 71 家（0.92%），云南 64 家（0.83%），吉林 58 家（0.75%），广西 47 家（0.61%），内蒙古 46 家（0.59%），宁夏 46 家（0.59%），山西 45 家（0.58%），贵州 44 家（0.57%），甘肃 22 家（0.28%），海南 19 家（0.24%），西藏 4 家（0.05%），青海 3 家（0.04%）。

从增量分布情况看：东部地区增长最快，呈现爆发式增长，说明地区性创业动量十分强进，社会创业氛围十分高涨。其中，北京、上海、苏州四个城市最强；中部地区次之，西部地区和东北地区最弱。2015 年指标前10 位的省市区总量达到 1 600 家。排序分别是：北京（530 家），上海（290 家），深圳（149 家），苏州（157 家），杭州（86 家），广州（84家），武汉（115 家），无锡（72 家），成都（53 家），南京（64 家）。到2016 年指标，前 10 位的省市区总量 3 823 家，排序分别是：北京（1 175家），上海（691 家），深圳（490 家），苏州（339 家），杭州（256 家），广州（228 家），武汉（194 家），无锡（160 家），成都（147 家），南京（143 家）。前 10 名省市中，2016 年当年比 2015 年当年总量新增 2 223 家，增加了 1.39 倍。其中，北京增加 645 家，上海增加 401 家，深圳增加 341家，苏州增加 182 家，杭州新增 170 家，广州 144 家，武汉新增 34 家，无锡新增 88 家，成都新增 94 家，南京新增 79 家。而广大西部地区很少，东北地区不见踪影。这一情况说明：西部地区和东北地区发展后劲不足，在新一轮经济发展浪潮中，西部地区企业和东北地区企业的反应能力和适应能力明显不足，这一情况令人担忧。

二是企业家整体性存在身体亚健康问题。实际调查发现，企业家群体工作强度非常大，工作时间没有规律，白天黑夜几乎都在办公，电话 24小时开机，甚至手持 2~3 个电话，每日接听电话的频率过高。夜里往往都有应酬，需要出面接待，还要参与一些社会活动，工作非常辛劳。长时间的工作和操劳，使一些企业家长时间处于亚健康状态，身体过早衰老，疾病缠身，甚至英年早逝。因此，要提醒企业家们关注健康，要有良好的工作方式和生活方式。社会各个方面也要理解企业家职业的特殊性，给予更多关怀和同情，给予企业家群体宽松的社会氛围。

三是企业家整体性存在现代管理知识和经验不足问题。企业家群体的成长经历跟随改革开放历程具有阶段性特征。20 世纪 80 年代 "下海经商"创业的企业家群体中，绝大部分人教育背景不高，有农民、工人甚至有过不良记录的人等。由于创业门槛低，可进入的行业大部分在服务业领域，创业群体知识结构不需要太多专业要求。如今，早期创业成功的企业家们年龄均以 60 岁以上了，这部分创业者在实践中获得了知识，获得了财富积累，获得了成功的喜悦和失败的痛苦。

20 世纪 90 年代创业的企业家群体中，出现知识分子职业背景的创业者，进入具有一定知识和技能要求的产业领域，科技人员创业成为时尚。创业成功的企业家们如今年龄大多已经 50 岁以上了，个人具有的教育经历支撑了这一代企业家群体成长。

进入 21 世纪以后，创业者群体中，大学毕业教育背景的人群大量加入，还有一部分具有海外留学背景的人群加入，知识结构明显提高，受专业教育的时间明显增长，创业进入的领域也更多元化，创业形式也多样化，既有个人创业，也有小团队创业、大集团创业。在高技术领域中的创业者，绝大部分具有高等教育背景。在民营企业中，第二代创业开始进入接班角色，其后代继承人大部分都有高等教育经历。创业群体中倾向于青年化、知识化、专业化。但是，由于个人社会阅历浅薄，工作经验不足，没有老一辈创业者所经历的艰辛，其心理成熟度浅薄，面对艰难困苦的意志不如老一辈企业家。

四是民营企业整体性存在接班人难接班问题。调查情况显示：有些民营企业第一代创业者年纪已高，第二代接任者由谁来接班呢？第一代创业者后代不愿意接班的比重占 94%，愿意接班但没有能力接班的比重占 5%，真正能够接班的不到 1%。这种情况下，企业若要维系下去，只能引入职业经理人，而以工资形式雇用经理人的做法吸引力并不大，因为，职业经理人往往都是专家里手，大部分具有自己创业动机，只是时机不成熟，大部分认为做职业经理人不是终生职业选择，以智力入股、以管理入股、以企业家才能入股的形式逐步出现。因此，未来 10 年内中国民营企业股份化改造将浮出水面。

五是国有企业整体性存在领导人产生制度瓶颈问题。国有企业领导人产生和使用有严格组织程序，是参照政府公务员任用程序来操作的。第一，企业领导人有级别之分，与政府公务员级别相对应，分为县处级、地厅级（局级）、省部级，享受相应的政治待遇。第二，采用任命制，由上级机构任命企业领导人。第三，有机会调动，当组织需要时可以调动到其他部门工作，还可以直接任职政府部门。所以整个管理体制机制并不是市场化产生的，"职业经理人"制度并没有真正建立起来，"职业经理人"的市场价格机制并没有起作用，国家有关部门对"高管限薪"的举措，实际上就是政府管理部门直接干预的例子。因此，国有企业改革在经营管理机制方面积极推进，但是在"职业经理人"市场化方面改革，并没有太多进展，在造就国有企业家群体过程中还有很多工作要做，还有很多深层改革难题需要探索。

**2. 营造企业家群体涌现的社会氛围**

企业家群体在实践中涌现，并不是教室里培养出来的。地方政府创造企业成长的营商环境，营造企业家成长的社会条件和制度保障。而不能"拔苗助长""越俎代庖"，不能干扰企业家，更不能给企业家制造麻烦。行动上需要关注企业家群体成长，引领企业家进步，做企业家的知心朋友和有力支持者。

一是提供创业机会。提供轻松创业制度环境、商机环境、空间环境，鼓励社会各类群体创业（包括年轻人、也包括有能力的离退休人员），创业不是个别人的专利，年轻人可以创业，年长人也可以创业，而且具有更高的成功概率；城里人可以创业，农村人也可以创业，而且创业可以改变家族的命运；本地人可以创业，外地人也可以创业，异地创业压力更大。鼓励创新，以创新带动创业、以创业表现创新，创业与创新相结合。协助解决创业初始阶段的两大难题——资金问题和场所问题，提供初始创业场所，可以根据创业者的创业工作准备情况，提供一定时间内的免费创业活动场地，创建各类创业园区和企业孵化器；可以提供创业初始阶段启动资金，发展阶段的扩大资金，商业化生产阶段的支持资金。容忍创业失败和创新失败，创业者和创新者心理上敢于创业创新，行动上勇于创业创新，这本身就是了不起的事情，就是迎难而上的积极行为，就存在失败风险。企业需要社会舆论表彰成功者，更需要社会舆论安慰失败者，社会舆论中容许失败方面做得不够，政府有责任引领社会舆论弘扬正气，压制歪风邪气。

二是提供受教育机会。政府有关部门（如组织部门、政协部门、人大部门、工商部门、工信部门、各类协会组织、NGO 组织），组织企业家到高等院校、专业部门培训，到外省市或国外考察，组织有关技术部门专家现场指导，建立创业导师制度等，这些方式都有积极意义。

在接受高端教育方面（学习中央文件、传达有关会议精神等），民营企业家群体是弱势群体。因为，在大型国有企业中，具有系统的管理制度安排，具有与政府天然的契合，政府系统要做的学习活动，国有企业也一定会做，如传达中央有关文件、学习党内一系列规章制度、学习新理念等。每年都有固定的教育经费投入，具有系统的培训计划安排，信息渠道畅通。在政府体系中，经常传达上一级政府的指令，学习中央文件精神，经常开会学习，经常组织集体学习活动，聘请外部专家讲学，信息渠道畅通。

在民营企业群体中，特别是在中小型民营企业中，大规模、系统化的受教育活动机会稀缺，大部分企业都是针对生产活动中遇到的技术问题进行专业培训，进行现代管理知识培训活动很少。企业家只能自己寻找机会，如到大学里接受 MBA 课程教育，以及 EMBA 课程教育，企业家个人付出高昂成本，包括时间成本、精力成本、金钱成本等，需要几十万元的学费，甚至上百万元的费用，一般小型企业业主是难以承担的。绝大部分中小型企业业主都是在实践中摸索，是"闯江湖"积累管理经验，而非是在大学里学习。因此，需要政府建立制度和机制，提供资金和场所，为中小企业家群体创造接受现代化管理知识教育的机会。

三是关爱企业家社会安全。保护企业家需要社会各个方面理解企业家职业，理解企业家与企业之间的关系。民营企业家往往把自己的企业看作为自己的"孩子"，倍加呵护。因为，企业是企业家自己缔造出来的，倾入了自己的血汗。随着企业的成功，企业家也有了名气，这样就存在企业家出名与企业出名之间的权衡问题。二者之间有四种情况：

第一种情况，企业家与企业都没有名气（S/S），这种情况往往是企业初创阶段。

第二种情况，企业家出了名气企业没有名气，或者是企业家出了名带动了企业出名（P/S），这种情况往往是企业成长阶段。

第三种情况，企业家与企业都出了名气（P/P），这种情况往往是企业再发展阶段。

第四种情况，企业家没有名气，企业出了名气（S/P），这种情况往往是企业的成熟阶段。

因此，应当鼓励企业出名，而不是鼓励企业家出名，这有利于培育企业品牌。同时呵护好企业家，给予企业家适当的鼓励。但是不能喧宾夺主，更不能过重强调个人形象，过重强调个人形象于企业成长不利，也对企业家本人不利。

　　企业家成长伴随企业成长，企业家有时"身不由己"，政府有责任引导企业家认识自己的企业，认识企业家个人自身，正确处理好个人利益与企业利益之间的关系，集中精力做好企业事情，切忌分散精力于其他领域，民营企业失败案例中大多都与企业利益与企业家个人利益之间关系处理不当有关。关爱企业家安全就是关爱企业安全。

　　四是引领企业家提高个人素质。什么样的年龄适合做企业家，本项目研究问卷调查的 168 家企业中，业主年龄范围：30 岁以下的为 12 人，占 7.1%，30~40 岁之间的为 87 人，占 51.78%；40~50 岁之间的为 50 人，占 29.76%；50~60 岁之间的为 16 人，占 9.52%；60 岁以上的人为 3 人，占 1.78%。这样一个年龄结构说明：企业家这种职业 30~60 岁人群数量最多，比重占总量的 90% 以上，30~40 岁年龄段的人为主流人群，比重超过一半。说明中小型企业是中青年人创业的主要领域。中小型企业是实现个人创业梦想的主要形式，也是企业家成长主要领域。造就本土企业家群体，就要在中青年人群中鼓励成长（见图 4-7）。

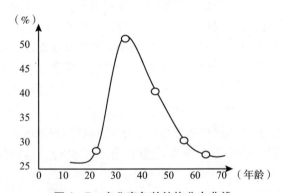

**图 4-7　企业家年龄结构分布曲线**

资料来源：此图根据 168 个企业样本情况绘制。

　　引领企业家提高个人素质，需要努力提高以下方面的能力：

　　一是修炼企业家"情商""逆商""胆商"素质。人的能力可以分为"智商""情商""逆商""胆商"四个方面，"智商"是指记忆信息和对信息进行逻辑编码的能力，"情商"是指动员别人做事情的能力，"逆商"是指抵御逆境的身心承受能力，"胆商"是指魄力，作决定的能力。这四个方面的能力对于企业家这种职业来说，30% 的智商就够了，70% 是后三者，因为企业家这种职业不是自己做什么，而是如何让别人把事情做得更好。企业家是领导者，是商业组织的领袖，需要动员别人一同来做事。因此，"情商""逆商""胆商"更为重要。

二是修炼企业家责任感素质。对组织负责任，对家族负责任，对国家负责任，对民族负责任。企业家最终都不是为了赚钱，他们（她们）是在享受做事情的快乐。企业家是慢慢成长起来的，开始阶段要谋生，然后是积累财富，再后是做企业，最后是做事业等。每一个阶段都有一个工作重点，最终是体现人生价值，而不简单理解为赚钱。国际企业家都是具有世界眼光、全球视野、战略思维、博大胸怀，具有引领团队开创事业能力的人。

三是修炼企业家自我成长素质。成功是社会人标度，自然人没有这样概念，当人演变为社会人的时候，就需要在社会分工中担任一定角色，这个角色性质需要在这个角色中的人具有一定的行为能力，才能适应工作。因此，能力需要自己来修炼，机会需要社会来提供，有机会、有能力，两者有机结合，企业家与企业领导者诞生了。

四是修炼企业家敢于冒风险的素质。企业家职业需要抗风险能力，企业家这种职业需要与人打交道，社会中各种各样的人群，都需要接触、需要谈判，需要企业家具有识别人、交往人、使用人的能力。

五是修炼企业家不断学习和"充电"素质。企业家需要终生教育，需要不断了解环境变化，不断发现商机，不断捕捉商机，需要企业家不断学习新知识，了解新情况，学习能力是企业家必备的能力。

六是修炼企业家动员社会资源的能力。企业家在社会中做事，需要不同的人群配合，需要不同的人群支持，具有广泛的人脉关系是企业家的财富，也是企业家不孤独的条件。

七是修炼企业家不断否定自己的素质。企业家经历的事情多了，阅历丰富了，这是企业家的福气，也是企业家容易出现自信转变为自负的条件，容易出现决策武断，依据自己的判断来做事，很容易出现决策失误。自负是很多企业家事业中途夭折的重要原因，因此，不断地否定自己，不断接受新鲜事物，不断研究新问题，不断创建新思想，经常检点自己，经常查找自己身上的不足和缺点，保持冷静心态，保持清醒头脑。稳健而不懒惰；激情而不狂躁；智慧而不狡诈；谦逊而不懦弱，这是无数成功企业家的风采。

## 4.6　建设稳定祥和边疆保障开放

新时代中西部地区对外开放将呈现陆路、海路、空路、信息"四位一体"开放，西部边疆地区将与周边国家开展经贸往来，边疆社会稳定祥和是基础条件。但是，西部地区连接西亚、中亚地区，这些地区国家国情复杂，多年战乱，遗留问题颇多，社会稳定性差，宗教极端势力、民族分裂势力、暴力恐怖势力"三股势力"存在，极大危害了周边国家，冲击社会稳定，也威胁到了中国西部边疆地区。

新疆和西藏是发展开放型经济的前沿地区，过去时期曾经发生过暴恐事件，极大危害了当地祥和稳定与经济发展，破坏了老百姓日常生活，造成极大危害，全国人民深恶痛绝。

本书认为：社会稳定才能发展，只有稳定才能进行经济建设，只有稳定老百姓才能过上好日子。

一是稳定是前提，没有稳定就没有发展的基础。

二是新疆地区和西藏为维护社会稳定已经付出巨大努力，创造的"访民情，惠民生、聚民心"（访惠聚）工作方式行之有效，边民积极生产，社会祥和稳定，大局总体向好。

三是针对"三股势力"的斗争还十分艰巨，问题还很复杂，还需要继续努力，针对敌对势力还要坚持不懈斗争。

因此，需要同时采取两种手段：一方面，高压打击"三股势力"持续不动摇；另一方面，访民情、惠民生、聚民心"三位一体"密切民族情感，铲除滋生"三股势力"的境内土壤，维护边疆安宁。

## 4.6.1　高压打击三股势力

### 1. 针对三股势力的斗争复杂尖锐，防控任务艰巨

新疆是西北重镇，也是向西开放的窗口和前沿地区，新疆的稳定对西部开发、陆路丝绸之路经济带建设至关重要，也是落实西部地区对外开放战略关键地区，新疆的情况举足轻重，牵动全局。

2016 年以前一段时间中，新疆地区频繁出现群体事件，严重影响了新疆对外开放，严重影响社会稳定和经济建设，有关部门采取果断措施整治，打掉了一批"村霸"，打掉了一批宗教极端黑恶势力，严惩了一批暴恐极端分子，震慑了敌对势力，打出了社会正气安宁，获得人民拥戴。但是，不稳定因素仍然存在，主要表现如下：

一是通过互联网渗透，境内外"三股势力"通过互联网散布反动信息，播放暴恐视频，对暴恐分子"洗脑"，以致结伙抱团，伺机作案，严

重危害网络空间。

二是国外"IS""东伊运"等国际恐怖组织渗透，派遣境外人员入疆，威胁边境口岸地区，也对边境口岸管理提出更高要求。

三是暴恐势力与宗教势力搅和在一起，严重危害传统宗教活动，危害面大，区分困难，要求更高的准确锁定目标能力和打击能力。

四是新疆不稳定因素存在时间长，背景复杂，内外勾结，伤害民族关系，伤害传统形式的宗教关系。

因此，十分有必要继续实施高压防控，狠狠打击，在事件出现苗头时及时进行打击，防控与打击综合施策。

**2. 行政化手段和法制化手段综合施力，向法制化方向转换**

用法制化管理来维护长治久安局面，也是铲除暴恐事件的根本措施和根治行动。

贫穷和愚昧是相伴而生的、相互促进的，边疆地区大多都是贫困地区，也是社会文明进步的后进地区。所以，边疆地区的经济发展和社会进步，需要与稳定结合起来，也需要与外界沟通结合起来。因此，从战略上需要做出谋划：

一是全局设计，建立高效的工作机制。推动依法治国，依法治理边疆，制定法律，宣讲法律，普及法律，形成懂法律、敬畏法律的社会风气。

二是完善制度体系，规范社会治理行为。执法部门在执法时以法来衡量触法行为，依法来保护守法行为，以法来惩治犯法行为。做到有法可依、有法必遵、违法必惩、执法必严。

三是加大力度支持边疆工作。人才支持、智力支持、文化支持、情感支持、经济支持、经验支持、政策支持，让边疆地区的老百姓确实感受到祖国大家庭的温暖，确实感受到在中国是世界上最安全的国家、最文明的国家、最讲究法制的国家。

## 4.6.2　新疆实施"访—惠—聚"活动

本课题组深入新疆调研，看到新疆创造了"访民情、惠民生、聚民心"为内容的"访—惠—聚"（三位一体）工作方式，2014 年 2 月以来，派出 20 万名各级机关干部深入基层，走进基层群众之中，转变政府工作作风，改善民生保障；促进基层组织建设，加强民族团结，取得很好效果，可以作为基层组织工作经验在边疆民族地区推广。

**1. 走进基层、深入民众、掌握实情、针对施策**

2014 年以来，新疆各级政府机构连续三年下派各级工作组，深入基层驻村工作，有 33 642 个工作队、22 万多名干部深入基层，工作组人员与当地群众同吃、同住、同劳动，交流、交往、交真情，增进了民族团结，促进了民生改善，维护了边疆稳定。

"访民情"就是上下打通联系通道，干部了解群众，群众信任干部，干部与民众心连心。干部深入基层，真正了解基层实际情况，决策程序在基层，信息处理和信息反馈速度快，各种资源直接送达到点，真正为群众办实事，解决实际困难，赢得了群众信赖。

"惠民生"就是帮助群众解决困难，每个村每年投入 50 万元以上资金，解决疑难问题，资金集中使用在农村通路、饮水安全建设、学校建设、医疗网点建设等领域。切实解决急难问题，提供公共产品，分享社会服务，使老百姓直接感受到了温暖和关爱。

"聚民心"就是通过各种方式促进民族团结，消除各种矛盾，宣传党的政策，弘扬中华民族大家庭精神，发布各种经济信息，宣讲各种科学知识，多视角传递正能量，营造健康积极向上的社会氛围，弘扬正气，打击歪风邪气，团结民众。仅以南疆喀什地区为例：喀什地区地处新疆最南部，西邻巴基斯坦，人口 450 万人，有 47 个民族成分，其中维吾尔族占 91.92%，自 2014 年初以来，全区 12 个县（市）122 个地直属单位 1 011 名处级干部"结对子" 4 890 人，科技干部 9 252 人"结对子" 43 447 人（当地实际调研资料），创建"民族团结村"，先后出现 680 个地区级模范单位，2106 个县（市）级模范单位，产生了积极的社会反响。

"访—惠—聚"工作实实在在给老百姓带来好处，公民有了安全感、责任感、幸福感。干群关系进一步凝聚了。一些当地干部群众认为："访—惠—聚"活动至少影响了两代人，青壮年人群和儿童人群。同时也培养了一大批基层干部，其中有 6 183 名干部连续驻村两年，有 1 874 名干部连续驻村三年，甚至还有的干部夫妻同时驻村工作，有的父子驻村、兄弟姐妹驻村，家里亲人生病住院都没有回家，行为可歌可泣，平凡而感人，锤炼了一大批年轻党员和基层工作的政府干部，增强了责任感，锻炼了队伍，增长了才干。

**2. 以边疆稳定促进民族团结**

边疆地区大多都是民族地区，内蒙古地区是蒙古族主要居住区，新疆地区是维吾尔族和哈萨克族主要居住区，西藏是藏族主要居住区，广西是壮族主要居住区，云南也是多民族居住区。西部边疆地区生态环境不如内陆地区，历史上就是交通不便、通信不便的地区，生产力水平低下，远离经济繁华地区，社会环境相对封闭，部落之间人们生活习惯不同，居住的民族不同。进入现代社会，相对封闭的环境逐渐被打破，部落之间交往和民族之间交往日益增多，实际上就是开放带来了文明进步，开放促进了经济发展。

民族地区的居民之间若缺乏深入交往，彼此之间没有深度包容，必然在心理上出现隔阂，民族关系就必然凸显出来。在相对封闭的社会体系中，致使各民族之间沟通出现障碍，一些穷困地区的人对发达地区缺乏正面认识，宗教极端思想乘虚而入，不良信息影响当地老百姓观念，造成越是封闭的地方、极端势力活动就越明显，越是穷困的地方，越是出暴恐分子的地方。

**3.　"访—惠—聚"活动创造了民族地区的新工作法**

新疆"访—惠—聚"活动至少具有以下几点经验和示范意义：

一是地区长治久安是总目标。稳定大于一切，没有社会稳定，其他都没有意义，越是需要发展的地方越是需要和平稳定，反对任何形式的破坏稳定行为。

二是赢得民心、凝聚人心为根本目的。民心为本，不能散心、不能丧志、不能失去对未来的期望，在艰苦地方居住和生活的人们，当他（她）们看到其他地区发展，人们生活富裕，往往要攀比，要努力奋斗。但是，经过几代人的努力都没有改变命运，都没有改变环境，群众就会逐渐丧失信心，能走的就离开当地，不能走得也无法振作精神。因此，鼓舞民心非常重要，让老百姓能看到希望非常重要。

三是突出基层组织建设。坚强的基层党组织是"战斗堡垒"、是"黏合剂"、是"希望的灯塔"，有了这个堡垒、黏合剂、灯塔，群众就有主心骨，就有依赖，就有信心就不会行为涣散，就不会丧失希望。

四是问题导向。到基层找问题，发现问题，提出问题，想办法解决问题。"小问题"长时间得不到解决，日积月累就会酿成大问题、出大乱子，出现暴恐事件就是过去问题积累的结果。

五是在工作一线培养和锻炼干部。各级干部下基层，直接感受老百姓的衣食冷暖，熟悉环境熟悉民情，才能真正懂群众、懂管理，才能有的放矢想办法解决问题。

六是坚持开放改革。封闭造成愚昧，愚昧就造成无德，无德就造成无畏，无畏就造成乱心，乱心就造成乱干，乱干就造成违法，违法就造成犯罪，犯罪就造成社会公害。所以，只有开放改革才能打开眼界，只有开放才能使老百姓懂得善恶，明白事理，规范自己行为；只有改革才能改变不适应经济发展和社会进步的各种制度规范和习惯性行为。

"访—惠—聚"这样的好办法、好方式、好作风，适用于贫困地区、边远地区、民族地区工作，应该发扬光大，这样的好工作方式往往都是在基层创建出来的，实践出真知、实践出经验，期待更多这样的好方式出现。

### 4.6.3　西藏推进双联户活动

西藏也是重要的边疆省区，坐落于青藏高原之上，南邻印度、尼泊尔、锡金、不丹、缅甸等国家和境外地区，多民族汇聚，以藏族为主，区情复杂，发展滞后。多年来，受到境外势力影响，特别是达赖集团煽动，境内一些反动势力内外勾结，出现群体事件，社会治安遭到破坏，严重威胁社会稳定和经济发展，影响对外开放。地方政府果断施策，坚决处置，狠狠打击，稳定了社会局面。同时，积极维护老百姓利益，发展经济，改善民生，提高生活水平，稳住了民心，稳定了社会。

本项目组赴西藏调研发现：西藏积极推进"先进双联户"活动，对西藏稳定，促进经济增长、社会文明进步发挥了重要作用。

一是将脱贫与平安结合，个体奋斗与集体包容结合，经济与社会结合，发挥了联动效应。

二是以集体户的力量包容个体户的弱项。在农牧业区个体户力量是有限的，大家合起来做事就是集体力量，形成合力，可以做大事。

三是以集体组织聚合散落农户。社会集团组织发挥作用，来动员社会资源，开发各种市场，促进供销均衡。

**1. 双联户活动——联户平安、联户增收、联户脱贫、联户小康**

以 5 户或 10 户划分一个联户单元，每个单元推选 1 名联户长，协助村民组长协调管理。联户单元内部各户之间责任共担、利益共享、相互支持、共同致富。截至 2016 年 8 月底，西藏共建立 92 600 多个联户单位，覆盖 80 万余户、300 多万城乡居民（当地实际调研数据）。

"双联户"做法使西藏当地民众有了最基层的社会经济命运共同体，将千百年来农牧民一家一户的松散型生产生活方式，汇聚为小团体，彼此互助，社会经济关系深度融合，增强了发展力量，也拢聚了思想观念，相互熟悉，彼此照应。西藏自治区政府专门制定文件，指导具体工作，发挥了积极引导作用。

**2. "双联户"活动创造了西藏新工作方法**

采用"双联户"活动消除了社会管理盲区，在地广人稀的青藏高原，散落的农牧户人家，社会管理也相对松散，容易受到不良事物影响，大规模集约型社会管理不容易做到，反之，农牧户之间联系密切，有利于基层管理，"双联户"方式很好地解决了这个问题。

采用"双联户"活动让农牧民感受到了集体力量，几户人家联合，彼此互助，上下帮扶，增加了农牧业生产力量，增浓了彼此之间情感，感受到了社会温暖，思想意识也会随势而动，不易受到外部不良风气影响。

采用"双联户"活动地方政府有了长期工作抓手，在边疆地区行政成本很高，居民网点散落，距离很远，有的地方一个县政府干部到牧民点跑一趟，就要两三天时间，吉普车轮胎都要跑坏一两个（道路不好，有些地方没有路），在西藏工作无论是时间还是物耗、金钱、精力都是极大考验。建立"双联户"结对子，上下直接对口支援，左右之间抱团取暖，增强了农牧户的生产和生活能力，也缓解了行政管理压力。

采用"双联户"活动增进了民族团结，推动了社会和谐稳定。将上一级的声音及时下传到老百姓，有组织宣传教育活动有了落脚点，工作触角一直延伸到每家每户，做到了大街小巷有人管、村村户户有人看，织密了维护稳定的防控网络，在西藏创造了一个行之有效的社会管理好办法。

## 4.6.4 继续对口支援边疆

组建生产建设兵团和对口支援边疆，对维护边疆稳定、促进现代化生产、经济建设、对外开放发挥了特殊作用。

**1. 支援边疆就是维护大局**

边疆地区需要内地支援，边境线就像一堵墙，不能随意越过，内地就是坚实靠山，稳稳支撑边疆地区，支援边疆就是维护大局发展。新疆地区已经与内地省区 19 个对口单位建立了工作关系，截至 2015 年年底，共组织实施了 5 161 个支援新疆项目，投入财政性资金 580.3 亿元（当地实际调研数据），取得良好效果。

课题调研取得的资料显示，过去时期对口支援边疆地区工作突出表现在四个方面：

一是民生支援边疆。支援新疆资金中的 74% 用于民生建设，资金 85% 直接安排在县市以下的基层。2000～2015 年期间，有 3 025 个项目用以民生，集中在医疗卫生、教育、安居等领域。

二是产业支援边疆。有些对口支援新疆资金带项目，资金带产业，资金带企业。截至 2015 年年底，累计进入新疆的产业合作项目 6 110 个，投资 9 192.5 亿元，奠定了新疆的产业基础，改善了新疆的产业结构。

三是人才支援边疆。从中央机关到各个省市单位，相继派出技术干部、专家到新疆工作、到西藏工作，截至 2015 年年底，已经有 7 300 多名干部进入新疆工作。也有一批新疆和西藏的本地干部到沿海地区挂职，到国家机关挂职，双向交流，改善了干部队伍结构，提高了干部整体素质。

四是教育支援边疆。内地教师到边疆任教，选派边疆的学生到内地学习，改善办学条件，提高教育水平。仅新疆地区而言，2000～2015 年，中央累计投资 86.87 亿元用于改善学校基础设施建设，落实专项规划项目 886 个，促进了教育进步。

**2. 发展边疆就是补齐短板**

边疆的生产和生活条件不如内地，全面建成小康社会也要覆盖到边疆地区，不能有遗漏。历史经验证明，支援边疆建设的好做法已经取得了积极效果，新疆和西藏区情特殊，无论从国家安全考虑，还是发展边疆考虑，都需要深入支援边疆，继续坚持对口支援边疆工作，继续坚持中央对边疆的政策支持。

处理好稳定与发展的关系，二者之间有时平衡，有时失衡，影响对外开放。发展是稳定的条件，稳定是发展的基础，不能偏颇。发展是解决长远稳定的根本措施，只有发展大家才能安居乐业，发展就需要开放，内地与边疆之间开放（区际开放），边疆与国外的开放（国际开放），只有开放才能促进生产要素流动，只有开放才能促进本地的自然资源转变成经济资源，才有经济价值，开放是必不可少的条件。

社会稳定是基础，偶发事件不能代表时局状态，但是群发事件、多发事件就不能容忍。西部边疆地区贫困连片过去是常态，今后就要根治；过去一段时间有群体事件发生，现在就要严肃处理。不能容忍封闭、贫困、落后、愚昧长期存在于少数个别边疆地区，补齐短板就是提高全局水平。

# 第5章

# 对外开放政策创新

"改革开放"经验证明，"改革"就是对内调整不适应开放的方面，这些方面往往都与过去制定的规章制度有关，规定了"这些不能做""那些不能做"，要么是法律条款、要么是制度条款、要么是规章条款，总体上属于国家政策体系范畴。为了适应开放发展，需要重新制定一些政策，需要修订或者调整原有的一些政策，这个过程就是改革。制定或调整政策的行为也是一种开放姿态或者开放行为。改革与开放相伴而生，改革与开放相行而进。

中央政府制定和调整政策体系以及地方政府在权限范围内调整政策安排是中西部地区对外开放战略中的重要组成部分，使用法律手段、经济手段和政策手段，引导资源流向，引导资源配置，是十分必要的。设计什么样的政策体系，出台什么样的政策内容，把握多大的政策力度，如何监督政策实施，如何验证政策效果，如何调整政策转换，这些问题都必须在行动之前设计、在行动之中调整、在行动之后验证。

政策主体是政府，中央政府负责制定和调整宏观政策，地方政府负责制定和调整微观政策。由于西部地区开放事业需要"硬启动"，需要外部资源注入，需要大幅度进行基础建设，需要人才、资金、项目，需要管理智慧和管理才能，因此政策安排与调整就需要在这些方面覆盖，发挥市场配置资源的决定性作用，发挥政府运用政策的调控作用，引导流动性资源向中西部地区流入（见图5-1）。

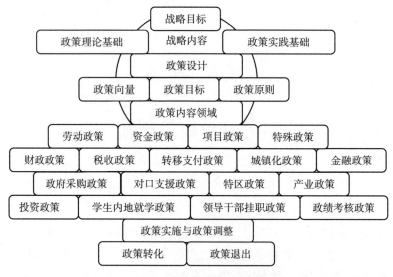

图 5-1　对外开放政策体系结构

## 5.1　政策一般性分析

中国实施改革开放以来，"改革"与"开放"始终是协同并进的，"开放"是对外、"改革"是对内，开放过程是融入国际化过程，改革过程是政策调整过程。推进中西部地区对外开放，同样也需要深化区内改革。制定新政策，修订、改善过去的政策，弥补政策的不足等均属于改革范畴。通过开放来检验过去政策的适用性，调整政策不适应实际工作的方面，通过开放来创造新政策，覆盖盲点，发挥政策引领作用和规制作用，促进开放、规范开放。

政策就是政府或者其代理机构采用各种手段以实现政策目标的行为。政策是国家或政党为实现一定历史时期的路线而制定的行动准则①。政策由政府来设计制定，由政府监督实施。保证政策制定过程中的科学性，才能保证政策内容具有可操作性。政策是一个政策体系，不是一两个临时命令，政策设计基于科学原理、运用信息论原理、系统论原理、控制论原理。政策体系内容丰富，涉及政策主体、政策客体、政策时间、政策空

---

① 《现代汉语词典》，商务印书馆 1996 年版，第 1608 页。

间、政策强度。政策设计需要坚持遵守一致性原则、规范性原则、针对性原则、系统性原则。

经济发展政策是政府为实现一定时期的发展目标而制定的行动准则，政策发挥引领、规范、鼓励、支持某些经济活动的作用。经济政策包括两个方面，一方面，是确定政策目标；另一方面，是规定实现目标的手段。为此，政策目标及其制定，政策手段及其选择，政策制定机制的改善，政策实施制度的改革，这四个方面要综合考虑。

政策制定以问题为导向，以客观规律为基础，以明确方向为目标，以提高效率为准绳，充分发挥社会资源的效用。效率包括两个方面：生产效率和经济制度效率。生产效率是指如何以少的资源生产出一定水平的产品，或者以一定的资源生产出最大值的产品，这个过程包括技术效率和经济效率。经济制度效率是指制度已经达到配置资源与分配商品最佳水平，以至于不可能再好了，如果要使某一个人再受益，就必然使另一个人受损。

## 5.1.1　政策调控作用基本机制

政策与行动之间形成闭环运行系统，各个组成部分有机联系。系统中具有负反馈功能，系统才可以进行控制，达到系统稳定运行状态。

**1. 政策调控作用的系统与信息反馈**

系统有输入、输出、信息转换三个基本组成部分，输入信息，加工信息，输出信息，再将信息反馈到系统中，稳定系统运行，依次循环，形成系统信息反馈运行机制。

系统控制过程就是给系统输入控制信号，系统根据控制信号的指令调整系统姿态。控制信号有放大行动的信号，有缩小行动的信号，让系统按照控制信号给出的指令做出反应。

为了维护系统稳定，从系统输出端获取一个信息，将这个信息与预定的信息进行比较，将比较结果信息再返回到系统前端，调整系统下一个周期运行姿态，这个过程就是控制。从系统输出端获取信号，经过比较，再返回到系统输入端，这个信号处理过程称为"反馈"。反馈信号有"正反馈"和"负反馈"。

"正反馈"是将系统输出端获得的信号直接输入到系统输入端，不进行信号处理和变换，如果系统输出端获得的是一个连续增大信号，反馈到输入端仍然是一个连续增大的信号，结果使系统行为继续放大，这样一个反馈过程使系统不稳定。

"负反馈"是将系统输出端获得的信号进行加工处理，再根据系统运行姿态输入一个相反的信号，如果系统输出端获得一个连续增大信号，反馈到输入端则是一个连续缩小的信号，结果使系统行为减弱放大趋势，使系统运行趋于稳定；如果系统输出端获得一个连续缩小信号，反馈到输入端则是一个连续放大的信号，结果使系统行为减弱缩小趋势，使系统运行趋于稳定，"负反馈"是实现系统状态稳定的调控方式。

调控信号的采集与处理发生在系统前段，称为前期控制，也称为前馈控制。调控信号的采集与处理发生在系统中段，称为中期控制，也称为同期控制。调控信号的采集与处理发生在系统后段，称为反馈控制（见图 5 - 2）。

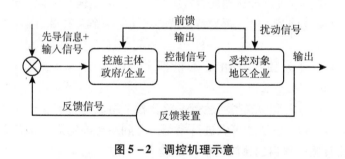

图 5 - 2　调控机理示意

系统波动与控制具有周期性。系统运行过程中总是受到各种因素扰动，随着时间推移系统会偏离正常运行轨道，或者偏离预先设立的轨道，主观上对系统施加影响，让系统回到正常运行轨道上来。

如何判断系统偏离运行轨道呢？如果系统运行在连续三个周期中出现同一个上升或下降趋势，表示系统出现异常，此时需要给出调控信号，稳定系统运行（见图 5 - 3 中的 A - B - C 时段）。

如果系统在某个时段突发偏离正常指标的信号，表示系统出现异常，此时需要给出调控信号，稳定系统运行。见图 5 - 3 中的 A 点和 C 点。

施加积极信号。对地方经济运行状态控制的含义就是操作政策来引领经济沿着预定轨道行进。如果发现偏离轨道的现象或信号，就施加影响，让经济运行再重新回到预定轨道上来。因此，控制过程就是衡量实际绩效，与标准比较，纠正偏差或标准，再施加新的措施。

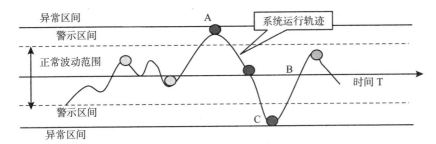

图 5 – 3　系统波动与系统控制周期

政策制定的基本原理是"负反馈原理"，即政策出台的目的是调控事态向积极方向发展，缺什么补什么，缺人才补人才、缺资金补资金、缺企业补企业、缺项目补项目。促使社会经济运行系统向稳定、高效方向发展。

中西部地区实施开放战略，运用政策手段施加积极信号，实施刺激信号，促使社会中的人、财、物、企业、项目向中西部地区流动，注入流动资源，加快经济发展。中西部地区政策引导的最终目标是使整个地区发展，而不简单的某一个地点发展，"点"先走一步的意义在于示范和带动周边地区，先"火一点"，再"燎原一片"，形成"点""线""面""带""区"，最终促进整个地区经济活跃和社会进步，与全国一道共同实现小康社会。

**2. 政策制定四项原则**

政策制定要遵守一致性原则、规范性原则、针对性原则和系统性原则。

一是一致性原则。政策制定要符合国家法律，政策不能大于法律，不能以政策名义践踏国家法律，如果政策内容涉及国家法律范畴，应当提请有关法律部门审议、批准，并以法律条文形式予以颁布，这时政策的含义已经上升为法律的范畴。因此，政策制定前必须了解国家相关法律，熟悉法律内容，尊重法律要求。

二是规范性原则。大政策规定小政策，小政策符合大政策，逻辑不能混乱。更不能以小政策替代大政策，以"土政策"顶撞大政策。因此，处理好国家政策与地方政策的关系；处理好"土政策"与"洋政策"的关系；处理好区内政策与区外政策的关系；处理好"特区"政策与"大区"政策的关系。

三是针对性原则。政策要管用、好用、适用，能解决实际问题，越是基层的政策越是有可操作性的政策，是能够直接指导实际工作的，而不是

"虚政策"，不能用一些"原则话"来描述政策。例如："鼓励科技成果转化为生产力"，这是一个政策，但是，如何操作？如果不能落地、不能落实、不能行动，这样的政策就不是一个"实在"的政策，只能说是一个"好"政策，而不是一个"能用"的政策。因此，就必须在政策出台之前进行详细调查研究，了解实际情况反映真实问题，体现针对性政策才有可操作性。

四是系统性原则。政策是一个系统，不同政策之间相互补充，不同政策之间相互促进，是良性互动关系，而不是相互矛盾关系。如果政策之间彼此矛盾，政策就没有可操作性，甚至造成局势混乱。因此，政策制定部门彼此之间必须通气，相互合作，内容衔接，才能维护政策的系统性。

### 5.1.2 政策制定理论基础和实践基础

#### 1. 理论基础

政府制定政策非常谨慎，为了能够有效规制经济行为，往往依据经济运行基本规律来设计并适时出台经济政策。首先选用法律手段，其次才是选用政策手段，而政策手段又往往依据法律手段和经济规律。因此，政策制定依据社会学、经济学、管理学等人文社会科学基本理论。本章分析政策制定的理论基础。

一是古典开放理论。古典开放理论主要反映国际贸易规律性，表现为国际贸易理论和国际金融理论，区域开放形式主要表现为商品实物流动所形成的国际贸易。

绝对利益学说理论（绝对成本学说/绝对优势原则）。由亚当·斯密提出，该理论认为：每一个国家都按照绝对有利的生产条件进行生产，在专业化生产基础上彼此交换，则对所有的国家都有利，主张输出本国在有利生产条件下生产的产品去交换外国产品，而不要自己去生产。

比较利益学说（比较成本学说/比较优势原则）。大卫·李嘉图提出，该理论认为：在国际贸易中，如果两国生产条件不相等，一国生产任何一种商品的成本均低于另一国，处于绝对优势，而另一国处于绝对劣势。在这种情况下，各国应当考虑的不是本国的商品生产成本是否低于其他国家，而是本国生产的商品在生产成本方面比较有利的是哪些，从而有选择性地生产较有利的商品，并以此来与其他国家进行交换，则每个国家都受益。

相互需求理论。该理论认为：在国际贸易中，国家之间的商品交换比率取决于两国之间的相互需求，取决于一国与另一国产品的需求弹性，交换比率随着两国之间相互需求弹性的变化而变化。进行贸易的两个国家，各自根据自己的比较利益来安排生产，但是两国之间的商品交换比率则取决于各自对另一方的需求程度，需求程度变动，两国的商品交换比率也相应地调整。

二是新古典开放理论。主要表现为国际投资理论，开放形式是跨国公司的国际化，主要表现为要素流动。

要素禀赋理论。赫克歇尔—俄林原理，认为：国际贸易产生的基础是生产条件的国际差异，以及由此决定的商品价格的国际差异，这一差异是生产要素禀赋的区别。主要表现为，各国生产要素拥有量不同（自然禀赋不同），可以分为劳动拥有丰富、资本拥有丰富、土地拥有丰富、自然资源蕴藏量丰富的国家；一国在各种商品生产中需要的生产要素密集度不同，可以生产所含要素比例大的产品，如劳动密集型产品、资本密集型产品等；各国根据本国生产要素丰裕程度来进行专业化生产；国际贸易流向由成本的国际绝对差决定；各国生产要素相对丰裕程度不同反映了国际贸易给予各国的不同利益。

利昂惕夫反论。瓦西里·利昂惕夫利用"投入产出法"分析了美国200种产业，认为：情况恰恰与赫克歇尔—俄林原理相反，由此导致"新要素贸易说""新技术贸易说""人力资本说""贸易壁垒说""自然资源说""产品生命周期说"等学说的出现。

三是现代开放理论。主要表现为全要素流动，包括人财物的流动，还包括技术的流动、信息的流动，表现为经济全球化理论、自由贸易理论。

贸易乘数理论。国际贸易不仅可以为各国带来经济好处，而且带来乘数效应。乘数效应是指出口额变动给出口国国民收入变动带来连锁反应的大小称之为贸易乘数，即：出口额增加能使国民收入增加。乘数的大小取决于边际进口倾向的大小（出口增加的收入中用来购置进口品的比例）。一国越是扩大出口，就越对本国带来更大好处，这就是对外贸易乘数的意义。

生产要素国际流动理论。生产要素一般被划分为劳动、土地、资本和企业家才能这四种类型①，劳动是指人类在生产过程中体力和智力的总和。

---

① 高鸿业主编：《西方经济学》（上册），中国经济出版社 1996 年版，第 134 页。

土地不仅仅指一般意义上的土地，还包括地上和地下的一切自然资源，如江河、湖泊、森林、海洋、矿藏等。资本可以表现为实物形态的资本和货币形态的资本，实物形态又被称为投资品或资本品，如厂房、机器、动力燃料、原材料等；资本的货币形态通常称之为货币资本。企业家才能通常指企业家组建和经营管理企业的才能。生产要素在生产过程中通过市场机制进行配置，一般情况下向效率高的领域流动，只有在市场开发的条件下才可以有效流动。国际贸易和生产要素的国际流动都是合理利用世界资源的好办法。引起劳动和资本国际转移的原因是他们的价格因素，工资率和利息率存在差距。生产要素与国际贸易之间存在互补性，即国际贸易可以带动生产要素的国际流动；同时也存在互替性，即国际贸易是以商品的流动代替生产要素的流动。

贸易保护理论与自由贸易理论。自由贸易就是排除贸易的行政干预，放任厂商自由从事进出口活动①。国家通过关税、限制进口数量、发给出口补贴以及运用更广泛的产业政策防止外国竞争，扶持、保护和加强本国产业的行为称为贸易保护或者保护贸易政策。

马克思认为"在现代的社会条件下，到底什么是自由贸易？这就是资本的自由。排除一切仍然阻碍着资本前进的民族障碍，只不过让资本充分自由活动罢了。"② "保护关税制度，把一个国家的资本武装起来和别国的资本作斗争，加强一个国家的资本反对外国资本的力量。"③ 可以看出，自由贸易与保护贸易是同时存在的矛盾两个方面，一方面是要自由，另一方面是要保护，本质上是利益的相机抉择。

一般情况下，国家经济发展占优势，向外扩张时期，就主张自由贸易，主张对外开放；而处于落后阶段经济劣势的国家就要加强保护本国产业或者闭关自守。"自由"与"保护"此消彼长，择机所用。

从贸易保护看，保护本国"幼稚工业"，保护本国"萌芽经济"，需要出台相应政策，使用关税壁垒、非关税壁垒、出口补贴、特殊政策等方式；从贸易自由的方面看，建立"有限的自由体系"是世界贸易的潮流，通过"区域经济集团化"来安排贸易伙伴之间的利益关系，出现了"世界贸易组织"（WTO），出现了"自由贸易区"，使自由贸易从理论落实在可以操作的形式上。

---

① 陶文达主编：《发展经济学》，四川人民出版社 1992 年版，第 248 页。
② 《马克思恩格斯文集》，第 4 卷，人民出版社 2009 年版，第 456 页。
③ 《马克思恩格斯文集》，第 4 卷，人民出版社 2009 年版，第 284 页。

### 2. 实践基础

政策制定必须建立在有效实施基础上，必须建立在国家大政方针基础上，必须建立在改革开放多年经验基础上，建立在世界经济形势与中国地位的基础上，建立在国内经济形势与中西部地区地位的基础上，建立在中国共产党第十八次全国代表大会精神以及习近平中国特色社会主义思想和"十九大"会议精神为指导的基础上。

一是改革开放的历史经验。自国家实施改革开放以来，从深圳等沿海经济特区建设起步，积累了丰富的改革开放经验，本书在第 1 章、第 2 章、第 3 章中均有论述，这些宝贵经验是中西部地区实施开放改革事业的无价之宝，完全可以借鉴、吸收、发扬、创新，指导中西部地区的开放改革事业，并为"内陆经济外向化、西部经济国际化"提供实践基础。

二是世界经济形势与中国的地位。自 2008 年世界出现金融危机以来，世界经济格局发生了深刻调整，以美国、欧洲、日本为代表的西方发达经济体纷纷出现危机，首先是美国的"次贷危机"，然后是欧洲的"欧债危机"，接下来是日本的"国债危机"，危机发生既是灾难也是商机，说明世界经济整体出了问题。问题在哪里？问题在于创新乏力。近些年世界上再没有重大原创性的创新成果出现，没有形成产业规模的原创性创新成果出现，"二战"后世界经济发展是以西方发达经济体为首领的，主要动力源就是创新，源源不断的创新成果出现，催生了大量新兴产业和产品，拉动了经济成长。由于发达经济体创新乏力，一浪一浪的产业成长没有了，成为危机发生的重要原因。问题在于结构失衡。以美国为代表的西方国家，是建立在高新技术与虚拟资本捆绑在一起基础上的经济，庞大的资本体量和庞大智力产业结合，推高了资本地位和技术地位，形成了以资本链捆绑在一起的"利益链帝国"，一旦这个帝国的基础坍塌，即创新停顿，帝国就会立即出现危机。并随着传导机制迅速扩散，殃及世界上所有与其相关联的国家，越是国际化程度高的国家，受冲击越严重。

由于中国是发展中国家，国家国际化刚刚起步，特别是金融国际化程度有限，才在这场危机中得以幸免，虽然也受到一定程度冲击，但在总体上要比西方发达经济体好得多，并率先赢得了复苏的机会。中国已经成为世界上第二大经济体，总量上还在增长，并且在经济结构、经济质量上还有很大提升潜力。因此，实施开放促进改革的战略调整和政策调整是适宜的、适时的。

三是国内经济形势与中西部地区的地位。开放是国与国之间的交流，开放是地区与地区之间的交流，沿海地区可以开放其他地区也可以开放。在全国开放情况下，国内各个地区之间，以及边境地区与邻国之间开放就必然发生。中西部地区开放事业已经成为国家全面开放的重要组成部分，必然会出台一系列相关政策来保障，设计战略行动是必要的。

四是中国共产党"十八大"会议精神以及"十九大"会议精神。2012年11月12日，中国共产党第十八次全国代表大会胜利召开，时任国家主席胡锦涛作了题为《坚定不移沿着中国特色社会主义道路前进，为全面建成小康社会而奋斗》的报告，明确了五年时期国家发展的大政方针和总体安排。2013年11月12日，中国共产党第十八届中央委员会第三次会议颁布《中共中央关于全面深化改革若干重大问题的决定》，对今后改革事业进行全面部署，这一文件是全面深化改革的纲领性文件，也是政策性文件。

2017年10月18日，中国共产党第十九次全国代表大会召开，进一步明确强调要实现"两个百年"奋斗目标，突出"四个全面"（全面建成小康社会、全面深化改革、全面依法治国、全面从严治党）、贯彻"五大发展理念"（创新发展、协调发展、绿色发展、开放发展、共享发展），"五个统筹"（统筹城乡发展、统筹区域发展、统筹经济社会发展、统筹人与自然和谐发展、统筹国内发展和对外开放），"六个坚持"（坚持人民主体地位、坚持科学发展、坚持深化改革、坚持依法治国、坚持国内国际两个大局、坚持党的领导）。坚定走中国特色社会主义道路，全面深化改革开放。

### 5.1.3　政策体系结构优化趋势

对外开放战略政策体系结构由"六维向量""四大目标""系统网络"构成，"六维向量"分别是政策主体、政策空间、政策客体、政策内容和政策强度构成。"四大目标"分别是以劳动为导向的政策设计、以资本为导向的政策设计、以产业为导向的政策设计、以区域为导向的政策设计。以此形成政策系统矩阵。

**1. 明确政策六维结构**

制定中西部地区对外开放政策，由谁来制定？政策的具体内容是什么？政策实施的时间？政策覆盖的范围？政策实施的强度？政策监管部门是哪些？这些内容是政策制定和管理过程中必须明确的，政策制定从这些方面着手展开工作（见图 5 - 4）。

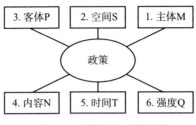

**图 5 - 4  政策制定变量结构**

一是政策主体（M）。政策制定的主体是政府，或者政府的代理机构，政策实施的主体也是政府，国家政策由中央政府来制定，地方政策可以划分为省区、地市、市县等，由省区政府制定省区政策、由地市政府制定地市政策，市县政府制定市县政策。政府是按照国家法律程序产生的，代表国家行使治国理政权力，制定发展目标，监督目标实现，政策就是实现发展目标的具体要求和行动安排。

二是政策空间（S）。政策适用范围从宏观到微观嵌套，国家政策覆盖范围对整个国土面积，一般为宏观政策，或者具体针对特定地区的政策。例如：针对少数民族地区政策、特困地区政策、新疆地区政策、西藏地区政策等；地方政策覆盖范围限于地方区域范围，省区政策适用于省区，一般为中观政策。例如：产业政策、投资政策、开放区政策等；地市政策适用于地市级地区，一般以中等城市为覆盖范围，市县政策适用于市县级地区，一般为微观政策，大多都是指导具体工作的事项。国家政策包络省区政策，省区政策要符合国家政策；地市政策包络市县政策，市县政策要符合地市政策。政策的包容关系和嵌套关系不能错乱，相互之间不能矛盾，不能出现逻辑错误，不能出现地方政策违背国家政策的情况，不能出现指导性政策违背原则性政策的情况（见图 5 - 5）。

三是政策客体（P）。政策规制的客体（对象）有人、财、物、事。即：对人规制，对钱规制，对物规制，对事规制。形成人才政策体系，资金政策体系，物资政策体系，项目政策体系。通过这些政策体系引导资源向既定的方向流动，发挥效率，促进发展。

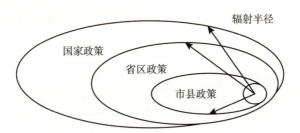

**图 5 - 5  政策辐射半径、覆盖的范围及嵌套关系**

四是政策内容（N）。政策的内容非常多，涉及范围很广，有财政政策、货币政策、产业政策、投资政策、户籍政策、财产政策、招商引资政策、人才政策、鼓励政策、限制政策、项目政策等。不同的政策具有不同功能，适用不同领域，发挥作用的力量也不同，有的适用于人，有的适用于钱，有的适用于事。

五是政策时间（T）。政策实施的时间有短期政策，有长期政策，有临时政策。短期政策适用于短期内社会经济活动，可以是 5 年、10 年限期等。长期政策适用于长期经济活动的范畴，可以是 20 年、50 年限期等。临时政策适用于即时经济活动，包括突发事件、危机处理、个别事件等，一般限于几天、几十天、几个月、一二年限期等。成熟的长期政策可以演变为法律（见图 5 - 6）。

**图 5 - 6  政策时间轴**

六是政策强度（Q）。政策出台所产生的效果及敏感程度定义为政策强度，或者称为政策反应强度。政策出台到产生效果之间有时间差，有的会立即见效，有的需要慢慢显现效果；有的会影响全局，有的只是在局部产生效果；有的效果非常明显和激烈，有的逐步显现而温和。例如：国家明确了取消农业税，这项政策出台对于农业、农民、农村（三农）发展产生了巨大影响，激发了农民务农的积极性，这样的政策效果明显，政策反应强度较高。

政策出台对社会经济活动可能会出现剧烈反应、强反应，也可能会出

现缓慢反应、弱反应，也可能会出现瞬时反应、震荡反应。政策的实施主
体可以根据政策适用的对象做出适当调整（见图 5-7）。

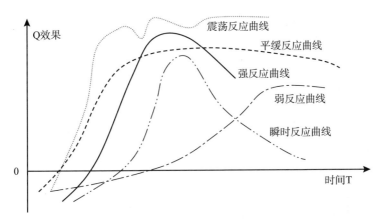

图 5-7　政策效果反应可能性

### 2. 确立政策目标取向

　　开放，本质上就是促进社会经济活动中的各种要素流动，如果是区际
开放，就是要素在各个区域之间流动；如果是国际开放，就是要素在国家
之间流动。只有流动才能通过市场机制的方式配置资源，只有流动才能优
化资源配置，只有流动才能提高资源使用效率。在诸多生产要素中，人、
财、物是可以流动的。因此，劳动力流动、资本流动是基本要素流动。在
开放事业中，政策制定集中在以劳动为导向的政策设计、以资本为导向的
政策设计、以产业为导向的政策设计、以区域为导向的政策设计等方面。

　　一是以劳动为导向的政策设计。人是最活跃的生产要素，劳动力是有
劳动能力的人，人可以认识自然、改造自然、使用劳动工具，创造劳动工
具。劳动是人有目的的生产活动，是人类特有的社会活动。按照劳动的性
质来看，有体力劳动和脑力劳动，有集体劳动和个体劳动，有具体劳动和
抽象劳动，有简单劳动和复杂劳动，只有劳动才能创造商品的使用价值和
价值。

　　确立劳动者地位，需要相应政策规定；培养劳动者技能，需要有相应
的政策；激励劳动着积极性，需要有相应的政策；承认劳动者的合法所
得，需要有相应的政策；公平分配劳动财富，需要有相应的政策；保障劳
动者所得，需要有相应的政策；维护劳动者人身保障，需要有相应政策；

引导劳动者有规律地流动需要有相应的政策等。制定政策围绕这些内容展开，改进政策也围绕这些内容展开。

二是以资本为导向的政策设计。钱是资本的货币形态，是抽象出来的财富表现方式，资本的流动性与人的流动性同样活跃，当资金投入到生产领域，进入商品生产过程，就变成了资本。资本可以是现金形态，也可以是实物形态、技术形态、债券形态、股票形态、债权形态等。发挥资本作用，需要有相应政策规定；允许资本以各种形态出现，需要有相应政策；允许资本在某些领域进入，需要有相应政策；鼓励资本在特定领域发挥作用，需要有相应政策；规定资本在哪些领域集结，需要有相应政策等。政策制定围绕这些内容展开，政策改进也围绕这些内容展开。

三是以产业为导向的政策设计。产业（有时又称为行业）是同类型企业的集合。产业与产业之间相互关联，形成了产业关系、产业组织和产业结构。或是鼓励某些产业发展，或是限制某些产业发展，或是禁止某些产业发展，需要制定产业组织政策、产业结构政策、产业技术政策、产业准入政策、产业布局政策等。政策制定围绕这些内容展开，政策改进也围绕这些内容展开。

四是以区域为导向的政策设计。供给与需求通过价格机制自动调节强弱、大小、涨落，在没有外力作用下，自身具有稳定协调机制。但是，当市场机制自身调节机制迟钝，或者自身反应过慢、不灵敏的时候，就需要政府出台政策来弥补市场力量不足，让经济发展按照意愿运行，这就是政策出台的意义。

区域政策的目的是激发地区经济活力，稳定增长，创造就业岗位，缩小地区差距。政策使用的主要方式是：公共投资——重要表现为政府直接投资，用于改善落后地区的基础设施条件；转移支付——是财富资金在政府之间再分配；通过中央政府向地方政府实行转移支付（纵向转移支付），或者地方政府之间实行转移支付（横向转移支付）；出台经济刺激方案——通过财政、税收、金融以及其他服务的方式吸引资金流入政府需要支持的区域；直接控制——对某些领域或者地区进行限制，促使生产要素向非限制性地区流动；政府采购——使用财政资金，对政府所需要物资进行大宗采购，以拉动当地经济成长；扩张公共区位——通过扩大或者缩小某些领域的范围刺激或者抑制某些区域的发展。例如：中央政府提出"京津冀协同发展"就是一个区域扩张性政策；设立"雄安新区"也是一个区域扩张性政策。

**3. 编制政策系统网络**

政策的表现形式是多方面的，但无论如何表现都是一种调节手段，其作用就是规制社会经济系统良性运行，按照既定的目标前进，控制涨落、控制速度、控制方向。如同一架飞行的飞机，飞行员与地面塔台要建立联系，控制飞行的高度、速度、经纬度的道理是一样的。高度就是发展的涨落问题，经济低迷则采取刺激措施，让其升高；反之过高了，则采取降温措施，让其降低；速度慢了，给油加力，速度快了，收油减力。

对于区域开放发展政策体系而言，也是一个庞大而复杂的系统，涉及变量颇多涵盖领域很广，有些具有历史沿革性，有些具有创新性，有些方面需要与国家相关机构协调统一步骤才能制定，有些牵扯到相邻省区政策协同，有些还要跨省区协调、跨部门协调。因此，政策制定和改善过程就是实施改革开放的重要内容。

按照政策体的技术特征来分析，政策体系元素包括：政策机制、政策层次、政策范围、政策张弛、政策路线、政策领域、政策行为、政策部门、政策波动、政策力量等，由此形成政策系统。其系统功能结构如下：

政策机制：市场在资源配置中起决定性作用，更好发挥政府作用，市场与政府两种调节力量。

政策层次：宏观政策、中观政策、微观政策，大小嵌套，原则性规定技术性。

政策范围：公共政策，特殊政策，一般性与特殊性结合。

政策张弛：扩张性政策、紧缩性政策、限制性政策，引导事物演变。

政策路线：直接作用政策、间接作用政策。

政策领域：财政政策、货币政策。

政策范畴：金融政策、投资政策、项目政策、产业政策、企业政策。

政策行为：人口政策、保险政策、奖励政策、户籍政策。

政策部门：海关政策、关税政策。

政策波动：稳定型政策、随机型政策。

政策力量：强烈刺激、温和刺激、弱刺激。

## 5.2　过去两个开放阶段政策效果评价

中西部地区对外开放时序与中国总体对外开放时序是一致的，其政策安排大致可以分为三个阶段：第一个阶段是 1979 年初～1999 年底，政策实施大致历经了 20 年，即：党的十一届三中全会以后至国家区域三大战略颁布之前（西部开发战略、中部崛起战略、东北振兴战略）；第二个阶段是 2000 年初～2012 年底，政策实施大致历经 12 年，即：国家颁布区域发展三大战略以后至党的十八大召开以前。2013 年初以后进入第三个开放政策实施阶段。分析前两个阶段政策实施效果，分析政策思想和理论背景，对安排第三阶段政策体系具有理论指导意义和实践意义。

### 5.2.1　第一阶段政策效果评价

国家实施区域对外开放政策的第一个阶段，即 1979 年初～1999 年底，即：党的十一届三中全会以后，至国家区域三大战略颁布之前（西部开发战略、中部崛起战略、东北振兴战略），政策实施历程大致经历了 20 年时间。总体上是改革开放事业的破冰阶段，国家直接政策覆盖领域主要集中在东部沿海地区，间接涉及中西部地区，政策效果是非均衡的。

**1. 开放试验，改革起步，政策破冰，但是政策缺少连贯性和系统性**

改革开放初期并不十分清楚怎样开怎样改，为了稳妥采用先试点的办法。1984 年 10 月《中共中央关于经济体制改革的决定》[①] 发表。改革破冰，改革政策率先惠及农村，开始实行"家庭联产承包责任制"，农民积极性很快被激发出来，接着在城市中尝试改革，从实行企业承包制入手，扩大企业自主权，建立改革试点，取得了初步成效。解决了改革开放思想观念的转变："从以阶级斗争为纲转变到以经济建设为中心；从封闭转变到扩大开放；从固守陈规转变到大胆改革"。

国家确定创立经济特区，进行试点。先后创建了深圳、珠海、汕头、厦门四个经济特区。国家并没有大笔资金直接投入，只是给特区一个"名分"，让特区去闯、去试。然而就是特区政策，创造了深圳、珠海、汕头和厦门四个城市进行改革开放探索的最大政策利好，才促使特区建设大胆

---

① 中共中央第十二届三中全会，1984 年 12 月 20 日通过，会议指出：社会主义制度没有得到很好的发挥，一个重要的原因，就是在经济体制上形成了一种同社会生产力发展要求不相适应的僵化的模式。这种模式的主要弊端是：政企职责不分，条块分割，国家对企业统得过多过死，忽视商品生产、价值规律和市场的作用，分配中平均主义严重。这就造成了企业缺乏应有的自主权，企业吃国家"大锅饭"、职工吃企业"大锅饭"的局面，严重压抑了企业和广大职工群众的积极性、主动性、创造性，使本来应该生机盎然的社会主义在很大程度上失去了活力。

试、大胆闯。深圳先后创立了中国开放历史上的"十个第一",成为中国改革开放历史上的重彩。汇聚了经济、社会、人才、资金、技术、管理等资源,成就了经济特区的辉煌。四个"特区"所在地并没有丰富的地下矿产资源,而是汇聚了庞大的社会经济资源,增强"汇聚能力",使用市场经济手段,依赖本土管理力量,依靠老百姓双手勤奋劳动创造。这一系列改革行动都没有前车之鉴,都没有实际经验,是完全开辟出来的路子。因此,改革开放政策也就不会有系统性、连贯性,经验需要时间来积累和验证,深圳特区经验在改革开放初期很难复制到内陆地区,很难复制到边远的西部地区。

**2. 采用东部率先发展政策,推动了东部地区快速发展,同时也拉大了中西部地区与东部地区的差距**

随着特区建设经验不断积累和丰富,发挥了积极示范作用,东部沿海地区港口城市受到极大鼓舞,港口地区开放的呼声日益高涨,加入特区行列的请求日益强烈。

1984 年中央政府审时度势,研判时局,适时决定将改革开放政策试验地区扩大到 14 个沿海港口城市(上海、天津、广州、福州、大连、青岛、宁波、连云港、秦皇岛、烟台、湛江、北海、温州、南通),于 1984 年 5 月 4 日批准了《沿海部分城市座谈会纪要》关于进一步开放 14 个沿海开放城市的建议①。以沿海港口城市地区为依托的改革开放试点成为当时亮点,招商引资政策促进了港口地区出口加工工业的集聚和发展,国际货物贸易在海港地区逐步增长。拉动了整个东部沿海港口地区经济快速增长。1980 年远洋货物周转量为 3 532 亿吨公里,1985 年为 5 329 亿吨公里,1989 年为 7 689 亿吨公里,1995 年为 11 938 亿吨公里,1999 年为 17 014 亿吨公里,20 年时间里增长了 13 482 亿吨公里,增长了 3.82 倍。从中国沿海港口进出的远洋货运量 1980 年为 4 292 万吨,1985 年为 6 627 万吨,1989 年为 9 027 万吨,1995 年为 15 251 万吨,1999 年为 22 621 万吨,20 年时间里增长了 18 329 万吨,增长了 4.27 倍。改革开放政策利好对东部沿海港口地区效果显现。

随后,国家将改革开放政策范围扩大到整个东部沿海地区,包括北京、上海、天津三个直辖市,以及辽宁省、河北省、山东省、江苏省、浙江省、福建省、广东省共 10 个省(市),整个东部沿海地区形成整体对外

---

① 高同星、胡德、方真主编:《中国经济特区大典》,人民出版社 1996 年版,第 16～17 页。

开放势头，改革开放政策开始释放红利。

东部地区的经济总量开始快速增长，比重快速上升，区域"发展极"逐步形成，区域经济发展的引擎地位确立。与此同时，中西部地区并没有得到国家的特殊改革开放政策，特别是对外开放政策，内陆地区仍然处于由计划经济向市场经济转型。国有企业改革起步，但是步履艰难，推进缓慢，时至2015年底，历经35年了，国有企业厂办大集体问题、退休养老金问题、企业破产倒闭退出问题、产业结构低端问题等一系列问题仍然没有得到根本解决。东中西部地区发展差距日益显现，经济总量、发展速度、人均收入、要素产出能力，东部地区明显处于优势地位。

**3. 东部地区亮点多，中西部地区亮点少，边远地区无亮点**

对外开放事业主要以某些重大题材表现出来，如特区建设题材、招商引资题材、人员流动题材、重大基础设施建设题材、国际会展题材、产业园区题材、行业准入题材、财政税收题材等。通过这些题材形成一个一个发展亮点，产生极化作用，激发社会经济生活中的经济要素活力，刺激活跃，促进流动，交互作用，形成汇聚效应。在政策上，允许还是不允许做这些事情，允许做多少，允许做到什么程度，决定了政策效果可以落地的状况。

开放初期阶段，允许建设特区是最大的开放政策，这一政策落户广东深圳、珠海、汕头、福建厦门，都在东部地区，中西部地区一个也没有。第一批开放城市落户在有海港的14个沿海城市，以及3个直辖市，中西部地区一个也没有。直至到改革开放中期阶段，2013年8月，国家实施自由贸易园区政策，第一批为上海，第二批为广东、福建、天津，两批共4个，都是设立在东部地区，中西部地区一个也没有。国家重大改革开放题材和政策覆盖都是率先给予东部地区，中西部地区几乎没有重大题材出现，也少有重大政策出台。因此，可以认为中西部地区并不是国家实施对外开放的前沿阵地，也不是国家进行经济建设特殊待遇的重点地区，呈现明显的非均衡特征。

**4. 开放政策激活人力资源，激发流动热望，孔雀东南飞**

人是最具有活力的生产要素，人才是社会经济建设最具价值的财富。国家实施开放政策后，极大地激发了人的积极性，激发了融入开放洪流的强烈欲望，调动了人们进入开放社会的热情。经济特区建设，好似一颗火种在一堆干柴中丢入，立刻引起了熊熊之火，将人们流动的强烈愿望焕发出来。

在实行严格户籍管制的情况下，人们被户籍关系、工作关系、档案关系、组织关系、粮食关系、工资关系等牢牢束缚，很难轻易流动，而实行开放的地区，则可以根据需要灵活掌握，打破了各种关系约束引进人才，重新建立个人档案，一下子激发了人才流动活力。在旧体制束缚下各类人才资源被激活了流动渴望，在长年束缚在土地上的农村劳动力，激活了流动渴望，离土离乡奔向东部地区，奔向改革开放的前沿地区，沐浴改革开放春风，感受开放氛围、感染改革开放激情，投身改革开放建设，"孔雀东南飞"。

一方面，东部地区借改革开放大势，大举吸引外地人才，汇聚了各路精英，投身于建设之中，开放促进了当地人事制度改革、工资制度改革、用工制度改革、退休养老制度改革、医疗制度改革、住房制度改革、保险制度改革，加速了由计划经济体制向市场经济体制转轨，人们之间的关系更加自由、轻松、和谐、积极、向上。

另一方面，中西部地区一批人才流向东部，特别是深居边远地区的国有企业人才，离开原工作单位到东部地区发展，对他（她）们来说是人生中一场伟大革命，能够有机会走出大山，能够有勇气放弃过去多年的人生积累，有魄力自动走出被边缘化的地区，绝对是一场人生伟大革命，改革开放政策为他（她）们创造了改变人生轨迹的机会。

同时，由于人力资源（特别是人才资源）由中西部地区向东部地区流动，这个流动包括两个方面：一个方面是当地已有的人力资源向东部地区流动（已经具有熟练技能的人才；具有较好体能的青壮年劳动力），另一个方面是每年高等院校毕业生（分布在中西部地区的高等院校学生；生源来自于中西部地区的学生）毕业后工作到东部地区流动。这两个流动无疑形成了示范效应，对当地老百姓形成示范效应，对当地社会公职人员形成示范效应（企业人员、政府工作人员、公共事业人员），助力并加速了人才向东部地区流动。中西部地区本来就缺少人才资源，"孔雀东南飞"现象无疑是对中西部地区的重创，进一步加重了这一问题的严重性。这一现象既是对中西部地区过去长期以来人才政策的否定（用脚投票），也是对东部地区实施改革开放以来创新出来的人才政策的肯定（用脚投票）。

**5. 政策力量强大，非均衡政策，非均衡发展**

由于政策覆盖领域非均衡，政策效果也必然非均衡。结束了十年动乱后，国家从计划经济走出来，积蓄着巨大发展潜力，人们都憋着一股干劲等待机会。所以，特区建设政策一经颁布，立刻焕发出巨大发展干劲，政策作用强大动力立刻显现出来，极大激发了人民群众积极性，兴奋激情一直延续了 30 多年，至今仍然具有活力。

东部率先发展的政策安排，对于中西部地区却没有直接兴奋作用，并没有产生直接的激励作用，观望东方、羡慕东部、渴望跟进、期待开放，期待着像东部地区那样的特殊政策降临，期待有重大发展题材落户到中西部地区，期待外力推动中西部地区发展。

从动力题材注入情况分析来看：流动性资源向东部地区流动多，向中西部地区流动少；外商投资东部地区多，中西部地区少；商品进出口东部地区多，中西部地区少；海港口岸进出口货物多，陆路口岸进出口货物少；人员流动向东部地区多，向中西部地区少；经济增速东部地区经济较快，中西部地区经济增速较慢；集聚优势东部地区增长强势，中西部地区增长弱势；城市建设东部地区较快，中西部地区较慢。

从固定资产投资地区分布情况分析来看：全民所有制固定单位，1981年东部地区占全国总量的 45.91%，1992 年上升到 54.57%，1997 年再上升到 62.46%，其中地方项目投资占全国的 67.65%。[1] 可见开放政策对经济发展的影响力，诱导了社会资金投资方向，由此产生的引领效应扩散到整个社会经济领域，激励社会各种资源向东部地区流动。

从外商进入中国投资分布空间情况分析来看[2]，到 1999 年，全国外商投资企业总数已达到 212 436 户，其中分布在东部地区有 163 896 户，占比 77.15%，处于绝对领先地位，东部 10 个省市分布情况是：辽宁省13 825 户、河北省 4 011 户、山东省 12 358 户、江苏省 18 843 户、浙江省9 646 户、福建省 17 965 户、广东省 53 644 户、上海市 15 059 户、天津市9 924 户、北京市 8 621 户。全国外商投资总额已达到 778 567 百万美元，其中分布在东部地区有 620 340 百万美元，占比 79.67%，处于绝对领先地位。东部 10 个省市分布情况是：辽宁省 43 085 百万美元、河北省14 583 百万美元、山东省 38 145 百万美元、江苏省 72 909 百万美元、浙江省 27 486 百万美元、福建省 49 422 百万美元、广东省 215 239 百万美元、上海市 90 734 百万美元、天津市 29 421 百万美元、北京市 39 334 百万美元。上述两项指标非常清晰地表现出来外资进入中国分布集中在东部地区，广大中西部地区（含东北吉林和黑龙江）20 个省区市合计外商投

---

① 涂玉春、刘卉、黄毅、胡文君著：《中国西部的对外开放》，民族出版社 2001 年版，第222 页。

② 国家统计局：《中华人民共和国国民经济和社会发展统计公报》。

资企业总数仅为 48 540 户，全国总量占比仅为 22.85%；外商投资总额仅为 158 227.52 百万美元，全国总量占比仅为 20.33%。非均衡分布特征十分明显。这里需要指出的是，外商以及外资进入某一国地区市场，都是从全球战略来考虑空间布局的，跨国公司绝不是从单一因素来考虑布局的，一定是从多种因素视角来安排布局的。东部地区之所以能够对外资具有吸引力，一定是在综合条件方面具备了外资进入条件，既包括资源、气候、地域、基础设施等方面的硬件条件；也包括政策、金融、人才、税收、服务等方面的软件条件，可见东部地区要比中西部地区具有明显的综合优势，也证明了中西部地区具有非常明显的劣势或不足。

总体上，改革开放初期阶段的国家开放政策主要特点是非均衡发展政策，将政策资源分配给东部少数地区。其政策效果也呈现非均衡特征，实际上拉大了地区之间发展的差异，不仅仅存在经济总量差异，更存在经济速度差异、经济结构差异和经济质量差异；既存在经济差异，也存在文明程度差异；既存在物资水平差异，也存在人们精神面貌差异；更存在人们思想观念、商品经济意识、参与市场竞争勇气和能力的差异，这些差异在后来很长时间里仍然惯性遗留，长时间难以抹平，在人们日常生活点点滴滴中都能表现出来，在工作节奏、生活方式、个人偏好、行为习惯等方面都表现出地域差异性。

## 5.2.2　第二阶段政策效果评价

国家实施区域对外开放政策第二个阶段，起步于 2000 年初，至 2012 年底，政策实施标志为"三大战略"颁布之后（西部开发战略、中部崛起战略、东北振兴战略）至党的十八大召开之前，时间历程大致经历了 12 年。

**1. 西部开发、中部崛起和东北振兴三大战略出台，政策向西倾斜**

国家实施西部开发战略、中部崛起战略、东北振兴战略三大战略以后，政策重心开始西移，中央通过财政计划投资、转移支付等手段，将政策支持重点转向西部地区，并动员地方力量对口支援西部地区，国家发展政策明显开始向西转移。

**2. 投资政策启动，基础设施建设先行，项目增多，地方受益非均衡**

在普惠的多项政策中，最活跃、最直接、最快见效的政策，是基础社会设施投资建设领域，一大批铁路、公路、桥梁、城市建设项目纷纷立项逐步建成，直接惠及当地。建设初期从地方中心城市开始，先建设联通省会级城市之间的交通通信网络，骨干铁路和骨干高速公路。但是地县级道路和基础设施改善较慢，平原地区改善较快，边远地区改善较慢。由于投资往往带着项目，项目落到哪里资金就跟进到哪里，结果中小型城市没有大中型城市获得的项目机会多，地方性非均衡也出现了。各个省之间发展非均衡与省内域内发展非均衡同时出现了。西部地区仍然存在特困连片地区。

**3. 政策诱导社会资金，但市场发育不良，外资流入很少**

国家政策大张旗鼓诱导政府将所能调动的资源向西部倾斜，运用财政政策手段和货币政策手段，或直接调入资金与人才，或直接布局大型项目落地西部地区，政策效果十分明显。但是，市场力量调配资源流动少，例如，每年大学毕业生就业，向东部地区流动多，向中西部地区流动少，向边远地区流动更少，总体流向规律是：由北向南，由西向东，由内地向沿海，由农村向城市，由小城市向大都市，而非是相反方向。再例如，外商投资到东部地区多，到中部地区少，到西部地区更少。这两个流动（资本和人才）的实际流向、流量、流速，与实际上的需要情况恰好相反，西部地区需要人才和资金，而市场机制作用配置而来很少。这个现象说明，政策力量弥补了市场力量不足，政策的效果必然会很好。但是，也同时说明，中西部地区（包括东北地区）市场化水平不足，发挥市场机制的土壤不沃。企业在这些地方投资不足以弥补成本，无利可图，招商引资的政策无论多优惠，都不足以托举企业正常运作，自然就难以吸引外部资金和人才。

**4. 宏观政策覆盖面广，但微观软环境发育滞后，法制化市场运行机制尚未形成**

优惠政策、扶持政策从中央到地方层层制定，根据自己权力范围，层层优惠，主要政策内容针对企业投资。有些政策是从权力主管部门出台的，基层没有决定权，上面有政策，下面就要跟进，结果是宏观政策面广、点多、全面、周到，原则性的政策多（中央各个部门、例如：工商、税务、财政、银行、项目审批等），然而到了基层需要可操作性政策就少了，即使有可以指导具体工作的政策，实际监管部门仍然在行使权力（而不是服务），仍然在"管"（实际上是制约）。查问题、缴罚款，不是事前指导、防范，而是事后行使权力批评、指责罚款，还有些部门以罚没款作为执法人员的开支，必然强化执法人员的地位。结果出现了计划经济的权力意识在市场经济中运用，将宏观上的市场经济演变成了微观上的权力经济，造成当地市场机制长时间不能正常运行。恶化了政策生态，也恶化了市场经济，出现了变了味的本土市场经济（权力经济）。中央好政策到了地方到达老百姓头上时候早已经没有了温度。

**5. 政策输血多，但造血机能弱，一些地方仍然贫穷落后**

政策属于阶段性的措施，一个政策跟着一个政策出台，就会有一个措施跟着一个措施随进。政策由政府制定，政策由政府监管实施，从上到下，从中央到地方，谁掌握政策制定谁就有权力，谁监督政策实施谁就有权力，谁控制政策谁就有资源。政策成为权力的代名词。

结果下面向上面要政策，上面对下面给政策，一个是"要"，一个是"给"；到哪里去要政策？政策给到谁头上？形成了利益博弈，也同时形成了寻租的机会。某些个别领导干部出现个人问题，大多与项目（工程）腐败有关，实际上就是一种寻租表现。

国家政策惠及了广大西部地区、东北地区和中部地区，地方就习惯于上面给，给多少就用多少，不给就停滞，形成了"等、靠、要"的习惯，吃政策饭。改革开放事业近 40 年，东北地区和西部地区急迫需要增强独立发展能力，相当一部分地区仍然贫穷落后，在国家继续不断给予优惠政策，给予各种力量扶持的时候，更为重要的是提高本土"造血"能力。

## 5.3　第三阶段政策内容覆盖领域

政策将继续惠及中西部地区（含东北地区），政府继续发挥主导作用，地方政府的力量和作用更为明显。因为，政府具有动员社会力量的能力，地方政府可以通过政府体系中上下级之间的命令链，传递动员社会力量的政令，配置不同层级的资源，集中力量解决问题。所以，制定好政策，运用好政策，对西部发展具有特殊意义和重要作用。

从总体上来看，政策体系结构和内容体系集中在四方面：一是涉及钱的领域，即解决资金问题，出台解决资金和用好资金的相关政策体系。二是涉及人的领域，即解决人才问题，出台培养人才、吸引人才和用好人才的相关政策体系。三是涉及项目的领域，即解决基础设施建设、企业和布局问题，出台解决项目的相关政策体系。四是特殊政策，即根据西部地区的特殊情况出台的相关政策体系（见表 5 - 1）。

表5－1　　　　　　　　中西部地区对外开放保障政策体系内容

| 序号 | 实施主体 | 实施内容 | 实施期限（时间） | 实施范围（空间） | 实施力度（强度） |
|---|---|---|---|---|---|
| 1 | 中央政府 | 财政政策 | ☆☆☆ | ☆☆☆☆ | ☆☆☆ |
| 2 | 中央政府 | 货币政策 | ☆☆☆ | ☆☆☆☆ | ☆☆☆ |
| 3 | 地方政府/企业 | 产业政策 | ☆☆☆ | ☆☆☆☆ | ☆☆☆☆ |
| 4 | 地方政府/企业 | 投资政策 | ☆☆☆ | ☆☆☆ | ☆☆☆☆ |
| 5 | 中央政府 | 户口政策 | | | |
| 6 | 地方政府 | 土地使用政策 | ☆☆☆ | ☆☆☆ | ☆☆☆ |
| 7 | 地方政府/企业 | 招商引资政策 | | | |
| 8 | 中央政府 地方政府/企业 | 奖励政策 | ☆☆☆☆ | ☆☆☆☆ | ☆☆☆☆☆ |
| 9 | 地方政府/企业 | 人才政策 | ☆☆☆ | ☆☆☆ | ☆☆☆ |
| 10 | 地方政府 | 资金政策 | ☆☆☆ | ☆☆☆ | ☆☆☆ |
| 11 | 地方政府/企业 | 项目政策 | ☆☆☆ | ☆☆☆ | ☆☆☆ |
| 12 | 地方政府 | 干部政策 | | | |
| 13 | 地方政府/企业 | 创新鼓励政策 | ☆☆☆ | ☆☆☆☆ | ☆☆☆☆ |
| 14 | 中央政府 | 对口支援政策 | ☆☆☆ | ☆☆☆ | ☆☆☆ |
| 15 | 中央政府 | 设立特区政策 | ☆☆☆ | ☆☆☆ | ☆☆☆☆ |
| 16 | 中央政府 | 设立新区政策 | ☆☆☆ | ☆☆☆ | ☆☆☆ |

注：（1）强度指标等级：一个星为弱小，两个星为弱中等，三个星为中等，四个星为中强，五个星为极强。

（2）实施时间等级：一个星为临时，两个星为短期等，三个星为中期等，四个星为中长期，五个星为长期。

（3）实施范围等级：一个星为一个点（乡镇），两个星为小范围（县市），三个星为中等范围（地市），四个星为较大范围（省、直辖市），五个星为全国范围。

## 5.3.1　人才流动与保障政策

　　人是社会经济活动的主体，是生产力中最为活跃的要素，激励人、鼓励人、引导人、调动人的积极性有利于促进区域经济发展。规范和管理人的政策体系统称为人才政策。政策体系通常涵盖人才政策、构建现代公共服务体系政策、就业政策、收入分配政策、社会保障政策、户籍政策、城镇化政策等。

**1. 人才鼓励政策**

按照人才性质建立的政策包括：人力资源政策和人力资本政策。人力资源政策是针对社会成员大众的总体政策体系，具有社会性和广泛性，覆盖面宽。人力资本政策是针对专业人员的政策体系，具有专业性和经济性，覆盖面相对集中。

按照人才管理范畴建立的人才政策包括：人口政策、民族政策、就业政策、人才流动政策、农民工政策、大学生毕业就业政策、回国留学人员政策、户口政策，购房政策等。

积极的人才政策具有鼓励人才积极向上的作用和功效，鼓励人们相互尊重，崇尚和谐的社会氛围，激励人们主动从事劳动，鼓励人们投资兴业，鼓励人们向社会贡献智慧和才能。

中西部地区实施开放发展战略，实施开放型经济，需要积极的人才政策。

**2. 就业政策**

倡导"建立经济发展和扩大就业的联动机制，健全政府促进就业责任制度。规范招人用人制度，消除城乡、行业、身份、性别等一切影响平等就业的制度障碍和就业歧视。完善扶持创业的优惠政策，形成政府激励创业、社会支持创业、劳动者勇于创业新机制。完善城乡均等的公共就业创业服务体系，构建劳动者终身职业培训体系。增强失业保险制度预防失业、促进就业功能，完善就业失业监测统计制度。创新劳动关系协调机制，畅通职工表达合理诉求渠道。"①

促进以高校毕业生为重点的青年就业和农村转移劳动力、城镇困难人员、退役军人就业。结合产业升级开发更多适合高校毕业生的就业岗位。政府购买基层公共管理和社会服务岗位更多用于吸纳高校毕业生就业。健全鼓励高校毕业生到基层工作的服务保障机制，提高公务员定向招录和事业单位优先招聘比例。实行激励高校毕业生自主创业政策，整合发展国家和省级高校毕业生就业创业基金。实施离校未就业高校毕业生就业促进计划，把未就业的纳入就业见习、技能培训等就业准备活动之中，对有特殊困难的实行全程就业服务。

---

① 《中共中央关于全面深化改革若干重大问题的决定》，中国共产党第十八届中央委员会第三次全体会议通过，2013 年 11 月 12 日。

### 3. 收入分配政策

政策要求"着重保护劳动所得，努力实现劳动报酬增长和劳动生产率同步提高，提高劳动报酬在初次分配中的比重。健全工资决定和正常增长机制，完善最低工资和工资支付保障制度，完善企业工资集体协商制度。改革机关事业单位工资和津贴补贴制度，完善艰苦边远地区津贴增长机制。健全资本、知识、技术、管理等由要素市场决定的报酬机制。扩展投资和租赁服务等途径，优化上市公司投资者回报机制，保护投资者尤其是中小投资者合法权益，多渠道增加居民财产性收入。"①

完善以税收、社会保障、转移支付为主要手段的再分配调节机制，加大税收调节力度。建立公共资源出让收益合理共享机制。完善慈善捐助减免税制度，支持慈善事业发挥扶贫济困积极作用。

规范收入分配秩序，完善收入分配调控体制机制和政策体系，建立个人收入和财产信息系统，保护合法收入，调节过高收入，清理规范隐性收入，取缔非法收入，增加低收入者收入，扩大中等收入者比重，努力缩小城乡、区域、行业收入分配差距，逐步形成橄榄型分配格局。

### 4. 社会保障政策

政策要求"坚持社会统筹和个人账户相结合的基本养老保险制度，完善个人账户制度，健全多缴多得激励机制，确保参保人权益，实现基础养老金全国统筹，坚持精算平衡原则。推进机关事业单位养老保险制度改革。整合城乡居民基本养老保险制度、基本医疗保险制度。推进城乡最低生活保障制度统筹发展。建立健全合理兼顾各类人员的社会保障待遇确定和正常调整机制。完善社会保险关系转移接续政策，扩大参保缴费覆盖面，适时适当降低社会保险费率。研究制定渐进式延迟退休年龄政策。加快健全社会保障管理体制和经办服务体系。健全符合国情的住房保障和供应体系，建立公开规范的住房公积金制度，改进住房公积金提取、使用、监管机制。"②

### 5. 户籍政策

政策要求"有序推进农业转移人口市民化，推动户籍制度改革，实行不同规模城市差别化落户政策。把有能力、有意愿并长期在城镇务工经商的农民工及其家属逐步转为城镇居民。对未落户的农业转移人口，建立居住证制度。使更多进城务工人员随迁子女纳入城镇教育、实现异地升学，

---

① ② 《中共中央关于全面深化改革若干重大问题的决定》，中国共产党第十八届中央委员会第三次全体会议通过，2013 年 11 月 12 日。

实施农民工职业技能提升计划。稳步推进城镇基本公共服务常住人口全覆盖，使农业转移人口和城镇居民共建共享城市现代文明。"①

**6. 城镇化政策**

"城镇化"是现代化的必由之路，是破除城乡二元结构的重要依托。要健全城乡发展一体化体制机制，坚持走以人为本、四化同步、优化布局、生态文明、传承文化的新型城镇化道路，遵循发展规律，积极稳妥推进，着力提升质量。今后一个时期，应着重解决好现有"三个1亿人"问题，促进约1亿农业转移人口落户城镇，改造约1亿人居住的城镇棚户区和城中村，引导约1亿人在中西部地区就近城镇化。②

加大对中西部地区新型城镇化的支持。提高产业发展和集聚人口能力，促进农业转移人口就近从业。加快推进交通、水利、能源、市政等基础设施建设，增强中西部地区城市群和城镇发展后劲。优化东部地区城镇结构，进一步提升城镇化质量和水平。国家加大对跨区域重大基础设施建设和经济协作的支持，加强生态保护和基本公共服务。地方要优化整合扶贫资源，实行精准扶贫，确保扶贫到村到户。引导社会力量参与扶贫事业。

## 5.3.2 资本流动政策

市场在资源配置中起决定性作用，政府运用政策管制市场失灵，通过政策调控市场要素的流向或流量，可以使用的政策手段有：放宽投资准入政策、税收政策、财政政策、金融政策、投资政策、发展混合所有制政策等。

**1. 放宽投资准入**

统一内资与外资准入的法律法规，"保持外资政策稳定、透明、可预期。推进金融、教育、文化、医疗等服务业领域有序开放，放开育幼养老、建筑设计、会计审计、商贸物流、电子商务等服务业领域外资准入限制，进一步放开一般制造业。加快海关特殊监管区域整合优化"③。推动对内对外开放相互促进，"引进来"和"走出去"更好结合，促进要素有

①② 李克强总理：《第十二届全国人民代表大会第二次会议》，载于《政府工作报告》2014年3月5日。

③ 《中共中央关于全面深化改革若干重大问题的决定》，中国共产党第十八届中央委员会第三次全体会议通过，2013年11月12日。

序自由流动、资源高效配置、市场深度融合。

### 2. 确立企业投资主体地位

除了关系国家安全和生态安全、涉及全国重大生产力布局、战略性资源开发和重大公共利益等项目外，其他项目一律由企业依法依规自主决策，政府不再审批。充分发挥企业自主经营，增强国际市场竞争力。

### 3. 转移支付政策

完善一般性转移支付增长机制，重点加强对革命老区、民族地区、边疆地区、贫困地区的转移支付，中央出台增支政策形成的地方财力缺口，原则上通过一般性转移支付调节。要让西部地区、担当生态环境保护功能的地区仍然有资金来源，不以经济产出量（GDP）来考核政绩。

### 4. 税收政策

税收政策是指运用税收杠杆来撬动经济活动的政策，包括税收的品种、税收的数量、税收的比重等。税收是调整收入分配的重要手段，在既定的经济收入水平下，调整税收比例具有调整分配的功效。增加税收，对国家有利，而对纳税人增加负担；减少税收，对国家不利，而对纳税人减少负担。减少税收对于企业来说有利于扩大再生产，具有激励作用。

从税收数量来看，增加税收具有增加纳税人负担的功效，具有制约经济上行功效；减少税收具有鼓励经济主体的功效，具有刺激扩大再生产的功效。

从税收品种来看，税收品种增多具有增加纳税人负担的功效，具有扩大纳税范围的功效；税收品种减少具有减少纳税人负担的功效，具有刺激扩大再生产的功效。积极的税收政策是鼓励扩大再生产、鼓励投资。中西部地区实施开放经济战略，实施开放型经济，需要积极的税收政策。

### 5. 财政政策

财政政策是指国家财政资金分配的政策。国家国库里的钱向何处投入？投入多少？何时投入？以什么方式投入，都会对经济社会产生影响。增加财政投入具有积极影响，刺激经济活动；减少财政投入具有消极影响，制约经济活动。中西部地区实施开放发展战略，实施开放型经济，需要积极的财政政策。

### 6. 金融政策

金融政策是指运用金融工具影响经济活动的政策体系。包括运用利率杠杆、汇率杠杆、股票杠杆等。金融工具在银行体系中包括：信贷规定，存款利率、贷款利率，银行信贷发放方向规定、行业规定、数量规定、时

间规定、条件规定等。金融工具在债券体系中包括：企业上市融资的条件
规定，企业发行债券融资的规定，中小企业创业板规定等。

积极的金融政策具有鼓励资金向扩大再生产领域流动功效，具有激
励资金向生产领域流动功效，具有激活社会经济主体经济活动的功效。
中西部地区实施开放发展战略，实施开放型经济，需要积极的金融
政策。

十八届中央委员会第三次全体会议作出《中共中央关于全面深化改革
若干重大问题的决定》指出"完善金融市场体系，扩大金融业对内对外开
放，在加强监管前提下，允许具备条件的民间资本依法发起设立中小型银
行等金融机构。推进政策性金融机构改革。健全多层次资本市场体系，推
进股票发行注册制改革，多渠道推动股权融资，发展并规范债券市场，提
高直接融资比重。完善保险经济补偿机制，建立巨灾保险制度。发展普惠
金融。鼓励金融创新，丰富金融市场层次和产品。""完善人民币汇率市场
化形成机制，加快推进利率市场化，健全反映市场供求关系的国债收益率
曲线。推动资本市场双向开放，有序提高跨境资本和金融交易可兑换程
度，建立健全宏观审慎管理框架下的外债和资本流动管理体系，加快实现
人民币资本项目可兑换。"

**7. 投资政策**

投资政策是通过颁布投资法令（或投资要求）来引领投资行为的政策
体系。投资政策包括：开放行业政策（或限定行业政策），扩大投资领域
政策（或限定投资领域政策），投资数量规定政策（或者投资规模规定政
策），投资主体规定政策（或投资主体限定政策），投资资金结构政策
（或者投资比例比重政策）等。

积极的投资政策具有扩大投资的作用和功效，消极的投资政策具有限
制投资的作用和功效。积极的投资政策主要表现在：降低准入门槛，开放
准入产业，扩大准入领域，扩大投资主体，减少投资比重限制等。中西部
地区实施开放发展战略，实施开放型经济，需要积极的投资政策。

**8. 发展混合所有制政策**

"积极发展混合所有制经济。国有资本、集体资本、非公有资本等交
叉持股、相互融合的混合所有制经济，是基本经济制度的重要实现形式，
有利于国有资本放大功能、保值增值、提高竞争力，有利于各种所有制资
本取长补短、相互促进、共同发展。允许更多国有经济和其他所有制经济
发展成为混合所有制经济。国有资本投资项目允许非国有资本参股。允许

混合所有制经济实行企业员工持股，形成资本所有者和劳动者利益共同体。"①

### 5.3.3 项目政策

项目政策是指重大投资项目的论证、审批、规制和管理的政策体系。重大项目投资规模大，建设周期长，对地区社会经济发展影响大，需要在立项、选址、用地、周边设施配套等多个方面予以规定。项目政策内容繁多，包括：项目鼓励或限制政策、项目性质政策、项目投资政策、项目选址政策、项目布局政策、产业政策、土地政策等。

**1. 实行统一的市场准入制度**

建立公平开放透明的市场规则，实行统一的市场准入制度，在制定负面清单基础上，各类市场主体可依法平等进入清单之外领域。探索对外商投资实行准入前国民待遇加负面清单的管理模式。推进工商注册制度便利化，削减资质认定项目，由"先证后照"改为"先照后证"，把注册资本实缴登记制逐步改为认缴登记制。推进国内贸易流通体制改革，建设法治化营商环境。

改革市场监管体系，实行统一的市场监管，清理和废除妨碍全国统一市场和公平竞争的各种规定和做法，严禁和惩处各类违法实行优惠政策行为，反对地方保护，反对垄断和不正当竞争。建立健全社会征信体系，褒扬诚信，惩戒失信。健全优胜劣汰市场化退出机制，完善企业破产制度。

**2. 重大项目注入政策**

国家重大项目对于中西部地区发展发挥积极促进作用，重大项目涉及国家的中长期计划规定，涉及不同领域的管理部门，立项和运作都非常复杂，但是对中西部地区发展的作用和效果是非常明显的。例如：青藏铁路项目、长江三峡大型水电项目、西气东输项目、西电东输项目、支线机场建设项目等。

青藏铁路项目：该项目的立项、建设、开通和运行对青海和西藏经济发展和社会进步带来重大促进作用，改变了历史上从来没有铁路的情况，借助青藏铁路，人们更方便出行，加快了经济交流、文化交流、社会交流，促进社会文明进步，老百姓称呼这条铁路为"心路""天路""幸

---

① 《中共中央关于全面深化改革若干重大问题的决定》，中国共产党第十八届中央委员会第三次全体会议通过，2013 年 11 月 12 日。

福路"。

长江三峡大型水电运综合项目：该项目的立项、论证多年，建设周期长，建成后发挥了拦洪、调峰、通航、发电的功效，综合效应十分明显。

西气东输项目：该项目将西部地区的天然气资源通过管道长距离运输到东部地区，为东部送来能源，大大缓解当地能源紧张情况，也将西部地区自然资源转化为经济资源，形成了以管线为承载的"管线经济带"，经济和社会综合效应十分明显。

西电东输项目：长江上游的西南地区水能源储量十分丰富，但是山高路远，交通不便，将水能源转化为电力，长距离运输，解决水能源输送问题，将自然资源转化为经济资源，既增加了东部地区用电，也富裕了西部地区，项目的经济和社会综合效应十分明显。

支线机场建设项目：在边远地区建设机场是战略行动，打通与外界的空中交通，设立机场是重大利好政策。一般情况下，支线机场与枢纽机场相比较，客流量不大，航班密度不高，航线条数不多，有些机场没有达到规模经济。但是，支线机场建设对于当地的经济发展和社会进步发挥巨大积极作用，使当地具有了与外界联系的窗口，这是无法以金钱来衡量的社会经济效应。允许还是不允许建设机场，建设什么样规模的机场，建设多少机场，什么时候建机场，由谁来投资建机场，这一系列活动都需要国家有关部门来审批，这一系列活动都需要政策来规范。

### 3. 项目联动政策

项目政策是一个综合性的政策体系。项目覆盖的领域和范围很宽，表现形式多样，题材很多，项目既可以是基础设施，包括高速公路建设项目、桥梁建设项目、水电枢纽建设项目、机场建设项目、饮水工程项目、城市再造项目等。项目也可以是工厂、企业、农场、矿山等。项目政策覆盖的领域也很宽，涉及投资政策、金融政策、产业政策、布局政策，等等。所以，项目政策是一个综合性政策体系，具有很强的政治性、社会性、经济性、技术性、专业性和综合性。

过去实施的项目政策已经取得很大成就，今后时期仍然需要继续实施积极的项目政策，继续在基础设施建设领域创造题材，同时还要将产业化的项目、资源深加工项目、大企业集团项目、"精准扶贫"项目引入中西部地区落户，深化项目政策的范围和内涵，继续发挥政策引领作用。

### 5.3.4　特殊政策

中西部地区无论从地理环境、生态环境、自然环境还是社会形态、经济基础、民族文化和思想理念，与东部地区相比较都存在很大差异。一方面需要尊重差异性，面对现实；另一方面更需要尽快缩小经济发展差距和社会发展差距，让中西部地区与东部地区同步实现小康社会，要实施一些"特殊政策"（其他地区没有的政策），包括领导干部挂职政策、边疆地区学生到内地学校就读政策、爱心捐助政策、外出务工政策、医疗普查政策、对口支援政策、设立特区政策、设立新区政策、口岸经济政策等。

**1. 领导干部挂职政策**

提高中西部地区政府公务员和领导干部领导水平，安排脱产学习、进修学位、岗位培训等。安排西部地区的在职领导干部到东部发达地区任职，安排东部地区的领导干部到西部地区任职，东西部地区干部交流，异地任职，交叉任职。任职时间可以是半年、一年、两年不等，可以根据岗位性质来设定。通过交叉任职，相互学习，了解情况，积累任职经验，提高领导水平。事实上，这样的政策和做法已经实施多年了，为西藏、新疆、贵州、云南、广西等地区培训了一批干部，效果很好。西部地区基层干部工作非常艰苦，他们（她们）需要补充知识，需要开阔视野、需要不断更新知识，领导干部异地交流政策需要继续贯彻下去。

**2. 边疆地区学生到内地学校就读政策**

"革命老区""少数民族地区""边疆地区""贫困地区"都分布在中西部地区，对于这些地区的扶持政策需要继续贯彻落实，既要扶贫，更要扶智；既要解决吃饭问题，更要解决发展问题；既要解决当前问题，更要解决长远问题；既要解决我们这一代人的生活问题，更要涉及下一代人的成长问题。"老、少、边、穷"地区基础设施贫乏，生活条件简陋，经济发展困难，短时间内无法解决众多问题，甚至有些地区学校都没有。因此，将这些地区的孩子们送到内地来读书学习接受现代教育，享有与内地孩子们同样的童年，这样做既是解决现实问题，也是解决长远发展问题；既是体现惠及民生，也是体现社会文明与关爱，利国利民、功在当代、利在千秋。事实上，过去在北京、湖南、四川、云南、重庆、湖北、山东等地区接受来自西藏地区和新疆地区的学生，实施效果很好。应当继续实施这样的政策，扩大吸收学生的范围，从小学和中学就抓起，一直延伸到大学。解决教育问题，就是解放思想、更新观念，促进民族交流、促进民族大团结，促进经济发展和社会进步，也是深化开放的具体方式。

**3. 对口支援政策**

对口支援新疆、对口支援西藏、对口支援老少边穷地区，这个政策实施以来受到当地极大欢迎。截至 2012 年 11 月，全国有 19 个省区市单位对口支援新疆，从人力、物力、财力支持新疆发展。四川汶川地震，灾后重建，国家动员了内地省区市对口支援建设，包括北京、上海、辽宁、广东、山东、湖北、浙江、江苏等。虽然对口支援政策是临时性政策，但是，对解决当地实际问题却十分见效。

对口支援以政府之间为主导，只要双方达成意向就可以操作，对口支援政策内容简单、不涉及复杂法律条款，不涉及复杂的经济关系，操作快、见效快。新疆、西藏，以及老少边穷地区需要支援。总结过去对口支援政策和对口支援活动经验，从支援"硬件"延伸到支援"软件"，从给钱、给物，延伸到给项目、给人才、给思想、给方法、给点子、给经验、给商机。从对口支援延伸到多口支援、多渠道支援。从对口支援延伸到对口发展，从单方面给支援，延伸到既"给"又"取"，"给"是给财力、给物力；"取"是通过贸易往来，通过市场交换，将当地产品运出来、消化和吸收，购买西部地区出产的产品，通过市场机制，创造西部地区产业发展的出口。"取"的力量与"给"的力量同等重要。对口支援初期阶段以"给"为主，需要奠定发展基础，需要财力和物力，这是基础性政策。对口支援高级阶段以"取"为主，需要营造发展条件，创建商机提高生产能力，这是发展性政策。现在正处于"两个阶段"转换时期，对口支援政策"给"与"取"两个方面都需要贯彻。

**4. 设立特区政策**

改革开放初期，在沿海地区设立特区东部地区直接受益了。未来时期要"特区西进"，至 2017 年 4 月明确西部建设特区政策，赋予了机会和题材。5 个"改革开放试验区"（广西东兴、云南瑞丽、内蒙古满洲里、新疆喀什、新疆霍尔果斯）、9 个"新区"（重庆两江新区、兰州新区、陕西西咸新区、贵州贵安新区、四川天府新区、云南滇中新区、黑龙江哈尔滨新区、吉林长春新区、江西赣江新区），这 14 个亮点地区将成为中西部地区及东北地区发展的"特区"，将为西部地区实施开放改革事业创造奇迹、创造经验、创造动力。国家实施"特区西进"政策，是从国家发展大局、全国发展总体战略、主体功能区布局、城镇化要求来安排的，这一政策对中西部地区及东北地区发展将产生深远影响。

**5. 政绩考核政策**

"不以 GDP 论英雄",纠正单纯以经济增长速度评定政绩的做法,"加大资源消耗、环境损害、生态效益、产能过剩、科技创新、安全生产、新增债务等指标的权重,更加重视劳动就业、居民收入、社会保障、人民健康状况。"① 以综合性指标评价地方施政水平。

**6. 简政放权政策**

"深化行政审批制度改革,最大限度减少中央政府对微观事务的管理,市场机制能有效调节的经济活动,一律取消审批,对保留的行政审批事项要规范管理、提高效率;直接面向基层、量大面广、由地方管理更方便有效的经济社会事项,一律下放地方和基层管理。"②

政府职能加强发展战略、规划、政策、标准等制定和实施,加强市场活动监管,提供各类公共服务。中央政府实施宏观调控,履行职责,加强地方政府公共服务、市场监管、社会管理、环境保护等职责。

**7. 政府采购政策**

推广政府购买服务,凡属事务性管理服务,原则上都要引入竞争机制,通过合同、委托等方式向社会购买。

**8. 事业单位改革政策**

"加快事业单位分类改革,加大政府购买公共服务力度,推动公办事业单位与主管部门理顺关系和去行政化,创造条件,逐步取消学校、科研院所、医院等单位的行政级别。建立事业单位法人治理结构,推进有条件的事业单位转为企业或社会组织。建立各类事业单位统一登记管理制度。"③

## 5.4 第三阶段政策实施与政策调整

高层政策为纲领,基层政策就为行动指南。无论什么样的政策都用来促进经济发展和社会进步。政策颁布以后关键在落实,政策也要不断优化。在实践中验证政策,在实践中调整政策。要防范政策出现问题,要适时调整或转化政策(见图 5-8)。

---

① ② ③ 《中共中央关于全面深化改革若干重大问题的决定》,中国共产党第十八届中央委员会第三次全体会议通过,2013 年 11 月 12 日。

图 5 - 8 政策实施与政策调整行动重点

## 5.4.1 多种政策联动

政策体现政府运用权力对社会活动进行规范和管理的能力，在国家法律框架下，政策的力量是巨大的，具有与法律同等的效用。出台好政策和运用好政策是管理艺术。政策与政策之间互动，相互补充、相互配套，构成政策体系。

人才政策、资金政策、项目政策、特殊政策这些政策安排是具有针对性和可操作性的政策体系。资金政策支撑人才政策和项目政策，人才政策支撑资金政策和项目政策，项目政策支撑资金政策和人才政策，特殊政策联动人才政策、联动资金政策、联动项目政策。政策之间形成紧密的偶合关系，用好这些政策将产生巨大合力，推动中西部地区经济发展和社会进步（图 5 - 9）。

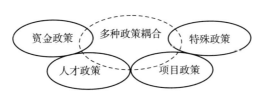

图 5 - 9 四大政策体系耦合关系

地方政府出台政策时，要研究临近省（区市）的政策内容，避免出现政策矛盾。要研究国家政策的含义，理解精神实质，用好、用足、用透政策规定，将政策变为机遇，将政策变为资源，将政策变为冲锋陷阵的号角，将政策变为发展的动力。

## 5.4.2 防控政策风险

制定政策要根据国家大政方针，制定政策要符合地方实际情况，发挥政策本身具有的功能，注意防范政策出现问题。

**1. 政出多门问题**

防止政策混乱。小政策抵触大政策，"土政策"抵触"洋政策"，国内政策抵触国际惯例，各个行政主管部门都出政策，各个地区地方政府都出政策，甚至乡镇有政策，市县有政策，同一个地区管辖的市县彼此之间政策多样，甚至政策相互矛盾，这些情况在某些领域已经有所出现，政出多门造成政策混乱。

**2. 政策多变问题**

防止政策不稳定。政策多变老百姓不知所措，政策多变使政策执行者措手不及。例如，年度政策当年有效，月度政策当月有效等。再例如，政策变成了"领导人政策"，领导人一换，政策就变，政策随着领导人的更迭而变化，政策不连续等。

**3. 政策攀比问题**

防止政策攀比。地区之间为了招商引资，纷纷出台优惠政策，攀比谁的优惠多，攀比谁的优惠大，攀比谁的优惠广，这种攀比不利于政策贯彻落实，不仅对地方政府不利，也对企业不利，因为无法兑现政策规定内容，甚至有损中长期利益。

**4. 政策越界问题**

防止政策越界。政策毕竟是政策，而不是法律，政策适用具有条件，在特定的时间、特定的地点、特定的领域、特定的事件，才具有特定的政策安排，离开这些条件，政策是不适用的。如果政策超出国家法规，甚至政策违反国家法律，就属于政策越界，这是政策制定过程中不能允许的。反对和制止执法犯法，使用所谓"变通"手段，变相侵占土地、变相侵占利益、变相侵吞国家财物均属于触犯法律。

**5. 政策主体利益维护问题**

若政策制定者和政策执行者都是同一主体，则很难监督政策的严谨性和政策公正性，谁来裁判政策是否公平呢？应当在政策提出过程中引入政策听证制度和政策论证制度。"听证制度"是让政策覆盖的群体代表参与意见，统一思想；"论证制度"是聘请有关专业管理部门或专家参与论证，从"第三方"角度评估政策适用性。

### 5.4.3 政策要适时转化

政策落实过程中，根据政策执行情况，适时调整政策内容，有些政策可以继续执行，有些政策需要修订，有些政策需要补充，有些政策需要淘汰或废止，让政策具有活力。

政策执行过程中，当完成一个周期，或者完成若干个周期，政策演变会有四种可能性趋势或可能性结果：一是原政策继续执行；二是修改原政策后继续执行；三是原政策上升为制度继续执行；四是原政策终止执行（见图5-10）。

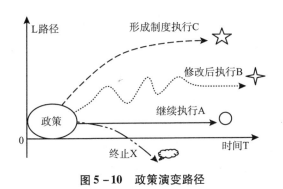

图 5-10　政策演变路径

### 1. 原政策继续执行（政策状态 A）

既定的政策体系执行良好，反馈信号积极，效果令人满意，实现了政策调控的阶段性结果，此政策可以继续执行。此时的政策状态可以评定为 A 级。

### 2. 原政策修改后执行（政策状态 B）

政策实施中有效要稳定下来，低效的要找出原因进行修正。政策约定的行为有时间限制、有条件限制，政策需要调整，需要不断完善，在调整中不断优化，优化后的政策继续执行。此时的政策状态可以评定为 B 级。

### 3. 原政策上升为制度继续执行（政策状态 C）

稳定性好的政策，覆盖面大的政策，可以上升为制度加以规范，或者上升为法律加以规范。实际上政策调整是制度改革的体现，当现有制度中无法解决的问题，则通过政策规定来弥补，缓解制度缺陷造成的伤害，缓解经济和社会中的矛盾，维持社会经济系统正常运行。当这样的政策实施时间长了，各种经济主体感觉良好，可以上升为制度或者法律，加以固化。例如，人才流动政策为户籍制度改革探路；西部特区政策为延边地区国际化探路。此时的政策状态可以评定为 C 级。

### 4. 原政策终止执行（政策状态 X）

如果政策执行中出现不利情况就要考虑终止执行，低效或无效的政策、不适用的政策、时过境迁的政策、甚至违背实际情况的政策、与国家法律不吻合的政策要及时停止，废弃或淘汰。要极力避免某些政策执行中产生负效应，避免政策效果与政策初衷相违背情况。无效的政策要适时废除、终止或淘汰。此时的政策状态可以评定为 X 级。当然，实施效果不好的政策，也为制定新政策提供了参考依据，坏事变好事，不利变有利，失败总是为成功奠定基础、为成功积累经验。

通过本章上述分析论证，可以得出以下结论：

一是政策制定要遵守一致性原则，符合国家法律，政策不能大于法律；遵守规范性原则，不能以小政策替代大政策，以"土政策"顶撞大政策；遵守针对性原则，政策要管用、好用、适用，能解决实际问题，越是基层的政策越是有可操作性的政策，是能够直接指导实际工作的，而不是"虚政策"。遵守系统性原则，政策是一个系统，不同政策之间相互补充、相互促进，是良性互动的关系，而不是相互矛盾的关系。

二是政策制定建立在有效实施、国家大政方针、改革开放历史经验、国家重大战略决定以及古典开放理论、新古典开放理论、现代开放理论基础上，有据可依，有理可依。

三是政策目标四大取向，集中在以劳动为导向的政策设计、以资本为导向的政策设计、以产业为导向的政策设计、以区域为导向的政策设计。政策之间形成紧密的耦合关系，运用好这些政策，将产生巨大合力，推动中西部地区经济发展和社会进步。

# 第 6 章

# 总结论与未来展望

综合上述分析和研究，本书最终得出以下结论：

**1. 开放兴邦、开放强国**

开放是一个国家自信的象征和标志，自古以来历史经验都已经证明国家开放是国家兴旺发达的重要标志，敢于开放、愿意开放是民族自信心和自强心的重要表现，开放会有风险，开放会受到外来事物的影响，但是只有开放才能取其精华去其糟粕，只有开放才能获得国际资源，才能使国家兴旺发达。改革开放是中国特色社会主义伟大实践，是中国特色社会主义重要内容。中华人民共和国成立标志着中华民族进入了新纪元，建设社会主义新中国怎样建设？走什么路？举什么旗？这是关系到当代中国发展命运的战略问题，历史经验让中国选择了社会主义道路，将马克思主义基本原理与中国国情结合起来创立了毛泽东思想、邓小平理论、"三个代表"、"科学发展观"，以及习近平中国特色社会主义思想，形成了创新发展（动力）、协调发展（机制）、绿色发展（生态）、开放发展（环境）、共享发展（民生）"五大发展理念"，开创了中国特色主义，这个理论自信、道路自信和制度自信的核心内容就是改革开放。改革开放是推动中国前进的巨大动力，深化改革开放，对内陆地区具有重大战略意义。

**2. 渐进式改革、层次式开放**

自 1978 年中国共产第十一届三中全会以后的改革开放事业，实施的是由简到繁、由易到难、由农到工、由乡到城、由小到大、由点到面、由浅到深的改革路径，逐步推进，走的是"渐进式"改革路径；开放事业也是秉承了这样的路径，由设立经济特区，延伸到沿海开发区，再扩展到 14 个沿海开放城市，再扩散到"西部开发""东北振兴""中部崛起"，再扩散到全国开放，走的是由东部沿海地区到中西部内陆地区逐级"层次式"开放的路径。近 40 年改革开放实践已经证明这样的路径是稳妥的、有效的、正确的。

### 3. 开放是中西部地区实现跨越式发展的必然选择

中国国土版图只有东部地区是沿海地区，仅有大陆一侧单边沿海线，沿海地区延伸 11 个省（区、市），广大中西部地区地处内陆，有 20 个省（区、市），国土面积占到近 90%，这些地区的经济状况和发展水平才代表国家的发展状况。当东部地区在实施第一轮改革开放事业中取得巨大成就的时候，需要广大内陆地区积极跟进，深化改革开放事业，发挥后发优势，借鉴东部地区的经验，积极推进"南下"战略、"北上"战略、"西进"战略，迎合东部地区的"东出"战略，直接参与国际分工，"实施内陆经济外向化、中西部地区国际化"，扩展开放的广度和深度，把中国内陆地区放在全球大局中来设计发展，把中西部地区经济放在世界经济中来布局发展，实现跨越式发展。

### 4. 构成中西部地区对外开放战略研究的理论基础来自于六个方面

基本理论：经济发展理论、战略规划理论、对外开放理论、国际关系理论、事件经济理论、势力经济理论。对外开放动力来源于政府力量、企业力量、民间力量三种力量，形成合力共同推动。中央政府的工作重点是创建对外开放的国际平台，营造对外开放的国际环境，运用到经济发展理论、战略规划理论、对外开放理论、国际关系理论、事件经济理论和势力经济理论；地方政府工作重点是抓好事件经济，创建发展商机，创造经济增长点，运用到经济发展理论、战略规划理论、对外开放理论、事件经济理论、势力经济理论；企业工作重点是追求势力经济，努力提高企业组织效率，扩大市场权利，运用到战略竞争理论、事件经济理论、势力经济理论。

### 5. 西部地区"生态贫困""要素贫困""制度贫困""流动性资源短缺"

西部地区整体发展水平滞后，集中表现在"生态贫困""要素贫困""制度贫困""信息贫困""交通贫困""人才贫困""资金贫困"，贫困的主要表现就是这些要素在西部地区数量少、质量差、结构低、速度慢，这是制约地区发展的重要因素，开放不仅仅是招商引资与增加地方生产能力，更重要的是能及时获得发展商机，消除要素贫困问题的过程就是对外开放的过程。区域开放水平与区域发展水平具有同向性，多种力量共同作用提升区域开放水平，战略行动力量顺应区域优势方向前进，战略行动力量逆困难方向释放。

### 6. 新时代对外开放大势是中国国际化，国际化包容国内化

党的十八大以后时期的对外开放是以自由贸易区建设、"一带一路"

建设、开放性金融建设（人民币国际化）、国际合作平台建设、跨国公司建设"五位一体"为标志的中国国际化，在经历了"改革开放时段"和"开放改革时段"两个发展时段以后，步入国际化发展时期，走入全球治理舞台中央圈，将以"国际化"包容"国内化"，以经济区、生态区、流域区、功能区来包容行政区，促进中西部地区对外开放。

**7. 中西部地区未来时期对外开放战略实现三大目标，着力三个重点，解决三大问题**

在经济领域目标，建设经济繁荣的内陆地区；在社会领域目标，建设文明进步的内陆地区；在生态领域目标，建设山川秀美的内陆地区。重点加强基础设施建设，增加人造工程，改善生存环境，消除要素流动的自然障碍问题；重点深化体制机制改革，更新发展理念，加强和谐社会建设，消除要素流动的制度障碍问题；重点创建发展新题材，培育地区增长极，增添发展新动能，消除要素流动的动力不足问题。

**8. 中西部地区开放战略总体思想是以中国特色改革开放理论为指导**

落实国家已经提出的有关区域经济发展的一系列规划和总体安排，顺应中西部地区各族人民过上更好生活新期待，以科学发展为主题，以加快转变经济发展方式为主线，巩固和扩大已经实施的西部开发战略、中部崛起战略、东北振兴战略、主体功能区战略的成果，扩大开放领域，丰富开放内涵，运用开放事业推动改革，运用开放事业推动经济发展和社会文明进步。战略设计需要坚持三项基本原则。一是坚持以开放促进改革、以开放促进发展原则；二是坚持全面开放原则；三是坚持重点带动、非均衡发展、差别化推动原则。运用重点项目带动开放、开发重点地域带动开放、增强特色产业带动开放。

**9. 对外开放战略目标是一个目标群，汇聚于经济目标、社会目标和生态目标**

国家对外开放总体战略布局已经明确，需要将总布局与中西部地区差异对接，结合实地情况具体部署，分门别类设立发展方向，对外开放战略目标应该是一个目标群，而不是一个单一目标，各个单一目标之间是紧密联系的。经济领域目标是建设经济繁荣的内陆地区，增加财富，将"缺钱少财"变成"富裕繁荣"。社会领域目标是建设文明进步的内陆地区，提高人的素质，将"封闭守旧"变成"文明祥和"。生态领域目标是建设山川秀美的内陆地区，保护环境，将"穷山恶水"变成"青山绿水"。

**10. 促进要素流动为战略重点**

开放的关键问题就是要促进要素流动，消除制约要素流动的障碍，加快流速，增加流量，改善流质，这是开放的重要标志，也是开放能否对区域发展发挥作用的关键环节。未来时期中西部地区对外开放战略的重点领域是要集中解决三大问题，一是加强基础设施建设，增加人造工程，改善生存环境，消除要素流动的自然障碍；二是深化体制机制改革，更新发展理念，加强和谐社会建设，消除要素流动的制度障碍；三是创建发展新题材，培育地区增长极，增添发展新动能，消除要素流动的动力不足（"两除一动"：消除自然障碍，消除制度障碍，增添新动能）。

**11. 走"硬启动、软完善""方向向西开放""结构立体开放"的道路**

东中西部地区开放路径历史比较相似系数很低，内陆地区对外开放必须创造新方式，东部沿海地区的经验不能简单复制到中西部地区，必须开辟新道路。一是，沿海与内陆地缘条件不同，绝大部分地区远离港口出海通道，不能以港口经济来拉动对外开放。二是，沿海地区与内陆地区产业结构不同，绝大部分企业都是资源加工型产业，劳动密集型产业，只能进入国际产业链分工的低端，仅仅以资源型产品进入国际市场，不足于成就开放事业。三是，内陆地区贫困和发展两个问题要同时解决，以发展贸易型经济为特点的对外开放不是全部开放内容，发展经济与社会进步和生态保护三个任务同时兼顾。因此，必须设计和探索新的开放路径。确立"内开放"与"外开放"结合，"硬启动、软完善""向西开放""立体开放"、深度参与全球产业链分工、按照主体功能区建设要求综合布局、城镇化建设包容经济区建设、城乡一体化发展、保护环境优先于资源开发的道路。

**12. 转入信息空间开放姿态**

物理空间开放（贸易形态）转入信息空间开放（信息形态），广大内陆地区距离沿海港口较远，不具备以加工工业为主体的贸易型开放条件，要同时解决吃饭问题和发展问题，同时解决经济问题、社会问题和生态问题，建设信息联通和交通联通网络就是开放，将物资流、资金流、人员流抽象于信息流之中。以高速公路运输、高速铁路运输、民航运输联动远洋海上运输，来承载物资流和人员流；以结算电子化、货币电子化、远端交易平台化、卫星定位、手机和电脑终端处理、信息多界面交互联通，来承载资金流和信息流。转入信息空间开放姿态，以"通"带动开放，促进要素流动。

**13. 不断注入发展题材创建对外开放新动力**

采取此消彼长、一波又一波的激励措施和策略，长时间大力度注入资源和投资，推动中西部地区开放发展动力机制。着力于"两化""两极"
"两带""一群"题材建设，推动开放。

"两化"，以通信现代化带动开放，解决西部地区信息资源贫困问题，
建设现代信息网络过程就是地区开放的过程；以交通现代化带动开放，解
决西部地区交通资源贫困问题，建设内陆地区现代交通网络的过程就是地
区开放的过程。

"两极"，创建"内陆都市经济增长极"带动开放，形成大都市经济
圈，形成区域内核，生长出相对独立的增长极，以此带动城乡一体化，带
动地区对外开放；创建"边疆特区经济增长极"带动开放，实施"特区
西进"战略，创建具有国际化特点的特区，是新时代开放改革事业的重大
事件，创建西部边疆跨国特区，创建西部脱困政策特区，创建综合性功能
特区，带动开放。

"两带"，建设沿边经济带带动开放，陆路边境线具有诸多口岸以及口
岸城市，口岸经济是西部沿边地区的独有优势，通过口岸可以直接联通国
外，实现真正意义的对外直接开放，开放窗口西进；建设沿路经济带带动
开放，以铁路线和公路线为主要载体，建设新亚欧大陆桥经济带建，建设
陆路丝绸之路经济带，建设中巴经济走廊经济带，建设海上丝绸之路经
济带。

"一群"，发展壮大本土企业群带动开放，确立以企业为主体、以政府
和民众为依托，形成三位一体的主导力量，推动对外开放事业，培植地方
龙头企业群，扶持中小企业群，造就本土企业家群体，发挥资源优势生长
特色产业群（"四群"），引导企业投资促进主导产业发展，提高政府服务
质量，倡导规模经济和势力经济。

### 14. 创建内陆地区都市"增长极"带动中西部地区开放

内陆地区本身人口众多，有条件形成相对独立的大市场，形成相对独
立的市场群落，支持本地产业发展，形成以城市为中心的产业布局结构，
形成以城市为中心的区域市场空间结构，促进城市化建设，促进市场体系
建设。通过现代交通网络和现代通信网络将各个相对独立的大市场联通起
来，可以形成以中心城市为点，交通干线为路的网格化城市布局系统，形
成系统化对外开放大格局。将内陆地区和边疆地区包容到全国对外开放的
大系统中来。以城带乡、以工补农来带动农村开放，城镇化带动中小城市
开放，城乡一体化带动农村开放，通过城市辐射，包容到大经济区中来，
发挥农村地缘条件，促进农民流动，促进农产品流动，参与到社会化大生

产当中来。

### 15. 创建边疆跨国特区带动开放

创建西部特区缔造区域经济发展新增长极带动对外开放。创建西部特区的过程实际上就是集聚资源的过程，就是创造商机的过程，就是将人财物汇集在一起发挥有效作用的过程，就是创建西部边疆城市的过程。西部地区沿边地区城市规模不大，人口数量不多，经济总量就难以增长，无论是消费型经济，还是生产型经济，都需要适度规模的城市为载体。创建西部边疆跨国特区，就会为创造中等规模城市奠定基础，提供契机。

西部地区可以考虑设立两类特区。第一类是直接面向国际开放的"边疆跨国特区"，解决发展问题，这是攸关全局性的问题；第二类是直接面向极度贫困地区的"脱困政策特区"，解决吃饭问题，这是攸关社会稳定的问题。二者之间权重，全局性问题可以影响局部性问题。因此，按照优先序列要重点做好第一类特区，兼顾做好第二类特区。

以建设国际城市为目标来建设边境跨国特区，要创造"特区与城市捆绑，建设特区就是建设城市"的做法，不要将"区"与"城"分离。西部特区建设要吸取东部特区建设的经验和教训，区域规划一开始就要考虑到五十年、一百年以后这个地方的情况，基础设施设计和建设要适当超前。"特区"要从单纯"经济特区"概念中跳出来，站在大区域发展格局中看待特区，站在国际化潮流中看待特区建设，站在空间整体开放中来认识特区、设计特区。一开始就是设计国际化的城市，是以城市建设来表现特区建设，而不是以经济区建设来表现城市建设，本末不能倒置。

### 16. 创建国际合作平台和区际合作平台带动开放

区际开放与国际开放紧密结合，彼此联动，通过区际开放支持国际开放，通过国际开放带动区际开放。按照区位特点分工，可以分为西南区、西北区、东北区、华中区和中原区五大板块，分别担纲不同方向开放的极点地区，并将这些地区与国家对外开放大体系链接，担纲国际合作的窗口，实现内陆地区外向化、西部地区国际化。西南区战略指向是"面向东盟前沿窗口、海上丝路始发站"，建设"三沿一临"（四位一体）的开放平台，即：沿路开放、沿边开放、沿海开放、临空开放"四位一体"的开放平台。西北区战略指向是"西出地中海、北通俄罗斯、东联蒙日韩"，建设沿路开放、沿边开放、临空开放平台。东北区战略指向是"东北亚枢纽、远东核心"，建设沿路开放、沿边开放、临空开放平台。华中区战略指向是"长江水道京广陆路交汇枢纽经济增长极"，建设沿路开放、沿江开放、临空开放平台。中原区战略指向是"亚欧路桥京广路桥交汇枢纽经济增长极"，建设沿路开放、临空开放平台。

国际合作平台的形态以"双边机制"和"多边机制"为主要合作机制，倡导建立"人类命运共同体"建立与周边国家的合作机制，形成战略合作伙伴关系，创建与发展"区域战略联盟"，创建与发展"贸易协约组织"，形成多领域、多渠道、多方式的开放平台。建立中国与东盟命运共同体，建立中国东盟战略伙伴关系，打造中国东盟自贸区升级版，深度开展与东盟内部各个国家的合作。建立中国与欧盟战略合作，建立中国与欧盟战略伙伴关系，共同制定中欧合作2020战略规划，确立"四大伙伴"关系，规定未来走向，深度开展欧盟内部各个国家的合作。加强上海合作组织建设，发挥积极引领作用，并将上合组织与亚信组织融合，发挥中国的大国作用，发挥中国作为联合国常任理事国作用（具有否决权），发挥中国在亚洲地区的中心作用，深度开展上合组织成员国内部各个国家合作。

### 17. 培养国际企业带动开放

经济活动国际化是对外开放的主要内容和重要表现形式，企业担纲主体，企业生产经营管理行为的国际化，代表着国家开放水平，中西部地区（含东北地区）本地企业国际化水平也代表着本地区对外开放水平。培养一大批具有国际竞争力的企业，并通过企业国际化行为来带动本地区对外开放，这既是企业发展的战略行动也是本地区对外开放的战略行动。内陆地区现有企业国际化水平较低，今后时期将要逐步增强这一能力，通过设立国际机构实现国际化，到东道国办厂实现国际化，国外直接投资实现国际化，兼并外国企业实现国际化，创建国际网络平台方式、创建联合体方式、创建命运共同体方式等来实现国际化。逐步培养一大批具有国际化视野和国际事务驾驭能力的企业家群体，中西部地区更需要企业家，需要一个庞大的企业家群体，既需要数量增长，也需要素质提高。一个庞大的、高素质的企业家群体将担负发展经济的重任，担负开创新局面，开展市场竞争，组织企业生产和经营，创立自主民族品牌的重任，同样也担任着实现对外开放以及推动企业国际化的责任和使命。

### 18. 建设稳定祥和边疆保障开放

边疆稳定是对外开放的前提，维护边疆稳定既是西部地区对外开放战略性要求，也是全国对外开放保障性条件，稳定对于新疆和西藏开放事业具有特殊意义。新疆地区和西藏维护社会稳定已经付出巨大努力，创造的"访民情、惠民生、聚民心"（访惠聚）工作方式行之有效，边民积极生产，社会祥和稳定，大局总体向好。针对"三股势力"的斗争还十分艰巨，问题还很复杂，还需要继续努力，针对敌对势力还要坚持不懈斗争。维护边疆稳定对内陆地区需要同时采取两种手段：一方面，高压打击"三股势力"持续不动摇；另一方面，访民情、惠民生、聚民心"三位一体"密切民族情感，铲除滋生"三股势力"的境内土壤，维护边疆安宁。

### 19. 创新对外开放政策体系

政策是政府运用权力对社会活动进行规范和管理的手段，在国家法律框架下，政策具有与法律同等功效。出台好政策是政府管理创新的具体表现，政策与政策之间相互配套，构成政策体系。人才政策、资金政策、项目政策、特殊政策是中西部地区最有针对性和可操作性的政策领域，亟待创新政策体系，政策创新基本目标集中在以人才为导向的政策设计、以资本为导向的政策设计、以产业为导向的政策设计、以区域为导向的政策设计。人力资源政策涵盖人才政策、构建现代公共服务体系政策、就业政策、收入分配政策、社会保障政策、户籍政策、城镇化政策；资本流动政策包括放宽投资准入、确立企业投资主体地位、转移支付政策、税收政策、财政政策、金融政策、投资政策、发展混合所有制政策；项目政策包括项目鼓励或限制政策、项目性质政策、项目投资政策、项目选址政策、项目布局政策、产业政策、土地政策。注意防范政策风险，防止出现政出多门问题，政策多变问题、政策攀比问题、政策越界问题，适时进行政策调整。

展望未来，我们完全有信心实现中西部地区发展战略目标。

在改革开放近40年的实践中，我们积累了丰富的经验。第一步实施"改革开放"，用"改革"促进"开放"，筑就了坚实基础，东部地区率先跨出一大步。第二步实施"开放改革"，用"开放"促进"改革"，奠定了中西部地区（含东北地区）交通和通信设施基础和经济基础。现在要进行第三步，将实现"中国国际化"发展，中西部地区将跨越两大步，实现脱贫和致富，实现内陆经济外向化，中西部地区国际化。

中国共产党第十九次全国代表大会部署了未来发展的方向，以习近平中国特色社会主义思想为指导，在中国国际化进程中，中西部地区以及东北地区，同全国其他地区一道建成小康社会，实现中华民族伟大复兴。

# 参 考 文 献

[1] 习近平：《提高开放型经济水平》，博鳌论坛 2013 年年会中外企业家代表座谈会讲话，《习近平谈治国理政》，外文出版社 2014 年版。

[2] 中国社会科学院语言研究所词典编辑室编：《现代汉语词典》，商务印书馆 1998 年版。

[3] ［美］迈克尔·A·希特（Michael. A. Hitt）：《战略管理 竞争与全球化》，机械工业出版社 2010 年版。

[4] 《中国共产党第十一届中央委员会第三次全体会议公报》，中国共产党历次代表大会数据库，1978 - 12 - 22。

[5] 曾培炎等：《西部 12 省部长纵论开发战略》，中国大百科全书出版社 2000 年版。

[6] 肖红叶、陈国志、周国富等著：《中国地区经济实力比较与分析》，中国统计出版社 2007 年版。

[7] 储东涛：《区域经济学通论》，人民出版社 2003 年版。

[8] 魏后凯：《现代区域经济学》，经济管理出版社 2005 年版。

[9] 傅桃生：《实施西部大开发的战略思考》，中国水利水电出版社 2000 年版。

[10] 金鑫：《全球贸易自由化与我国中西部地区的对外开放》，载于《中国西部科技》2006 年第 7 期。

[11] 甘子玉：《加快中西部地区的发展和对外开放》，载于《中国外资》1996 年第 12 期。

[12] 涂裕春、刘卉、黄毅、胡文君著：《中国西部的对外开放》，民族出版社 2000 年版。

[13] 杨秋宝：《西部地区反贫困研究》，江西高校出版社 2005 年版。

[14] 李鹏著：《从分散布局到现代分工新疆区域集聚经济发展道路研究》，民族出版社 2011 年版。

[15] 姚慧琴、徐璋勇：《中国西部发展报告（2013）》，社会科学文

献出版社 2013 年版。

　　［16］戚本超、景体华：《中国区域经济发展报告（2009～2010）》，社会科学文献出版社 2010 年版。

　　［17］王小广：《实施中部崛起战略　加快全面建设小康步伐》，载于《经济研究参考》2004 年第 30 期。

　　［18］陈厚义、李彦西：《欠发达地区经济发展战略研究》，中国经济出版社 2007 年版。

　　［19］《中国地图集》，中国地图出版社 2014 年版。

　　［20］安徽、重庆、四川、宁夏、新疆、青海、山西、西藏等省区：《2014 年国民经济和社会发展统计公报》，国家统计局数据库，2015 - 4。

　　［21］《第三次全国经济普查主要数据公报（第一号）》，国家统计局数据库，2014 - 12 - 16。

　　［22］胡锦涛：《坚定不移沿着中国特色社会主义道路前进　为全面建成小康社会而奋斗（十八大报告）》，中国共产党历次代表大会数据库，2012 - 11 - 8。

　　［23］习近平主席在 2013 年中央经济工作会议上的讲话：《习近平谈治国理政》，外文出版社 2014 年版。

　　［24］国家发展改革委、外交部、商务部：《推动共建丝绸之路经济带和 21 世纪海上丝绸之路的愿景与行动》，新华社，2015 - 3 - 28。

　　［25］《中共中央关于全面深化改革若干重大问题的决定》，中国共产党第十八届中央委员会第三次会议通过，中国共产党历次代表大会数据库，2013 - 11 - 12。

　　［26］《全国主体功能区规划》，国务院，2011 - 6 - 8。

　　［27］高铜星：《中国经济特区大辞典》，人民出版社 1996 年版。

　　［28］世界银行：《2000/2001 年世界发展报告》，中国财政经济出版社 2001 年版。

　　［29］《国务院关于进一步促进广西经济社会发展的若干意见》，国发〔2009〕42 号文件，2009 - 12 - 7。

　　［30］《中国地图册》，地质出版社 2006 年版。

　　［31］《新三板区域创新版图，京领衔东西部分化明显》，载于《21 世纪经济导报》2016 年第 7 期。

　　［32］高鸿业：《西方经济学（上册）》，中国经济出版社 1996 年版。

　　［33］陶文达：《发展经济学》，四川人民出版社 1992 年版。

［34］《马克思恩格斯文集（第4卷）》，人民出版社2009年版。

［35］习近平：《决胜全面建成小康社会 夺取新时代中国特色社会主义伟大胜利》（十九大报告），中国共产党历次代表大会数据库，2017 - 10 - 18。

［36］李克强总理：《第十二届全国人民代表大会第二次会议政府工作报告》，2014。

［37］各个省（市、区）2010~2015年统计报告。

［38］《中国统计提要（2012）》，国家统计局。

［39］赴各地实地调研笔记、资料及文献。

# 后　记

　　能够承担国家社会科学基金项目研究是课题组全体成员的巨大荣誉，全体成员十分珍惜，认真工作，勤勤恳恳，顽强奋斗，努力向国家提交一份高质量的研究报告。

　　"中西部地区对外开放战略研究"项目，既是一个应用性和时间性很强的研究课题，也是一个理论性和政策性很强的研究课题，课题研究难度很大。一是调研工作量极大，除了港澳台地区之外，课题组调研范围覆盖国内31个省（市、区）；二是研究处理信息量颇大，涉及从古代开放情况、到近代开放情况、到现代开放情况，信息时间跨度几千年，研究领域涉及范围很宽，涉及经济领域、文化、社会、宗教、科技、空间布局、主导产业、工业企业、基础产业、农业、贸易、家庭等；三是理论创新难度很大，需要打破传统的开放经济理论，创建符合中国中西部地区现实情况的开放理论，并运用新理论来研究设计战略行动，既要有学理性，又要有可操作性。课题组要克服这些困难，非常辛苦。

　　课题组研究过程中听取了多位专家与实际工作部门的意见，多次移稿，否定再否定，推翻再推翻，对核心观点和重要理论反复论证，不断深究推敲，才得以形成。例如，传统的开放理论是基于贸易理论，是指商品的国际化，而中西部地区面临的是生态性资源短缺、要素性资源短缺、制度性资源短缺，距离沿海港口都在1 000千米以上，显然以贸易理论来研究内陆地区开放是不合时宜的。本项目创新了研究方法，从信息开放视角来研究，将中西部地区放在信息空间来研究开放问题，从而创造了新的研究方法论。再例如，"十八大报告"指出"促进区域协调发展"，对于这一提法的理论研究大量文献解释主要集中在国内区域协调，并没有涉及对外开放状态下的区域协调问题，本书提出区域协调发展应包含四个层次，一是中国大陆地区与周边国家及地区的协调发展；二是东中西三个梯度地区的协调发展；三是各个生态区之间的区际协调发展；四是城乡之间的协调发展，这个立意获得中央党校省部级班学员们的高度评价，认为这一研究成果解决了中央提出的区域协调发展方针的落地问题。课题组正是运用这样的方式不断推出新观点不断征求各方意见，反复论证才形成了核心思想。

课题研究形成了多种形式的研究成果，研究主报告上报有关部门（课题组主要参与人员：杨秋宝教授、徐平华教授、张玉杰教授、胡伟博士、申小林硕士、谷雨硕士，主报告由张玉杰教授主笔撰写），还有学术专著（张玉杰著：《开放性经济》，新华出版社，45 万字，2016 年 10 月），有博士学位论文（胡伟：《信息空间开放型经济研究》，2016 年 6 月）、有硕士学位论文（申小林：《开放度研究》，2013 年 6 月），有国际学术会议论文（英文），有国内学术会议论文，有学术期刊论文，有为地方政府设计的对外开放战略规划方案等，研究成果直接服务实践。

课题组研究过程中得到基层调研单位的大力支持，包括数据采集、资料收集、食宿接待、提供交通工具、参与研究活动、资金支持等；得到课题组成员所在单位的大力支持，包括时间保证、资金支持、管理服务等。由于得到他（她）们的大力支持，研究过程才得以有效进行，在此深深感谢。

课题研究过程还得到了有关专家们中肯的批评意见，甚至是非常严肃的否定意见，使课题组不断清醒、不断努力、不断深入、不断进步，最终完成了研究工作，课题成果凝聚了他（她）们的血汗和智慧，在此深深感谢。

2017 年 10 月 28 日